소련형 대학의 형성과 해체

진인진

::편자 소개

정근식　서울대학교 사회학과 교수, 통일평화연구원 원장

채수홍　서울대학교 인류학과 교수

::필자 소개

박원용　부경대학교 사학과 교수

잉그리트 미테　독일 기센대학 교수

임홍배　서울대학교 독어독문학과 교수

김 선　서울대학교 통일평화연구원 HK연구교수

뜨란 띠 푸옹 호아　베트남 역사연구소(Vietnam Institute of History) 연구원

채미화　중국 호남사범대학 특급교수, 일대일로 전략연구원 원장

김윤애　서울대학교 사회학과 박사과정 수료

임수진　서울대학교 사회학과 박사과정 수료

소련형 대학의 형성과 해체

초판 1쇄 발행 | 2018년 2월 20일

엮은이 | 정근식·채수홍 편
편　집 | 배원일
발행인 | 김영진
발행처 | 진인진
등　록 | 제25100-2005-000003호
주　소 | 경기도 과천시 별양상가 1로 18 614호(별양동 과천오피스텔)
전　화 | 02-507-3077-8
팩　스 | 02-507-3079
홈페이지 | http://www.zininzin.co.kr
이메일 | pub@zininzin.co.kr

ⓒ 진인진 2018
ISBN 978-89-6347-368-0 93300

::차례

책머리에

한국의 대학사 연구에서 세계적 냉전이라는 맥락은 상대적으로 간과되어 왔다. 한국에서 대학의 비약적 발전이 미국의 대학들로부터 많은 영향을 받았듯이, 북한의 대학 또한 소련으로부터 많은 영향을 받았을 것이라고 추정할 수 있지만, 구체적으로 이를 확인하는 작업은 거의 이루어지지 않았다. 탈냉전 이후 우리는 러시아나 동구, 그리고 중국, 베트남의 대학들과 교류하면서 이 대학들이 갖고 있었던 공통의 제도나 문화를 접하게 되었고, 이에 기초하여 소련형 고등교육과 연구의 체계를 탐구할 수 있게 되었다. 편자의 경우, 2009년 베를린에서 자유대학과 훔볼트대학을 돌아보면서, 이들의 차이에 관심을 갖게 되었는데, 이들은 냉전 시기에 형성된 미국형 대학과 소련형 대학을 보여주는 전형적인 사례였다.

세계적으로 볼 때, 소련형 대학이 러시아뿐 아니라 구 사회주의권에 확산되어 있다는 사실은 편자가 2016년 라트비아의 리가와 폴란드의 바르샤바를 방문했을 때, 모스크바국립대학과 닮은 과학원이나 문화과학궁전을 보고 실감하였다. 이 책의 표지에서 보듯이, 모스크바국립대학의 본관 건물은 1953년 완공된 것으로, 바르샤바 문화과학궁전은 1955년, 라트비아 과학원은 1961년에 건립되었다. 소련형 대학은 추상적 제도일 뿐 아니라 물질적인 건축으로 표현되기도 한 것이다.

이 책은 2016년 서울대학교 통일기반조성사업의 일환으로 아시아연구소 동북아센터에서 수행한 소련형 대학의 형성과 해체에 관한 연구의 결과이다. 편자는 2015년에 수행한 북한의 대학에 관한 연구[1]의 후속작업으로, 북한에서 대학의 창설기에 '소련형 대학모델'을 이식하거나 크게 의존했다는 점에 착안하여, 세계적인 맥락에서 이 소련형 대학이 언제 성립하였고, 어떻게 변화하였으며, 북한의 대학들은 다른 사회주의 국가와 비교할 때 어떤 차이가 있는가를 연구하기로 결정하였다. 이 연구를 수행하는 과정에서 편자가 통일평화연구원의 운영을 책임지게 되었으므로, 후속 연구 책임을 채수홍교수가 맡아주었다.

편자는 이 연구를 수행하기 위하여, 한편으로는 북한 대학을 경험한 인텔리 출신의 탈북 지식인들을 인터뷰하고, 다른 한편으로는 동독이나 베트남, 중국 등의 대학들이 제2차 세계대전 이후 어떻게 소련형 지식체계를 받아들였으며, 이후 어떻게 변화했는가를 검토

---

1   정근식 편, 2017, 『북한의 대학: 역사, 현실, 전망』, 진인진. 이 책은 서울대학교와 기타 연구기관에서 북한의 대학과 교류경험이 있는 교수들이 참여하여 개최한 학술회의의 성과를 묶은 것으로, 김일성종합대학을 중심으로 하여, 북한의 의과대학, 농과대학, 공과대학, 사범-교육대학의 현실을 파악하고, 나아가 북한의 유학생정책과 평양 과학기술대학에 관한 내용을 포함하고 있다.

하는 학술회의를 조직하였다. 2016년 10월 28일의 학술회의가 끝난 후에는 각자 학술지에 논문을 발표하기로 하였는데, 이 책에 실린 박원용의 글은『역사문화연구』60집(2016)에 게재된 것이며, 잉글리드 미테, 임홍배, 채미화, 그리고 정근식·김윤애·임수진의 글은『아시아리뷰』7권 1호(2017)에 게재된 것이다. 원래 학술회의에서는 중국 사회과학원의 진균천(陳筠泉) 교수가 중국 사회과학원에 관한 소개를 하였는데, 그의 발표내용의 일부는 이 책의 결론에 약간 언급되어 있다. 또한 이 책을 편집하는 과정에서 김선의 러시아와 동구, 그리고 중앙아시아에서의 대학의 변화에 관한 연구를 추가하였는데, 이 글은 원래『비교교육연구』27권 1호(2017)에 실린 것을 수정한 것이다.

편자는 북한의 대학의 구조와 문화를 소련형 대학이라는 프리즘으로 살펴보는 작업을 진행하는 과정에서, 1980년대에 소련의 대학에서 유학하고, 김일성종합대학에서 교원으로 활동했던 탈북 연구자를 인터뷰하게 되었는데, 그의 증언은 소련형 대학모델을 좀더 깊게 이해하고, 글을 수정하는데 큰 도움이 되었다.

이 책이 출간되기까지 많은 분들의 도움이 있었다. 국내에서 학술회의에 참가하여 발표를 하고 글을 수정해준 필자 여러분 뿐 아니라 북한의 대학에 관한 증언을 해준 분들께 감사드리고, 항상 통일평화연구원의 연구 성과를 성심껏 출판해주는 진인진의 편집진에게도 감사를 드린다. 아무쪼록 이 책이 구 사회주의권 국가의 대학, 그리고 북한의 대학의 역사를 연구하는데 길잡이가 되기를 바라고, 또한 남북한의 대학간 교류와 협력이 재개될 때, 상호 이해를 위한 작은 디딤돌이 되기를 희망한다.

2018년 2월, 시울 대학교 통일평화연구원에서 정근식 씀.

1장

1920~1930년대 소련 고등교육 체제의 형성과 기본구조

박원용

I. 들어가는 말

19세기 중반 이후 국민국가를 지향해 나가는 대부분의 유럽 국가들에서 고등교육은 대학 이상의 교육기관에서 수학을 의미했다. 고등교육 기관의 졸업생들은 전문지식을 가지고 국가 내의 여러 기구에서 활약했다. 행정관료, 대학의 교수, 문필가 등으로서의 이들의 활동은 국민국가 체제의 정비에 일정 정도 기여했다는 점에서 고등교육은 국가가 필요로 하는 인재양성의 수단이었다(Francis, 1955: 219-225; Ringer, 1967: 123-138). 러시아의 전제정 체제에서 고등교육은 유럽 선도국가들의 지향점과 일부는 일치하였지만 일부는 불일치했다. 유럽, 특히 독일의 고등교육 체제의 상당부분을 흡수한 러시아의 고등교육은 전제정 강화에 기여하는 관료의 배출통로라는 점에서 국가 이익에 봉사했다. 그러나 고등교육의 수혜자들이 전제정 체제를 위협하는 인텔리겐치아로 기능했다는 점에서 그것은 체제에 무조건적으로 봉사하지만은 않았다. 그들은 유럽의 선진 국가들에 비해 한참 뒤처진 러시아의 현실에 대한 비판을 숨기지 않았다. 또 다른 한편의 고등교육 기관의 학생들은 19세기 중반 이후 러시아가 직면했던 현실적 문제, 즉 경제, 정치, 사회의 전반적 영역에 드러난 문제에 대한 실질적 해결책을 모색하기보다 그들의 특권적 지위에 안주하며 추상적 사고에 몰두했다. 이들의 안일한 현실인식은 비판적 인텔리겐치아의 비판 대상이었고 고등교육의 혜택을 받지 못한 절대 다수 러시아 민중과의 간극을 더욱 확대시켰다(McClelland, 1979).

사회주의 체제를 출범시킨 이후의 고등교육 체제 정비는 혁명 권력이 직면한 수많은 과제들에 견주어 그 중요성이 결코 뒤지지 않았다. 고등교육의 수혜자 중 절대 다수가 특권계급 출신이었던 과거의 상황을 혁파한 마당에 이전의 교육체제를 가지고 새로운 체제가 필요로 하는 인재 양성을 기대할 수는 없었다. 교육체제의 혁명적 개편의 주역이었던 교육 인민위원부(Наркомпрос)가 1918년 2월에 발표한 법령에서도 드러났듯이 이제 교육은 "부르주아 계급지배를 위한 도구로서가 아니라 사회 내의 계급분화를 타파하기 위한 수단으로서, 사회의 공산주의적 재생을 위한 도구로 활용되어야" 하는 것이었다(*Народное образование в СССР*, 1973: 18).

고등교육 체제를 정비해 나가는 과정에서 정책 수립자들은 고등교육의 목표와 방향을 둘러싼 치열한 논쟁을 벌였다. 이러한 논쟁은 고등교육이 단순히 새로운 체제의 이데올로기 구축에만 봉사하는 것이 아니라 고등교육의 궁극적 목적이 과연 무엇인가에 대한 논의도 포함하고 있는 것이었다. 논의의 내용은 고등교육의 교과과정이 당면의 상황 해결에 도움을 주는 기술교육에 중점을 두어야 하는가, 아니면 인간과 사회의 궁극적 원리 탐구를 위한 교육에 중점을 두어야 하는가였다. 이런 맥락에서 볼 때 소비에트 체제의 고등교육은 지금까지와는 다른 이념적 전제를 물론 내포하고 있지만 유럽의 다른 국가에서 오랜 시간을 걸쳐 논의된 바 있는 교육철학을 배제하지는 않았다. 또한 러시아의 고등 교육제도 정비를 위한 오랜 시간의 경험과 사유를 일정 정도 반영하고 있었다.

소비에트 권력 초기 고등교육 체제의 정립에서 핵심적 두 문제는 고등교육 기관을 구성하는 학생 충원의 문제와 그들에게 어떤 내용의 교육을 실시할 것인가의 문제였다. 소비에트 권력이 정권의 기반이라고 주장하는 기층 민중을 고등교육 체제에 편입시켜 그들을 체제의 핵심간부로 양성하는 과정은 체제의 공고화를 위해 반드시 필요했다. 아울러 자본주의 체제를 신속히 따라잡을 수 있는 생산력 증대를 위해 고등교육의 교과과정을 어떻게 구성해야 하는가의 문제도 교육정책 담당자들이 신속히 해결해야 될 문제였다. 학생집단의 충원문제와 그들에 대한 교육내용의 문제는 교육체제 정립에 있어서 소비에트 권력이 겪어야 했던 이상과 현실의 간극을 가장 잘 드러내는 문제이기도 했다.

고등교육 영역에서 학문의 자율성은 교수집단의 사회적 정체성과 관련하여 중요한 요소로 제기되어 왔다. 소비에트 체제의 교수집단에게도 이 문제는 가볍게 볼 수 없는 중요한 문제였다. 특히 이전 러시아 학술원의 전통을 이어 받아 최고의 학문적 권위를 유지하려는 소련 학술원 회원들과 소비에트 권력과의 관계는 더욱 정교한 해법을 필요로 했다. 학술원 회원들의 자부심에 상처를 내지 않으면서 그들을 체제 내로 포용할 수 있는 방법을 모색해야 했다. 소련 학술원이 교육의 기능을 가지고 있는가라는 질문이 가능하지만 학술원은 체제의 이념적 기반을 정교하게 다지며 체제의 공고화에 기여하는 역할을 수행해야 했다는 점에서 교육과 무관하다고 볼 수만은 없다. 고차원의 이념을 생산하여 그것을 체제 공고화에 기여할 수 있도록 만든다는 맥락에서 소련 학술원을 고등교육 체제에 포함하여 고찰했다.

이러한 거시적 역사의 배경을 바탕으로 소련 고등교육 체제의 기본구조 정립을 가능케 했던 1930년대 중반까지 역사적 경험의 재현을 이 글은 목표로 한다. 혁명 이후 러시아의 고등교육 체제를 세부적 특정영역에 중점을 두어 소개한 글들은 우리 학계에도 이미 발표된 바 있지만(박원용, 1999; 박원용, 2002), 그것을 이후의 소련 고등교육 체제의 고착화와 연관시켜 큰 시각에서 검토하려는 시도는 없었다. 1930년대 중반 무렵 대략적인 틀이 완성된 소련의 고등교육 체제는 북한을 비롯한 후발 사회주의 체제의 교육제도 정립에 적지 않은 영향을 미쳤다. 아울러 그것은 소비에트 체제의 공고화 여부와 관련하여 많은 시사점을 얻을 수 있는 문제이기도 했다. 새로운 체제의 가치와 목적에 동조하는 학생집단과 교수집단의 창출은 궁극적으로 소비에트 체제의 안정적 정착에 기여할 수 있기 때문이다. 소비에트 체제의 고등 교육제도의 혁명적 변화는 체제 내외적으로 지속적 결과를 창출하는 요소였다.

II. 소비에트 체제 고등교육 기관의 학생 충원

프롤레타리아트가 주체인 체제 수립을 볼셰비키는 혁명 직후부터 강조했기 때문에 고등교육 체제 개편도 민중에게 혜택을 주는 체제 개편이어야 했다. 고등교육은 물론 전단계인 초중등 교육의 기회에서도 민중의 절대 다수인 농민은 전제정치 하에서 배제된 상태였다. 혁명 전 도시와 농촌의 문자해독율 차이를 보면 교육으로부터 농민 집단의 소외정도를 짐작해 볼 수 있다. 즉 1897년의 조사에서 도시 거주자들의 45.3%는 글을 읽을 수 있다고 대답했지만 농촌 거주자들은 단지 17.4%만이 그렇다고 대답했다(Kenez, 1985: 73). 고등교육 뿐 만 아니라 교육 체제 전반에 대한 대대적 개편을 단행하여 민중이 주인이 되는 국가가 출범했음을 선전할 필요가 있었다.

볼셰비키 지도부가 이전 시대의 교육체제로부터 단절의 의지를 보여주는 사례 중의 하나는 통합 노동학교(единая трудовая школа)의 설립이었다. 통합 노동학교의 안은 1918년 10월 16일자 『프라브다』를 통해 공포되었는데 이는 대학 이전의 교육 체계를 "하나의 연속적인 통합체계"로 단순화시키자는 것이었다. 통합 노동학교는 5년간의 초등교육과 4년간의 중등교육을 교육과정의 단절 없이 연속적으로 시행한다. 교육과정의 단절을 막아보자는 발상은 상위 교육과정으로 진급할수록 배움과 삶의 분리가 분명하게 드러난다는 판단 때문이었다. 그러한 분리를 막을 수 있는 이유는 '통합 노동학교'에서 시행되는 노동의 의미 때문이었다. 학생들은 공장과 같은 생산현장, 작물재배를 경험할 수 있는 학교의 텃밭 등의 장소에서 도구 사용법, 자연의 변화 등을 직접 체험하는 '노동'을 통해 지식이 일상의 삶으로부터 분리되는 과정을 피할 수 있다. 통합 노동학교는 이러한 노동의 가치를 학생들이 자발적으로 인식하여 구체제의 학교 체제에서는 기대하기 힘들었던 학생들의 주체적 동기부여와 자율적 규제를 제공할 수 있을 것이라고 기대되었다. 교육정책의 책임자였던 교육 인민위원 루나차르스키(Анатолий Луначарский)는 이러한 교육방식을 통해 육체적으로 건강하며 지적으로 활동적인, 그리고 독자적 사고능력을 가진 새로운 유형의 인간 창출이 가능하다고 생각했다(Holmes, 1991: 5-9).

교육체제에 처음 진입하는 학생들을 대상으로 한 이러한 개혁은 새로운 가치관을 심어줌으로써 사회주의 체제 발전에 기여하는 인재들을 길러내자는 의도였다. 그러나 고등교육의 전 단계인 초중등과정의 교육방법 혁신과 교과내용 만으로 체제의 유지와 발전에 기여하는 핵심 인재를 길러낼 수는 없었다. 지식의 전수만을 지양한다는 통합 노동학교의 졸업생들 중에는 고등교육 기관의 교과과정 이수에 필요한 기본적 수학지식이나 개념들을 전혀 구비하지 못하는 경우도 있었다. 공산당 중앙집행위원회가 발행하는『이즈베스티야』의 한 기사는 1926년 "고등 교육기관에 입학을 원하는 다수의 학생들이 지난 9년간의 수업을 통해 무엇을 배웠는지 우려를 표명하지 않을 수 없다"고 지적했다(Известия, 3 ноябрь 1926: 7). 기사 작성자가 보건데 통합 노동학교는 이념에 지나치게 경도된 나머지 준비된 인재를 상급 교육기관에 진학시키는 실질적 과제를 완수하지 못한 셈이었다.

통합 노동학교 이외 중등 교육과정 이수의 기회를 부여하는 학교로는 공장 실습학교(Фзу, фабрично-заводское училище)가 있었다. 공산주의자 청년동맹(콤소몰)은 교육 인민위원부 지도부가 마련한 중등교육 체계로는 노동계급 의식을 강화할 수 없다고 비판했는데 이러한 비판의 연장선에서 등장한 것이 공장 실습학교였다. 콤소몰의 시각에서 교육 인민위원부는 현 상황을 너무 안일하게 보고 있다. 체제의 공고화를 위해서는 생산력 증대에 당장 기여하는 교육을 젊은 세대에게 실시하여야 하는데 교육 인민위원부의 교과내용은 사회, 자연 등의 포괄적 영역까지 포함하고 있다. 15~18세까지의 청년들은 상급학교의 진학을 위한 체제에 편입하기 위해 노력할 것이 아니라 공장에서 이론 학습 및 훈련을 동시에 받으면서 생산력 증대에 기여하는 기본기술을 익혀야 할 것이다(Fisher, 1960: 92-94). 전문 기술교육을 강조하는 이러한 교육내용을 통해 노동자들은 새로운 체제에서 사회적, 정치적 지배를 행사할 수 있는 주역으로 성장하는 것이었다.

공장 실습학교는 노동자들에게 고등교육의 기회를 확대하여 이들을 우수한 자질의 전문가로 양성한다는 장기적 전망보다는 생산현장에서 당장 활용할 수 있는 기능인 양성에 무게를 두고 있었다. 다수의 기층 민중에게 고등교육의 기회를 부여하여 그들을 소비에트 체제의 핵심주역으로 성장시킬 방안도 필요했다. 중등교육 기관을 거쳐 고등교육 기관으로 진학한다는 교육체계의 오랜 전통을 거부하는 획기적 발상도 등장했다. 노동자 예비학부(рабочие факульте́ты: рабфак: 이하 예비학부)의 설립은 그러한 발상의 대표적 예이다. 예비학부는 대학 등의 고등 교육기관의 사회적 구성성분을 획기적으로 변화시킨다는 목적으로 노동자·농민들에게 고등교육에 필요한 사전 지식을 단기간에 습득케 한다는 목적으로 1919년에 설비된 특수 교육기관이었다. 예비학부는 관례적인 중등 교육의 기간을 무시하고 속성으로 교육과정을 이수케 한 후 고등교육 기관의 학생으로 진학시킨다는 기능을 수행해야 했다. 고등 교육기관으로 진학을 준비한다는 면에서 그것은 중등 교육기관의 성격을 가지고 있지만 대학을 비롯한 고등 교육기관에 부속된 기구라는 특성을 가지고 있었다. 따라서 예비학부의 학생들은 그들이 소속된 고등 교육기관의 도서관을 비롯한 모든 교육 시설물을 여타 학생 및 교수들과 동등하게 이용할 수 있었다. 고등 교육 전 단계인 교육기관의 학생들에게 이러한 권리를 부여한 이유는 그들을 특권 신분의 자제들을 대신하여 고등 교육기관을 구성하는 주축으로 키우겠다는 의지 때문이었다. 최고 당 협의회 및 당 대회에서는 예비학부가 기존 중등학교의 기능을 완전히 대체하여 고등 교육기관 학생층의 구성성분 변화에 기여하는 통로역할을 할 것이라는 기대를 드러냈다. 이러한 기대에 부응하듯 1920년대 중반부터 말기까지 고등 교육기관 신입생의 20~30%가 예비학부 출신 학생들이었고 1930년대 중반에 이르러 이들의 비율은 40~50%까지 증가했다(McClelland, 1978: 130).

고등교육에 진입하기 위한 전반적 체계를 검토해 보면 예비학부의 위치가 더욱 분명해진다. 4년의 초등교육 과정을 마친 학생들은 11세부터 17세까지의 학생들을 대상으로 하는 중등학교에 진학할 수 있었다. 중등학교는 다시 11세부터 14세까지의 학생을 대상으로 하는 '초급 중등학교'와 15세부터 17세까지의 '상급 중등학교'로 나뉘었다. 초급 중등학교를 마친 학생들은 공장에서 일한다는 조건으로 공장에서 직접 운영하는 공장 실습학교로 진학하거나 전문 기술자가 되기 위한 공업학교(техникум)로 진학했다. 즉 초급 중등학교에서 '우' 이상의 우수한 성적을 올리지 못한 학생들은 대학이나 고등 기술연구소로 진학을 목표로 하는 3년 과정의 상급 중등학교로 진학할 수 없었다. 그렇다고 공업학교의 학생들에게 고등교육 기관으로의 진학이 완전히 막히지는 않았다. 공업학교의 졸업

성적이 최상인 '수'인 졸업생, 즉 전체 졸업생의 5% 이내 성적을 유지한 학생이라면 대학 등의 고등 교육기관에 진학할 수 있었다. 공업학교 졸업생들은 3년간의 현장 복무 의무가 있었지만 고등 교육기관 진학자들에게는 그러한 의무가 면제되었다(King, 1937: 54; Roucek, 1960: 21-23). 중등 교육과정의 이수 기간을 최대한으로 단축하고 고등 교육기관에 진학했던 예비학부 학생들의 특권은 이와 같은 맥락에서 볼 때 가볍지 않은 것이었다. 20세기 중반 이후 미국 대학의 신입생 선발에 적용했던 '소수자 우대정책(affirmative action)'과는 다른 차원의 계급성분이라는 범주로서 고등 교육기관의 구성성분을 변화시키려는 의지였다.

에비학부는 고등 교육기관의 구성 성분을 체제의 이념에 부합하는 방식으로 변화시키기 위한 전위기구였다. 볼셰비키 권력의 의지가 이렇게 강력했다 하더라도 고등 교육기관의 구성성분을 기층 민중으로만 채울 수는 없었다. 우선 신입생 충원과정에 있어서 할당된 학생 수를 우선적으로 '계급원칙'에 따라 어떻게 배분하고 그 뒤의 여석을 어떻게 채울 것인지에 관한 최종 결정권은 개별 고등 교육기관이 가지고 있었다. 예를 들어 모스크바 대학교의 사회과학부는 1922년 1,200명의 신입생을 당 중앙위원회, 인민위원부, 적군 등과 같은 국가기구로부터 충원했다. 그렇지만 '부르주아'로 분류되는 600여 명의 신입생을 추가로 받아들이기도 했다. 그 해 사회과학부 전체 학생 수를 1,800명으로 했을 때 1/3 정도의 학생이 '계급원칙'과는 무관하게 고등 교육기관에 입학한 셈이었다(*Из истории Московского университета*, 1955: 111). 페트로그라드로 눈을 옮겨도 사정은 크게 다르지 않았다. 1922년 같은 해 페트로그라드 대학교 신입생의 1/3 정도가 사회성분 면에서 인텔리겐치아, 귀족,

제정시대의 군 장교, 상인과 성직자 등으로 분류되었다(*История Ленинградского университета 1819-1969*, 1969: 260).

1920년대 중반에 오면 고등 교육기관의 구성 성분 면에서 이념적 원칙이 다소 퇴색했음을 보여주는 수치도 등장한다. 모스크바에 위치한 모스크바 고등 기술학교와 플레하노프 국가경제 연구소 신입생의 사회적 성분을 보여주는 〈표1〉이 그것이다.

〈표1,2〉에서 내가 강조하고 싶은 내용은 절대적 수치가 아니라 변화의 내용을 감지할 수 있는 추세이다. 두 기관 모두에서 구성성분의 변화라는 측면에서 주축이 되는 노동자·농민의 비율은 1926년에 들어와 감소했다. 반대로 볼셰비키 권력의 관점에서 고등 교육기관의 변화를 주도할 수 없다고 간주되었기 때문에 '기타'로 분류되었던 신입생의 비율은 두 기관 모두에서 증가했다. 즉 고등 교육기관을 충원하는 데 있어서 이념적 원칙만을 강조하면서 기층계급의 비율을 지속적으로 늘려갈 수 없었던 하나의 추세가 드러나고 있는 것이었다.

볼셰비키 정부의 의도대로 고등 교육기관의 사회적 성분이 짧은 기간 내에 변화하지는 않았다. 혁명 이전까지 고등 교육기관을 구성하는 데 있어서 다수를 차지했던 '특권계급'의 자제들을 계급원칙에 따라 무조건 배제한다면 전문가 집단의 소비에트 권력에 대한 협력의지를 약화시킬 수도 있다는 우려 때문이었다. 당의 정책방향 또한 계급원칙을 지나치게 강조하여 고등 교육의 질적 하락을 초래해서는 안 된다는 점을 강조했다. 즉 1925년 14차 당 대회는 국가의 산업화를 일차적 과제로 채택했는데 이를 위해 전문가 집단의 협력은 무엇보다도 필요했다. 1926년 고등 교육기관 입학제도의 변화는 이러한 맥락에서 실시되었다. 기층 민중의 자제들이라 하더라도 이제

표1	모스크바 고등 기술학교 신입생의 사회적 구성성분			
	전체 신입생수	노동자 (%)	농민(%)	기타(%)
1925년	451	63	11	26
1926년	603	52	6	42

표2	플레하노프 국가경제 연구소 신입생의 사회적 구성성분			
	전체 신입생수	노동자(%)	농민(%)	기타(%)
1925년	320	45.3	18.4	36.3
1926년	320	41.4	14.5	45.4

출처: Абиндер, 1926: 96-97.

고등 교육기관에 입학하기 위해서는 일정 수준 이상의 입학시험을 통과해야 했다. 볼셰비키 정권의 의혹 대상이었던 기득권 계층의 자제들과 기층 민중의 자제들이 자유경쟁을 치러야 한다는 의미였다(Fitzpatrick, 1992: 96-100).

1920년대 중반에 오면 이렇듯 고등 교육기관의 구성과 관련한 주안점은 이념에 부합하는 선발이 아니라 교육의 단계를 충실히 거친 적합한 지원자 선발로 옮겨가는 듯 보였다. 그렇지만 엄격한 입학 기준만을 통과한 지원자만으로 고등 교육기관의 학생들이 채워지지만은 않았다. 이념적 내용의 교육을 중시했던 레닌그라드 대학 사회과학부의 경우 입학시험을 통과하지 못한 지원자가 있었다. 그는 자신이 입학시험을 통과하지 못한 이유를 사회주의 조국의 방어를 위해 4년이나 적군에 복무했기 때문이라고 말했다. 대학에 입학하여 공부를 하고 싶다는 간절한 의지를 보이자 그는 재시험 없이 입학허가를 받을 수 있었다(*История Ленинградского университета*: 260). 이와 같은 사례는 고등 교육기관의 수학에 필요한 단계적 준비보다 이념의 충성도가 여전히 최종 판단의 기준으로 활용되고 있음을 드러내는 것이었다. 1920년대의 고등교육 정책은 이념과 현실 사이의 긴장관계 속에서 다소 일관되지 못한 모습을 보이고 있었다.

스탈린 체제의 등장이 가시화되기 시작하는 1928년에 이르러 고등 교육체계는 또다시 급진적 전환의 소용돌이에 빠져들었다. 고등 교육 기관의 사회적 구성성분이 혁명 이후 10년이 지난 시점에서도 획기적으로 변화하지 못한 상황이 고등교육 정책 방향의 변화가 필요하다는 근거였다. 1929년 6월, 교육 인민위원부 공식 기관지의 기사에 따르면 1927/1928 학사년도까지 고등교육 기관 전체에 등록된 학생 수는 10만 명 이상이었다. 이러한 수치에서 노동자와 그들 자제의 학생비율은 26.6%에 지나지 않았다. 게다가 "고등교육 기관의 사회적 구성성분의 프롤레타리아트화"라는 목표를 위해 설치되었던 노동자 예비학부를 통해 입학한 비율은 동일한 학사연도의 경우 1.5%에 불과했다. 고등교육 기관의 입학규정이 구성원의 사회적 성분변화를 목표로 하기 보다는 지원자에 대한 특정 기관의 추천장, 병력기록 제출과 같은 불필요한 절차를 요구하고 있기 때문에 이러한 실망스러운 상황이 발생한 것이다(*Народное просвещение 18*, 1929: 7). 볼셰비키 권력에 우호적인 세력을 보다 적극적으로 고등 교육 기관에 진학시킬 필요가 있었다.

1928년 7월 당 중앙위원회 총회는 고등 기술교육기관으로 진학시키기 위해 '공산당원 1,000인대'를 특별 모집한다고 결정했다. 집단농장의 추진을 위해 선봉에 섰던 '25,000대'의 취지와 유사하게 이들은 고등교육 기관의 사회적 성분변화를 획기적으로 달성하기 위한 최 일선의 전사였다. 4년에서 5년 정도까지 생산현장의 경험을 가진 노동자들이 주축이었던 '공산당원 1,000인대'는 예비학부보다 짧은 준비과정을 거쳐 고등 교육기관에 곧바로 진학했다

(Fitzpatrick, 1979: 185-186). 이러한 전위적 역할을 통해 '1,000인대'는 고등 기술교육기관의 65%이상을 노동자 혹은 노동자들의 자제로 채우는 데 기여할 것이라고 총회는 규정했다. 그 연장선상에서 1929년 9월 10일부터 17일까지 개최된 공산당 중앙위원회 총회는 고등교육 체제 개편과 관련된 더욱 급진적 결의문들을 내놓았다. 고등 교육기관에서 노동자, 빈농 계층의 구성 비율을 더욱 높이기 위한 구체적 방안으로 노동자 예비학부 졸업생들의 수를 더욱 늘려야 한다고 규정했다. '공산당원 1,000인대'의 비율 또한 1930/31년도 학사년도에는 전년도에 비해 2배 이상 늘린다고 결의했다(*КПСС в резолюциях и решениях съездов*, 1984: 21-25). 고등 교육기관으로 진학하기 위한 핵심 기준은 학업능력보다는 출신성분이라는 점을 재차 강조하는 것이었다.

1931년에 이르면 고등 교육기관의 구성성분 면에서 볼셰비키 정권의 의지가 어느 정도 실현되었음을 보여주는 여러 수치가 등장한다. 국가경제 계획의 총괄부서인 고스플란에 따르면 고등교육 기관 학생 수에서 노동계급 구성 비율은 1928년 25.4%였다. 1931년의 그것은 46.4%까지 상승했다. 정치의식의 측면에서 선도적 모습을 보이는 당원 및 예비당원의 비율도 증가했다. 1928년의 그것은 15.3%였지만 1931년에는 24.5%로 증가했다(*Сборник статистических материалов по с.х. вузам, техникумам и рабфакам 1934-1935* гг. 1935: 5).

수치 면에서 이렇게 권력의 이념에 부합하는 변화가 나타나긴 했지만 그것이 고등교육 정책 방향의 완성을 의미하지는 않았다. 구성 성분 면에서의 변화가 스탈린 체제의 당면과제인 산업화 달성에 기여하는 전문 기술자 배출을 보장하지 못했기 때문이다. 출신성분의 혜택을 입고 고등 교육기관에 입학한 학생들은 학업 수행에 적지 않은 어려움에 직면했다. 노동자 예비학부를 통해 고등 교육기관에 진학하려는 희망을 가지고 있었던 파벨 부로보이(Павел Буровой)라는 인물은 자신의 학업을 도와주어야 하는 수학 강사의 비협조적 태도 때문에 학업을 포기하고 말았다. 수학강사는 학업능력이 모자란다는 이유로 부로보이에 대한 경멸감을 숨기지 않았던 것이다(Павел Буровой, 1929: 4).

어렵게 교육과정을 마쳤다 하더라도 그들은 생산현장에서 실질적 도움을 주지 못했다. 1931년 돈바스 지역 야금산업의 실태에 관한 언론인 조사단은 다음과 같이 그 상황을 전하고 있다.

> 공장들은 극단적으로 어려운 상황에서 돌아가야 했다. 따라서 신뢰할 만한 기술적 지시 내지는 기술적 조언을 받는 것이 특히 중요했다. 야금 산업에서 그러한 지시는 존재하는가? 이 질문에 대해 공장의 노동자들은 분명하게 다음과 같이 대답한다. '아니오, 우리는 그러한 지시를 받지 못합니다.'(За индустриализацию, 1931, март 17.)

학교를 갓 졸업하고 생산현장에 투입된 젊은 기술자들은 이론적 지식도 부족하고 현장 경험도 없는 상태였다고 위의 기사는 전한다. 노동자들은 이러한 상황에서 이론적 지식을 배울 기회는 없었지만 생산현장의 경험이 풍부한 고령의 노동자들에게 의지했다(За индустриализацию, 1931).

계급원칙을 중시하는 고등교육 정책만으로 사회주의 체제 공고화에 기여하는 인력 양성을 기대할 수는 없었다. 1932년 발표 법령은 고등교육 체제 전반에 걸친 수정 방향을 제시했다. 고등교육 기관과 기술학교의 80~85%의 수업시간은 기본적인 이론과목과 실습과목에 할당되어야했다. 입학시험은 모든 학생들에게 의무적으로 부과되며 입학 후 학생들은 수강과목에 대한 시험을 통과해야 한다. 예전과 마찬가지로 교수에 의한 강의가 학생들이 주도하는 수업방식을 대체한다. 학문적 자질이 교수 임용에 있어서 중요한 판단기준이며 학문적 업적과 근무 기간에 따른 임금의 차등지급이 모든 교수에게 적용된다(Fitzpatrick, 1979: 219). 입학시험의 도입은 고등교육 기관의 입학에서 정규 교육과정의 이수가 중요한 기준이 되어야 함을 명시하는 것이었다. 1934년 고등교육 기관 입학생 중에 14.6%가 중등학교 졸업생이었고 16.5%는 공업학교, 40%는 노동자 예비학부 출신이었다. 1938년에 오면 중등학교 졸업생의 비율은 58.8%로 증가한 반면 공업학교와 예비학부 졸업생의 비율은 각 12.9%와 22.9%로 떨어졌다(*Культурное строительство СССР*, 1940: 127). 단계적 준비과정을 통한 고등교육의 이수가 체제가 필요한 우수한 자질의 기술자를 배출할 수 있다는 인식의 반영이었다. 고등교육 체제의 이러한 변화는 이전 시대의 관행을 어느 정도 수용하면서 그것을 소비에트 체제강화에 활용하자는 집권층의 의지표현이었다. 소비에트 체제 고등 교육기관의 구성을 위한 충원방식은 이와 같이 혁명 이후 10년 이상의 실험을 거쳐 완성되었다. 개혁 주체세력에게 고등 교육기관의 교육 방향을 정립하는 문제와 관련해서도 적지 않은 시간이 필요했다.

III. 교육 목표 및 고등 교육기관의 정체성

혁명으로 구시대 고등교육 체제를 획기적으로 개편하려고 했던 볼셰비키 정부는 고등교육을 체제 발전에 기여할 수 있는 '붉은 전문가' 양성의 통로로 활용하려고 했다. 고등교육을 이수한 전문가들 중에 볼셰비키 정부가 믿을 만한 원군이 절대적으로 부족한 상황에서 이는 불가피했다. 1922년 6월에 모스크바와 페트로그라드에서 실시한 조사에 따르면 당원 중 고등교육과 중등교육을 마친 당원 비율은 각각 2.3%와 15.2%에 불과했다(*Известия ЦК РКП(б)*, но. 11-12 1922: 35). 공장의 관리자 집단의 경우를 보더라도 볼셰비키 정부의 입장에서 실망스럽기는 마찬가지였다. 1923-24년 기간 동안 비당원으로서 관리자의 기능을 수행하고 있는 사람들 중 고등교육 이수자의 비율은 72.3%에 달했다. 반면 당원이면서 관리자의 기능을 수행하는 사람들 중 59.3%는 중등교육만을 이수했다(Абрамов, 1997: 85).

'붉은 전문가'의 비율을 늘려야 하는 필요성은 확인되었지만 그들을 양성하기 위한 교육내용과 관련하여 교육정책의 지도부 내에서는 뜨거운 논쟁이 일어났다. 교육 정책의 수장이라고 할 수 있는 교육 인민위원부의 루나차르스키는 고등교육의 재편 필요성은 인정했지만 그것을 "사회주의적 문화" 창조의 과제와 연결시켜 진행해야 한다고 강조했다. 루나차르스키는 프롤레타리아 권력의 출범이 즉각적인 새로운 문화의 창출을 의미하지는 않는다고 생각했다. 그는 인간을 "노예"가 아닌 세상의 "주인"으로 만드는 "고급문화," 즉 "진정으로 새로운 프롤레타리아트 문화"는 과거 문화의 유산을 흡수하지 않고서는 불가능하다고 주장했다(Lunacharskii, 1981: 224).

루나차르스키가 보기에 "고급문화"는 물질적 기초뿐만 아니라 인민의 문화적 수준의 향상이 전제되어야 했다. 인간성의 동시적 성장을 가능케 하는 폭넓은 교육 없이는 아무리 많은 자본을 투여한다 하더라도 그러한 "고급문화"는 기대할 수 없다고 그는 생각했다 (Lunacharskii, 1981: 221). 고등교육이 소비에트 체제가 필요한 경제개발 뿐만 아니라 "고급문화"의 창출에도 기여하기 위해서 정신과 물질의 조화에도 관심을 기울어야 한다는 것이다.

루나차르스키가 그렇다고 혁명 직후 소비에트 체제의 현실을 직시하지 못했다는 의미는 아니다. 1921년 소비에트 체제의 현실은 순수과학보다는 실용적 교과목에 대한 지원을 더 많이 할 수밖에 없는 상황이었다.

> 교육 인민위원부는 분명 별 고민 없이 아무 과목이나 무시하고 싶지는 않다. 그러나 이러한 어려운 시기에 어느 정도 사치라고 여겨지는 과목들을 희생하지 않고 가장 핵심적인 과목들, 즉 국가 인민들을 직접적으로 부양하는 과목들의 교육을 우리가 지원할 수는 없을 것 같다(Луначарский, 1921: 2).

루나차르스키는 이렇듯 당장 가시적 성과를 보일 수 없는 순수과학에 대한 지원축소는 불가피하지만 그것이 고등교육 과정에서 예술과 순수과학에 대한 경시로 이어져서는 안 된다고 생각했다. 그가 강조하고 싶었던 것은 소비에트의 교육체제 개편이 과거의 모든 유산을 부정하는 식으로 가서는 안 된다는 점이었다. 산업화는 유능한 기술 전문가의 확보도 중요하지만 전체 인민의 문화수준의 향상이 뒤따라오지 않는다면 무산될 수도 있는 것이었다. 소비에트 체제의 인텔리겐치아는 협소한 분야의 기술획득을 목표로 할 것이 아니라 광범위한 분야의 지식도 함께 습득하여 지속적으로 체제발전에 기여해야 할 것이다. 루나차르스키는 자신의 생각을 다음과 같이 합리화했다.

1차 세계대전 이전에 미국으로 이민을 떠난 러시아의 기술자는 미국의 기술자들을 능가했다. 그 이유는 미국인들이 좁은 분야의 전문성만을 가지는 기술자들을 창조하려고 노력하였기 때문이다. 미국인들은 기술자들을 기계의 한 부분으로서, 교묘하게 다듬어진 하나의 부품으로 만들었다. 그러나 미국의 기술자들이 창조적 개발과 창의성이 필요한 단계에 도달하자마자 단순한 기계적 훈련은 충분치 않음이 밝혀졌다. 광범위한 교양 지식이 또한 필요하였고 러시아의 기술자들은 비록 그가 당장은 쓰임이 없어 보인다 하더라도 훨씬 더 광범위한 기초에 서 있었다. 바로 이러한 사실이 그로 하여금 창의성을 발휘할 수 있도록 만들었던 것이다(*Народное просвещение* no. 7-8, 1925: 30-31).

루나차르스키는 소비에트 체제의 교육은 당장의 현실에 부응해야 할 필요성도 있지만 인간의 전인적 완성이라는 목표와 무관하게 진행되서는 안 된다고 생각했다. 학교는 "편협한 전문가를 양성하기 위한 기관일 수도 없으며 다양한 지적 재산의 흡수를 목표로 하는 기관"이기 때문이다(РЦХИДНИ, фонд 147, опись 1, дело 28, лист 47).

교육 부인민위원 크룹스카야(Н. Крупская) 또한 루나차르스키의 이러한 입장을 지지했다. "학교는 결코 학생들에게 과학의 유일한 가치가 실제적 결과를 즉각 만들어 내는 데에 있다는 관념을 주입해서는 안 된다"고 그녀는 주장했다. 그렇다면 "학생들이 지구상의 생물의 진화법칙, 혹은 천문학을 공부할 이유는 없는 것이다. 그러한 과목들은 어떤 실용적 결과물들도 만들어 내지는 않을 것이기에! 우리는 과학에 대한 그러한 단순하고 정신 나간 이해가 과학을 삶과 결합시키려는 우리의 노력"에 결코 부응하지 않는다고 그녀는 지적했다(Weiner, 2006: 79). 크룹스카야 역시 장기적 전망을 가지고 수립된 교육정책이야말로 소비에트 체제 안정을 위해 기여할 것이라고 생각했다.

교육 인민위원부 내에서는 루나차르스키와 크룹스카야의 정책방향은 현실을 무시한 안이한 발상이라는 비판이 일었다. 1920년부터 1923년까지 지속적으로 예산을 삭감당한 교육 인민위원부의 관리들 사이에서 체제 안정에 기여한다는 구체적 성과를 내지 못한다면 자신들의 공직생명이 끝날지도 모른다는 위기감이 팽배했다. 특히 준 고등교육기관의 기술교육 뿐 만 아니라 고등교육 기관에 대한 행정업무 총괄부서로서 교육 인민위원부 산하에 설치된 전문교육 최고관리국(Главпрофобр)의 부대표 쉬미트(О. Ю. Шмидт)는 특히 이들 두 사람과 다른 견해를 가지고 있었다. 쉬미트는 교육내용 전반이 여전히 실제적 삶과 분리되어 있기 때문에 체제 발전에 기여하는 새로운 전문가 집단을 만들어내지 못한다고 주장했다. 무엇보다도 먼저 기술교육은 실무적 지식획득에 중점을 두어야 하기 때문에 생산활동과 연관이 없는 과목들은 교과과정에서 제외시켜야 한다. 불필요한 과목을 학습하는 데 들이는 시간을 배제함으로써 국가가 필요로 하는 기술전문가들을 빠른 시일 내에 공급하는 것이 개혁의 주된 방향이라고 쉬미트는 주장했다(Сафразьян, 2006: 132-133).

고등교육이 좁은 분야의 전문화를 지향해야 한다는 주장은 대학을 비롯한 고등 교육기관에 일시적 영향을 미쳤다. 예를 들자면 1920년에 정치연구소로 설립된 모스크바의 포드벨리스키 연구소는 본래의 취지를 버리고 통신 분야의 전문가를 양성하기 위해 교과과정을 개편했다(Сафразьян, 2006: 132-133). 러시아 사회주의 연방내의 대학에서도 협소한 전문화를 강조하는 조직개편이 단행되었다. 물리학과 수학을 전공하는 학부가 1920년 초반에는 5개의 세부전공으로 나뉘어져 있었는데 다음 학사연도부터는 약 50개의 세부전공으로 나눈다는 결정이 내려졌다(Чанбарисов, 1973: 168-173). 이러한 조직개편을 통해 다양한 분야의 산업에서 필요로 하는 전문가를 빠른 시일 내에 배출할 것이라고 기대되었다.

루나차르스키와 크룹스카야는 이러한 내부 이견을 설득해야 하는 부담에 더해 경제건설을 우선시하는 국가기구의 압력에도 시달렸다. 1925년 14차 당 대회 이후 가동 중인 기계의 수를 최대화하여 생산성을 증대시키려는 시도가 있었지만 이에 대한 구체적 성과는 뚜렷하게 드러나지 않는 상태였다. 기계 작동을 최대로 가능케 하는 기술자 양성에 실패했기 때문에 이러한 상황이 발생했다는 것이 당의 시각이었다. 1928년 여름에 열린 당 중앙위원회 총회 결의문의 도입부는 이런 맥락에서 "새로운 기술자의 양성은 당 전체의 중요한 과업 중의 하나가 되었다"고 규정했다(КПСС в резолюциях и решениях съезда, 1970: 361).

산업생산 증진을 위해 기술교육 체계에 대한 전반적 검토 필요성이 제기되었다. 검토 결과 현존 기술교육 체계가 산업생산성 증진에 기여할 수 없다는 결론이 내려졌는데 그 이유는 국가의 경제기구가 교육문제에 대해 충분한 발언권을 가지고 있지 못하기 때문이다. 즉 당 중앙위원회 총회의 관점에서 교육 인민위원부 만이 교육체계를 조직하는 문제와 관련하여 유일한 권위를 가지는 것은 아니었다. 기술교육은 교육 인민위원부의 관리에서 분리시켜야 할 필요가 있다. "고등 기술교육기관과 중등 직업기술 학교를 대기업에 복속시켜 교육의 내용에 관해 노동조합과 더불어 국가 경제기구들이 역할을 행사하도록 한다"라는 구체적 방안이 제시되었다. 또한 총회는 "기술자들의 최대한도의 전문화"와 이를 빠르게 달성하기 위해 의무적으로 수강해야 하는 "교양과목" 수의 축소를 요구했다. 결국 8개의 고등 기술교육기관이 교육 인민위원부의 통제로부터 국가경제최고회의(BCHX) 등의 경제기구의 관리아래 놓이게 되었다(КПСС в резолюциях и решениях съезда, 1970: 355-360). 예를 들어 농업 분야의 전문 기술자를 양성하는 모든 기술학교를 농업 인민위원부가 통제 관리한다는 내용이었다.

급속한 산업화를 위해 교육과정을 축소하고 현장의 필요를 강조하는 총회의 결의안이 승인되었지만 루나차르스키는 그러한 정책 방향이 당이 필요로 하는 "진정한" 기술자를 만들어 낸다고 확신하지 못했다. 고등교육 기술기관의 관리를 "공산당의 경제계획 입안자"에게 맡긴다면 수준 높은 교육과 고등 교육기관의 발전도 도모할 수 없다고 그는 생각했다(*Народное просвещение 5*, 1928). 총회가 개최되기 이전부터 루나차르스키는 이러한 생각을 이미 밝히고 있었다. 총회의 결정을 예견이라도 한 듯 그는 총회 개최 이전『프라브다』에 다음과 같은 논설을 게재했다. "고등 기술교육을 협소한 분야로 잘게 쪼개는 것은 산업의 발전이 모든 기술 교육뿐만 아니라 국가의 대중교육과도 연결되어 있다는 사실을 완전히 잘못 이해한 결과이다." 국가경제최고회의는 기술교육과 교양교육의 전반적 향상을 위해 교육 인민위원부와 협력할 시점에 오히려 교육 인민위원부로부터 벗어나 자신만의 영역을 구축하려 한다고 루나차르스키는 비난했다(Lunacharskaia, 1992: 336).

교과과정의 균형을 중시하였던 루나차르스키의 입지는 1920년 대 말 산업화의 강력한 추진으로 더욱 어려워졌다. 루나차르스키의 후임으로 교육 인민위원부의 수장으로 임명된 이는 붑노프(Андрей С. Бубнов)였다. 그는 루나차르스키와는 달리 고등교육이 산업화의 완성을 위해 철저하게 기여해야 된다는 믿음을 가지고 있었다. 이런 맥락에서 1929년 9월 10일과 17일 사이에 열린 공산당 중앙위원회 총회의 다음과 같은 결의문에 대한 반대의 목소리는 등장하지 않았다. 국가경제최고회의는 전소연방 노동조합 중앙회의와 더불어 초급, 중급, 고급 수준의 기술간부 양성을 목적으로 하는 1~2년 과정의 교과과정을 운영할 수 있는 권한을 가지게 되었다. 이 때 국가경제 최고회의의 주도로 만들어진 교과과정은 생산현장과 밀착된 것이었다(*КПСС в резолюциях и решениях съезда*, 1984: 21-23).

생산현장의 기술분야와 직접 연관된 고등교육 기관뿐만 아니라 비기술부문의 고등 교육기관에 대해서도 현장밀착형 교육이 강조되었다. 경제관련 고등교육 기관에 속한 학생들은 경제를 관리하는 국가기관, 예를 들어 국가경제최고회의, 고스플란, 재무 인민위원부 등에서 실무경험을 쌓아 나감으로써 이론과 현실의 괴리를 줄이도록 요구받았다(*КПСС в резолюциях и решениях съезда*, 1984: 23-25). 이러한 요구들은 고등교육의 내용이 산업 현장이나 국가기구 내에서 즉각적으로 활용될 수 있도록 조직되어야 한다는 것이었다.

고등교육 기관 학생들의 사회적 구성성분을 급격히 변화시키고 아울러 관리 체제와 교육내용의 변화를 지향하였던 정책 방향은 기대했던 성과를 내놓지 못했다. 생산현장과 교육 기관의 밀접한 연계를 강조하며 공장을 들락날락하는 학생들은 전문 기술자로 불릴 만한 지식을 체득한 채 학교 문을 나서지 못한다. 공장 관리자의 입장에서도 이들은 생산현장을 어슬렁거리는 방해꾼에 불과했다(Fitz-patrick, 1979: 218). 체제 발전에 기여하는 기간요원들을 고등 기술교육이 제공하기 위해서는 이에 대한 보다 체계적 관리가 필요했다.

1932년 9월 당 중앙집행위원회는 고등 기술교육 위원회를 집행위원회의 하부기구로 설치하는 결의안을 통과시켰다. 고등 기술교육 위원회의 의장직은 국가경제를 총괄하는 고스플란 의장단의 일원이었던 크리지자놉스키(Глеб М. Кржижановский)가 맡았지만 호도롭스키(Иосиф И. Ходоровский)와 핀케비치(Альберт П. Пинкевич)가 기술교육 위원회의 의장단에 포함되었다는 점이 주목할 만한 일이었다. 호도롭스키는 교육 인민위원부를 이끌었던 경험이 있고 핀케비치는 교육학 분야의 학자였다(Fitzpatrick, 1979: 219). 이들의 의장단 편입은 고등 기술교육 정책을 입안하는 데 있어서 학자들의 견해를 수용함과 동시에 교육 인민위원부의 위상을 경제관련 국가기구에 종속시키지 않겠다는 의사 표시였다.

1933년 출범한 전연방 고등교육 위원회는 고등교육의 관리에서 나타난 혼란을 극복하고 교육 내용을 재검토하기 위해 설립된 기구였다. 고등교육 위원회는 1년의 검토과정을 거쳐 고등교육의 개선방향을 제시했다. 이에 따르면 교육기관의 학생들이 사회주의 체제의 미래를 이끌어 갈 전문가로 성장하기 위해서는 "문화적 수준"을 높여야 했다. 협소한 분야의 전문지식 습득이 교육의 목표가 아니라는 지적이었다. 고등 기술교육 기관에 입학하기 위해 모든 지원자는 러시아어와 문학, 수학, 물리 등의 기초과목의 시험을 통과해야만 했다. 어떤 의미에서 고등 교육기관의 관례적 교과과정의 회복을 통해 위원회는 체제가 필요로 하는 "프롤레타리아 전문가"를 배출할 수 있다는 의지를 표명하는 것이었다(Hans, 1949: 115-116).

1946년 연방 차원에서 고등교육의 관리기능은 고등교육 위원회에서 교육부로 이관되었다. 교육부는 소비에트 연방의 모든 교육기관의 관리 및 유지 업무와 더불어 연방 내의 모든 중등 기술교육의 감독업무를 맡게 되었다. 아울러 고등 교육기관의 입학시험이 필수적인 절차가 되었기 때문에 이를 준비하는 중등 교육기관의 교과과정에 대한 연방차원의 관리 또한 교육부의 중요업무 중의 하나였다(Hans, 1949: 119). 1930년대 초반부터 시작된 고등교육에 대한 중앙으로부터의 관리는 이제 기정사실이 되었다.

1930년대까지 소련 고등교육 체제의 검토를 위해 우리에게 남은 하나의 과제는 체제의 이념 공고화를 위한 기구들을 검토하는 일이다. 지금까지 검토하였던 고등교육의 체제 정비에서도 이념의 강화를 위한 여러 조치들을 발견할 수 있었지만 그것만으로는 소비에트 체제 고등교육의 또 다른 측면을 놓치기 쉽다. 전반적인 고등교육 체제의 혁명적 재편을 통해 체제의 발전에 기여하는 전문가들을 한쪽에서 만들어 낸다면 다른 한쪽에서는 체제의 이념을 숙지하고 체제의 정당성을 전파해 나갈 '소비에트 인텔리겐치아'의 양성도 필요했던 것이다.

IV. 이념교육 기구들

혁명 직후부터 볼셰비키 권력 지도부는 소비에트 체제의 권력 기반이라고 여겨지는 노동자와 농민이 기초적 정치의식을 가지고 있지 못하다고 우려를 표명했다. 레닌은 이미 1918년부터 당의 최우선 과제는 당 강령과 전술의 올바름을 "다수 민중에게 납득시키는 것"이라고 지적했다(Ленин, *Сочинения*, 1925: 125). 그러나 1924년까지 이러한 상황은 개선되고 있지 않다는 것이 지도부의 판단이었다. 스탈린은 1924년 13차 당 대회에서 "정치적으로 무지한" 당원들의 비율이 몇몇 지역에서 70%에 달하며 수도 인근 지역에서도 그러한 당원들의 비율은 평균 57%에 이른다고 보고했다. 당 대회는 그리하여 사회주의 의식에 충만한 노동자 농민의 비율을 하루 빨리 높여야 한다고 강조했다(*КПСС в резолюциях и решениях съездов*, 1984: 218-219).

대학의 교수집단이 민중의 낮은 의식수준을 개선하는 데 앞장서기를 기대하기란 어려웠다. 내전 기 카잔과 키예프 등의 중요 지점을 장악한 백군 세력에 대해 공개적 지지를 표명한 교수 집단도 있었다. 볼셰비키 정부에게 이들은 학문의 자유라는 "초계급적 이념"을 내세우고 있지만 실제로는 카데트 당과 같은 자유주의적 정치 세력을 지지하는 혁명권력의 적대세력이었다(McClelland, 1989: 259). 특히 인문학과 사회과학의 교수들 중에서 혁명권력의 이념에 동조하는 교수들을 찾기 어려웠다. 인문학과 사회과학의 교과 내용이야말로 소비에트 체제의 신세대 엘리트들이 가져야 할 이념적 무기를 제공하기 때문에 이러한 상황을 그대로 방치할 수는 없었다. 모스크바와 레닌그라드와 같은 대도시 대학의 법학과와 역사철학과를 사회과학부로 통합하고 여기에 이념적으로 무장한 공산당원을 배치하여 이념교육을 담당하도록 했다. 이들 공산당원이 맑스주의와 역사유물론의 강좌를 맡기로 되어 있었지만 너무나 많은 외적 업무 때문에 이들의 강좌는 열리지 못하는 경우가 많았다(Finkel, 1997: 46). 이념 교육을 전담하는 핵심요원의 양성이 필요했다.

1918년 6월 사회주의 학술원은 이러한 맥락에서 태동했다. 교육

인민위원부는 기존의 학과를 개편하는 구조 조정만으로 이념을 선도하는 간부집단을 만들어 낼 수 없다고 판단했다. 맑스주의 방법론을 소개하고 과학적 사회주의 개념을 발전시키기 위해서는 대학의 학과수준을 넘어서는 기구가 필요하다고 판단했던 것이다. 그러나 내전을 치루고 있는 당시 볼셰비키 정부의 예산으로는 사회주의 학술원을 위한 별도의 건물과 인적자원을 감당할 수 없었다. 지역도서관의 협조 아래 맑스주의에 관한 토론을 주도하는 데 그칠 정도로 사회주의 학술원의 위상은 보잘 것 없었다(Fitzpatrick, 1979: 68). 자질 있는 강사와 교재 부족이라는 문제점을 이미 표출하였지만 주요 대학에 설치된 바 있는 사회과학부를 중심으로 한 이념교육이 현실적 대안이었다. 주요 대학의 사회과학부는 맑스주의, 볼셰비키 사상, 소비에트 정치를 필수과목으로 지정하고 '역사유물론', '러시아 소비에트 사회주의연방의 법과 사회구성체의 발전' 과목에 대한 학년말 시험을 도입하였다. 이념적 내용을 강조하는 과목들의 필수 지정에 많은 교수들의 반대가 있었지만 미래의 엘리트를 양성하는 고등 교육기관에서 맑스주의적 교과는 피할 수 없는 과정이었다(Finkel, 1997: 47).

내전의 혼란을 극복하고 체제가 안정적 궤도에 진입하면서 사회주의 학술원을 확대하고 개편하려는 시도가 등장했다. 내전의 종결 직후 열린 1921년 10차 당 대회는 맑시즘에 관한 특별과정 설치를 결정하고 120에서 200여 명의 학생들에게 맑시즘과 공산주의 사회과학을 2년 동안 이수토록 했다. 1924년에 가서는 사회주의 학술원의 기본 조직을 확대하고 그 명칭도 공산주의 학술원으로 변경했다. 공산주의 학술원은 맑시즘과 레닌주의를 기초로 "사회과학과 자연과학의 과제들 및 사회주의 건설의 과제들"을 연구하는 소련의 최고 학문기구의 위상을 갖는다고 규정되었다. 역사가였던 포크롭스키를 원장으로 공산주의 학술원에는 부하린, 프레오브라젠스키 등 공산주의 이론 정립에 관여했던 당대의 저명한 이론가 대부분이 이념 교육을 직접 담당했다. 공산주의 학술원이 조직과 재정 면에서 최고의 진전을 보인 1931년에 이르러 공산주의 학술원은 77개 분과 학문 영역을 포괄하는 11개의 연구소를 보유했다. 소비에트 행정 및 법 연구소, 세계 경제 및 정치 연구소, 어문학 연구소, 철학 연구소 등이 공산주의 학술원에 소속된 연구소였다(Katz, 1956: 239-240).

공산주의 학술원이 이념의 생산뿐만 아니라 제반 학문분야를 포괄하는 연구소까지 갖추면서 위상이 강화되자 혁명 이전 러시아 학술원의 전통을 소비에트 체제 아래에서 계승하려는 학자들의 도전에 직면했다. 1918년, 학술원의 지적 역량을 사회주의 체제 전설에 활용하기를 희망했던 레닌은 학술원에 대한 정치적, 재정적 지원을 학술원 회원이자 동방학의 권위자 세르게이 올덴부르그(Сергей Ольденбург)를 만나 약속했다. 그리하여 제정시대의 학술원은 혁명 직후 폐지의 수순을 밟지 않고 존속할 수 있었다. 우선 학술원은 교육 인민위원부 산하 과학인력 동원부의 관리 아래로 들어갔다가 1925년 소련 학술원으로 재편되었다.

볼셰비키 권력의 출범에 대해 학술위원의 대다수는 부정적 견해를 가지고 있었다. 러시아 학술원 부원장 이반 보로딘(Иван Боро-дин)과 생리학자 이반 파블로프(Иван Павлов)는 볼셰비키 정부에 대한 전면 보이코트를 주장한 바 있었다(Tolz, 2000: 43). 그럼에도 불구하고 학술위원 대다수가 소련 학술원으로 이전 학술원의 명맥을 잇기로 결정한 이유는 러시아의 학문적 업적을 대표하는 학술원의 존재를 정치 환경의 변화로 포기할 수 없다는 생각 때문이었다. 최고 학술연구기관으로서 학술원의 폐지는 러시아의 진보에 해가 될 뿐만 아니라 세계의 학문 공동체에게도 타격을 미칠 수 있다고 그들은 생각했다. 이러한 러시아의 학문적 업적이 소련 학술원에서도 지속되기 위해서 레닌이 약속했듯이 국가의 지원은 필요하다. 그렇다고 국가의 지원이 학문에 대한 통제를 의미할 수는 없다고 학술위원들은 주장했다(Tolz, 2000: 43).

공산주의 학술원의 수장 포크롭스키는 제정시대의 학술원이 소련 학술원으로 이름만 바뀐 것에 불과하다고 생각하며 학술원 출범 자체에 대해 적대적이었다. 1926년 정치국에 대한 보고에서 포크롭스키는 소련 학술원 개별 연구소의 활동을 평가하는 것과 아울러 학술원 자체가 진정으로 필요한 지에 대한 검토가 있어야 한다고 주장했다. 소비에트 체제의 산업화가 본격적으로 추진되던 1920년대 말에 이르러 포크롭스키는 이러한 적대적 입장을 더욱 분명하게 드러냈다. 1927년 15차 당 대회에서 1차 경제개발 5개년계획을 승인한 이후 포크롭스키는 사회주의 건설을 위한 핵심 기초로서 학문이 기여해야 함에도 불구하고 소련의 학문분야가 "가장 무질서하고 통제를 벗어나 있다고" 지적했다. 학문에 대한 국가의 통제 필요성을 인정하고 그러한 필요성을 제기한 당사자를 학술원의 학자들은 "야만인"처럼 취급하는 태도를 버리지 못한다고 포크롭스키는 비난했다. 공산주의 학술원과 소련 학술원의 이중 구조를 폐지하고 학문연구의 단일한 중심체를 만들어야 한다고 포크롭스키는 주장했다(Есаков, 1971: 73-75).

소련 학술원에 대한 적대적 시각이 이렇게 남아 있는 상황에서 학술원이 취한 전략은 마이클 데이비드-팍스(Michael David-Fox)의 표현을 빌리자면 "적대적 공생" 전략이었다(David-Fox, 1998:

220). 즉 국가와 당의 요구에 일부 양보하는 모습을 보이면서 학술원의 자율성을 유지할 수 있는 방법을 모색하였다. 1927년 제정한 소련학술원 헌장은 이러한 전략을 상징적으로 드러냈다. 헌장은 학술원의 핵심 목적을 "소련의 사회주의 건설 과제에 학문이론과 과학실험의 결과들을 적용하기 위한 방법과 수단의 개발"이라고 선언했다. 동시에 정치적 이유로 학술원 회원의 제명을 허용하는 조항을 헌장에 삽입했다. 국가권력이 학술원 구성에 개입할 수 있음을 인정한 것이었다. 그렇지만 학술원의 자율성을 일정 정도 유지하기 위한 조항도 1927년 헌장은 가지고 있었다. 즉 헌장은 "학술원과 관계 있는 학문연구 및 조직에 대한 모든 일반적 문제는 학술원 총회에서 검토"한다고 규정했다. 이에 의하면 학술원 업무를 관장하는 상설기구인 의장단도 총회의 이러한 권리를 제한할 수 없었다. 총회는 아울러 인민위원부 회의(소브나르콤)의 승인을 받아야 하는 단서가 붙긴 했지만 학술원장의 선출권한과 학술회원 선출과 관련한 특권을 가지고 있었다(Levin, 1988: 263-264). 학술원 전체 구성원의 의사를 드러내는 총회의 권한을 강화하여 권력에 대한 일정 정도의 견제를 성취하려고 시도하였던 것이다.

당 지도부의 꼭두각시 역할에 불만을 드러내는 학술원 회원들이 있다는 것을 알고 있는 상황에서 권력과의 불안한 공생관계는 오래 가기 힘들었다. 1927년 말부터 모스크바와 레닌그라드의 주요 일간지에는 구체제의 유습을 버리지 못하는 학술원 회원들에 대한 비판 기사가 자주 등장했다(Levin, 1988: 264-267). 네프 시기의 타협적 분위기에서 벗어나 계급주의적 원칙을 표방한 스탈린의 문화혁명이 시작되면서 소련 학술원의 개편 요구는 더욱 거세졌다. 학술원 회원이 되기 위해서는 학문적 업적뿐만 아니라 정치적 견해도 10년마다 재평가되어야 한다는 주장과 학술원 회원의 선출에서 학자들에게만 권한을 주어지는 관행도 바뀌어야 한다는 주장도 제기되었다. 스탈린의 '문화혁명'은 소련 학술원 회원들뿐만 아니라 학술원 내의 행정직원들의 지위도 위협했다. 1929년부터 11월부터 슬라브학의 권위자 니콜라이 리하초프(Николай Лихачев), 역사학자 플라토노프(Сергей Платонов) 등의 학술회원 뿐만 아니라 일반 행정직원에 대한 검거 선풍으로 많은 이들이 투옥되고 유형에 처해졌다(Tolz, 2000: 60-61). 학술원에 대한 대대적 탄압에 일부 학술회원들의 저항이 있기도 했지만 국가권력에 대한 전면적 부정으로 나갈 수는 없었다. 국가권력을 인정하고 체제의 목표에 스스로를 동화시키는 것이 대부분 학자들의 생존 방식이었다. 대부분의 정적을 제거한 스탈린 또한 1932년 이후 체제의 기반을 공고히 했다고 생각하고 학자들에 대한 유화적 태도를 보였다. 학술원에서 추방되었던 학자들을 복권시키고 포크롭스키와 같은 학자들의 맑스주의적 사관 이외의 역사적 접근방법도 허용하기 시작했다(Byrnes, 1991: 307-308).

소련 학술원을 국가권력의 통제아래 두었다고 생각한 스탈린이 보기에 공산주의 학술원을 계속해서 존속시킬 필요는 없었다. 공산주의 학술원에 참여했던 공산주의 이론의 1세대 학자들 대부분이 1930년대 초반에 사망했다. 소련 학술원에 대한 국가권력의 통제도 어느 정도 완성되었다고 여겨지는 상황에서 소련 학술원만을 가지고도 체제가 필요한 이론기반은 만들어 낼 수 있다고 여겨졌다. 1936년 2월 8일자 인민위원부회의 법령은 공산주의 학술원을 폐지하고 소련 학술원에게 연구 및 이념을 관장하는 최고 교육기관의 지위를 부여했다. 물론 이 때의 학술원은 중앙의 통제를 벗어나서 학문적 입장을 놓고 여러 분야의 학자들이 자유롭게 경쟁하는 학술원은 아니었다. 상대적으로 나이가 많은 소수의 학자들은 학술원 정회원으로서 총회에서의 투표권을 가지고 있었으며 이들의 투표는 학술원이 배분받은 연구기금의 분배를 결정했다. 이러한 예산 분배방식은 결과적으로 다양한 학문분야에 대한 학술원의 독점을 강화시키고 학술원 회원들의 특권을 소비에트 체제에서도 유지하는 데 기여했다(Tolz, 2000: 67-68). 소련 학술원은 체제의 이념 강화에 봉사한다는 한계가 있었긴 하지만 대학 위에서 심도 있는 연구를 주도하는 최고의 권위를 가지게 되었다.

소련 학술원이 소비에트 체제 이념의 이론적 기초를 다듬고 생산해 내는 최고의 기구였다면 이러한 이념을 실현할 당의 중간간부와 고위 간부들을 양성하기 위한 기구는 공산주의 대학이었다. 당원들의 이념교육을 위한 공산주의 대학은 소련 전역의 주요 도시 대부분에 설치되었는데 그러한 대학들을 대표하는 것이 1918년 모스크바에 설립된 스베르들로프 공산주의 대학이었다. 1919년 한 해였긴 하지만 레닌도 국가의 이론에 관한 강의를 여기서 한 바 있으며 부하린은 정치경제, 포크롭스키는 역사, 스탈린은 레닌주의를 맡아 강의를 진행했다. 당의 핵심 지도부가 이념 교육을 위해 전면에 나선 셈이었다. 교육기간은 3년으로 구성되었는데 2년간은 역사 유물론, 정치경제, 레닌주의, 볼셰비키 당사 등의 공통 교육과정이었고 나머지 1년을 전공교육과정으로 구성하여 특정 영역의 행정실무라든가 교육학, 또는 저널리즘의 전공과정을 이수했다. 입학을 위해서는 5년간의 당원으로서의 경력과 3년간의 육체 노동경험이 필요하다는 중앙위원회의 결정을 보아도 스베르들로프 공산주의 대학은 개방적 성격의 교육기관이라기보다는 폐쇄적 성격이 강했다(Katz, 1956: 240-242). 스탈린 체제가 공고화된 1930년대부터는 당원들에 대한 이념교육보다는 국제 공산주의 운동의 연대에 기여하는 당 간부 양성의 필요성이 강조되었다. 1935년 스베르들로프 공산주의 대학은 스베르들로프 고등 선전학교로 전환하여 선전원 양성에 집중했다.

이념의 공고화를 위한 소련의 고등 교육기관으로는 이 밖에도 적색교수 연구소가 있었다. 맑스주의 철학을 신봉하는 사회과학 분야의 교수가 절대적으로 부족하다는 인식 아래 적색교수 연구소는 공산주의 이념으로 무장한 교수들을 양성한다는 목적으로 1921년 설립되었다. 그렇지만 적색교수 연구소를 졸업한 대다수는 애초의 의도대로 사회주의 이념으로 무장한 학자로서 남기 보다는 당의 활동가로 전환했다. 4년간의 수학기간만으로는 학문적 역량을 갖춘 교수로서 성장하기 힘들었고 졸업 이후에 적어도 3년 내지 4년을 지방에서 활동해야 한다는 의무를 지니고 있었기 때문에 연구의 연속성도 보장받을 수 없었기 때문이다. 소련 학술원, 대학 등의 고등 교육기관이 정비된 1938년에 이르러 적색교수 연구소는 더 이상의 존재가치를 상실하고 폐지되었다(적색교수 연구소에 대한 상세한 설명은 다음을 참조 Michael David-Fox, 1997: 133-191).

V. 나가는 말

혁명 권력 출범 직후 내전의 위기를 극복해낸 볼셰비키 정부였지만 체제가 안정 궤도에 진입했다고 확신할 수는 없었다. 노골적으로 저항하지는 않았지만 고등교육을 담당하는 교수 대부분은 볼셰비키 권력의 출범에 부정적 이었다. 교수 집단뿐만 아니라 고등교육을 이수한 지식인 집단의 잠재적 위협을 인식하고 있던 권력의 지도부는 그들 중의 일부를 강제로 추방하기도 하였다. 언론인으로서 당시 추방 인사 중의 한 명이었던 보리스 하리톤(Борис Харитон)은 지식인의 이러한 강제적 추방을 "혁명의 마지막 극단주의"의 한 장면으로 규정했다(Finkel, 2007: 2). 하리톤의 관점에서 지식인들에 대한 볼셰비키 권력의 과도한 경계는 심정적으로나 이성적으로 이해할 수 없는 조처였다.

소비에트 체제의 공고화에 기여하는 '소비에트 인텔리겐치아'의 중요 자질은 구시대의 지식인들이 중요시했던 독립적 지성이 아니라 체제 전체의 이익을 우선시하고 이에 봉사하는 의지였다. 제정 시대의 고등교육 체제를 특권계급의 이익에 봉사하는 체제로 여겼던 볼셰비키 정부가 그것을 그대로 보존한 채 소비에트 인텔리겐치아를 만들어 낼 수는 없었다. 노동자·농민의 정부를 지향하는 볼셰비키 정부는 우선적으로 고등교육의 기회에서 소외당했던 기층 민중을 고등교육 기관에 대거 진학시켜 자신들이 원하는 전문 지식인 집단을 만들려고 했다.

중등교육 과정은 고등교육 과정의 정상적 이수를 중시한다면 당연히 필요한 과정이었다. 체제의 공고화를 속히 달성해야 하는 볼셰비키 정부의 입장에서 10년 내지 11년의 중등교육 과정을 이수한 졸업생들에게만 고등교육의 기회를 제공한다는 것은 한가롭게 비쳤다. 고등교육 기관의 입학자격 완화와 노동자 예비학부와 같은 특수 기관을 통해 고등 교육기관의 사회적 구성성분을 빠른 시일 내에 변화시키려는 시도도 이러한 맥락에서 등장했다. 소비에트 권력의 기반이라고 할 수 있는 기층 민중으로부터 소비에트 인텔리겐치아를 만들 수 있다는 단순한 발상이 이러한 정책의 전제였다.

고등교육 기관의 사회적 구성성분은 이러한 정책 방향으로 많은 변화가 있었던 것도 사실이다. 그렇지만 산업화 정책의 추진에 따른 전문 기술자 집단의 자질이 강조되면서 고등교육의 정책방향은 재검토가 필요했다. 계급원칙을 강조한 고등교육 정책은 산업현장에서 필요한 우수한 자질의 전문가를 배출하지 못하는 결과를 가져왔기 때문이다. 또한 출신성분에 의한 혜택으로 고등교육 기관에 입학한 학생들 중에서도 교육과정을 따라가지 못하고 스스로 포기하는 학생들도 등장하는 상황이었다. 대부분의 경쟁자를 제거하고 권력에 오른 스탈린은 계급적 원칙의 강조만으로 산업화에 기여하는 핵심간부의 양성은 어렵다고 인식하고 있었다. 고등교육 정책과 관련한 1920년대의 혁명적 실험은 1930년대에 들어와 조금씩 퇴조했다. 제정시대의 고등교육 체제에서 보였던 단계적 교육과정, 교수의 권위인정, 입학자격의 강화 등을 다시금 도입하면서 체제에 기여할 수 있는 핵심간부 양성을 지향하는 정책변화는 이러한 맥락에서 등장했다.

고등교육 과정의 구체적 내용을 어떻게 설정할 것인가의 문제도 볼셰비키 권력 지도부 내에서도 뜨거운 논쟁거리였다. 교육 인민위원부의 수장 루나차르스키는 혁명 권력이 고등교육의 실용적 측면만을 강조하면서 미래의 핵심간부들에게 러시아 역사문화의 전통에 대한 깊이 있는 이해의 기회를 박탈한다면 체제발전에 대한 장기적 전망을 제시할 수 있는 전문가를 배출할 수는 없다고 생각했다. 반면에 국가경제 최고위원회와 같이 산업화의 절박성을 강조하는 경제기구의 관리들은 실용성을 강조하는 교육과정을 강조했다. 더 나아가 그들은 고등 기술교육의 관리는 교육 인민위원부가 아닌 국가경제최고위원회와 같은 경제기구로 이관해야 한다고 주장하기도 했다. 이러한 혼란은 1933년 전 연방 고등교육 위원회가 내린 결정, 즉 고등교육의 목표는 협소한 분야의 전문 지식을 목표로 해서는 안 된다는 결정이 내려짐으로써 해소되었다. 고등 기술교육기관의 지원자는 러시아어와 문학, 수학, 물리 등의 기초과목의 시험을 통과해야만 했다. 경제기구에 의한 고등교육의 관리시도도 종지부를 찍고 연방 차원의 중앙기구에 의한 단일한 통제가 확립되었다.

고등교육 체제를 정비하면서 해결해야 될 마지막 문제는 제정시대의 고등교육 체제에서 최고의 권위를 자랑하던 러시아 학술원의 처리 문제였다. 대학의 교수 집단 이상으로 러시아 학술원의 학자들은 정치권력에 의해 학문의 자율성이 통제받는 것을 싫어했다. 소비에트 권력에 협조하기를 거부한 학자들도 있었지만 소비에트 학술원의 회원자격을 보유하며 이전 시대부터 누려왔던 학자의 최고 권위를 유지하려는 학자들도 많았다. 공산주의 학술원은 소련 학술원에 편입되었던 학자들에게 체제가 필요한 이념을 확대재생산하는 역할을 맡길 수는 없다고 생각했다. 그들은 여전히 체제의 전반적 이익보다 자신들의 학문적 자율성을 더욱 중시한다는 것이 공산주의 학술원의 판단이었다. 소련 학술원과 공산주의 학술원의 대립적 관계는 러시아 학술원의 전통을 일정 부분 계승한 소련 학술원의 권위를 높게 보아 공산주의 학술원을 폐지한 1936년에 와서야 사라졌다. 이념의 출발선이 달랐던 소련 학술원의 회원들은 체제에 대한 어느 정도의 타협을 하면서 소련 내의 다양한 학문 분야에 대한 독점적 권위를 유지하는 데 성공했다. 사회주의 체제가 붕괴한 현 시점에서도 러시아 학술원 회원들이 누리고 있는 배타적 권위에 대한 불만이 조금씩 등장하고 있다는 소식을 고려할 때 소련 시절 이들이 누려왔던 특혜를 조금은 짐작할 수 있을 듯하다.

소련의 고등교육 체제는 1920년대 말까지 이념과 현실 사이의 차이를 드러내는 다양한 실험을 시도하다가 1930년대 중반에 이르면 이전 시대의 관행을 상당부분 흡수하였다. 그렇다고 소련의 고등교육 체제를 제정 시대의 교육체제 부활이라든가 회귀로 규정할 수는 없을 것이다. 티마셰프는 임금의 차별성을 인정하는 경제정책, 여성의 전통적 역할을 강조하는 가족정책 등과 더불어 교육정책에서도 나타난 바와 같은 이전 시대의 이데올로기를 수용하는 스탈린 시대의 전반적 정책기조의 변화를 "대퇴각"으로 규정한 바 있다(Timasheff, 1946). 대퇴각이라는 용어를 전통적 가치와 권위의 부활로 본다면 스탈린에 의해 공고화되어 1991년까지 존재한 소련 체제의 특수성을 제대로 보지 못하게 된다. 고등교육 체제를 정립하는 과정에서 드러났듯이 소비에트 권력은 혁명 이전의 문화라도 그것이 소비에트 문화로 융합될 수 있다면 그것을 적극적으로 활용하여 체제의 공고화에 이용하려고 했다고 볼 수 있다. 소련의 지도부는 이념의 원칙성에 속박되어 체제 운영의 현실적 필요들을 부정하지만은 않았다.

::참고문헌

За индустриализацию.

КПСС в резолюциях и решениях съездов, конференций и пленумов ЦК, 1984, том 3. Москва.

Культурное строительство СССР, Известия Известия ЦК РКП(б).

Народное образование в СССР: Сборник документов 1917-1973 гг.

Народное просвещение.

РЦХИДНИ, фонд 142, опись 1, дело 510.

РЦХИДНИ, фонд 147, опись 1, дело 28.

Сборник статистических материалов по с.х. вузам, техникумам и рабфакам 1934-1935 гг.

Техническая интеллигенция России(1921-конец 30-х гг).

Буровой, Павел. 1929, "Почему Я ушел с рабфака," *Народное просвещение, 9, 4.*

Советская наука в годы первой пятилетки. Из истории Московского университета (*1917-1941*). 1955. *Москва.*

Из истории Московского университета (*1917-1941*). 1955. Москва.

История Ленинградского университета 1819-1969.

Сочинения.

Луначарский, 1921, "О высшей школе," *Народное просвещение 83, 2.*

Сафразьян, Н. Л. 1974. "Реорганизация системы подготовки специалистов в технических вузах РСФСР (1920-1927 гг.)." *История СССР* 2, 132-133.

Чанбарисов, Ш.Х. 1973. Формирование советской университеской системы (*1917-1938*) гг. Уфа.

Andreev, A. L. 2009. "Continuity in the Development of Education in Prerevolutionary and Soviet Russia." *Russian Education and Society* 51(11), 20-34.

Byrnes, Robert F. 1991. "Creating the Soviet Historical Profession." *Slavic Review* 50(2), 307-308.

David-Fox, Michael. Revolution of the Mind. 1997. *Higher Learning among the Bolsheviks, 1918-1929.* Ithaca: Cornell University Press.

David-Fox, Michael. 1998. "Symbiosis to Synthesis: The Communist Academy and the Bolshevization of the Russian Academy of Sciences, 1918-1929." *Jahrbücher für Geschichte Osteuropas* 46(2), 220.

Finkel, Stuart. 2007. *On the Ideological Front: The Russian Intelligentsia and the Making of the Soviet Public Sphere.*

Fisher, Ralph. 1960. *Pattern for Soviet Youth: A Study of the*

Congresses of the Komsomol 1918-1954. New York: Columbia University Press.

Fitzpatrick, Sheila. 1979. *Education and Social Mobility in the Soviet Union 1921-1934.* Cambridge: Cambridge University Press.

Fitzpatrick, Sheila. 1992. "The Soft Line on Culture and Its Enemies." in Fitzpatrick ed., *The Cultural Front: Power and Culture in Revolutionary Russia.* Ithaca: N. Y.: Cornell University Press, 96-100.

Francis, E. K. 1955. "Higher Education in Continental Europe 1815-1914: A Sociological Interpretation." *The Journal of General Education* 8(4), 219-225.

Hans, Nicholas. 1949. "Recent Trends in Soviet Education." *The Annals of the American Academy of Political and Social Science* 263, The Soviet Union since World War II.

Holmes, Larry E. 1991. *The Kremlin and Schoolhouse: Reforming Education in Soviet Russia 1917-1931.* Bloomington, IN.: Indiana University Press.

Katz, Zev. 1956. "Party-Political Education in Soviet Russia 1918-1935." *Soviet Studies* 7(3), 239-240.

Kenez, Peter. 1985. T*he Birth of the Propaganda State: Soviet Methods of Mass Mobilization 1917-1929.* Cambridge: Cambridge University Press.

King, Beatrice. 1937. *Changing Man: The Education System of the USSR.* New York: Viking Press.

Levin, Aleksey E. 1988. "Expedient Catastrophe: A Reconsideration of the 1929 Crisis at the Soviet Academy of Science." *Slavic Review* 47(2), 263-264.

Lunacharskaia, Irina. 1992. "Why Did Commissar of Enlightenment A. V. Lunacharskii Resign." *Russian Review* 51, 336.

Lunacharskii, A. 1981. *On Education: Selected Articles and Speeches*. Moscow: Progress.

McClelland, James. C. 1978. "Proletarianizing the Student Body: The Soviet Experience during the New Economic Policy." *Past and Present* 80, 130.

McClelland, James C. 1979. *Autocrats and Academics: Education, Culture, and Society in Tsarist Russia*. Chicago: University of Chicago Press.

McClelland, James. C. 1989. "The Professoriate in the Russian Civil War." ed. by Diane P. Koenker, William G. Rosenberg and Ronald G. Suny, *Party, State, and Society in the Russian Civil War*. Bloomington, IN: Indiana University Press.

Mally, Lynns. 1990. *Culture of the Future: The Proletkylt Movement in Revolutionary Russia*. Berkeley: University of California Press.

Ringer, Fritz K. 1967. "Higher Education in Germany in the Nineteenth Century." *Journal of Contemporary History* 2(3), 123-138.

Roucek, Joseph S. 1960. "Special Features of USSR's Secondary Education," *The High School Journal* 44(1), 21-23.

Timasheff, Nicholas S. 1946. *The Great Retreat. The Growth and Decline of Communism in Russia*. New York.

Tolz, Vera. 2000. "The Formation of the Soviet Academy of Sciences: Bolsheviks and Academicians in the 1920s and 1930s." in Michael David-Fox and György Péteri ed., *Academia in Upheaval: Origins, Transfers, and Transformations of the Communist Academic Regime in Russia and East Central Europe*. Bergin & Garvey: Connecticut.

Weiner, Doglas R. 2006. "Struggle over the Soviet Future: Science Education versus Vocationalism during the 1920s." *The Russian Review* 65, 79.

박원용. 1999. "원칙과 현실의 긴장-소비에트 권력 최초 10년간 (1918-28) 고등 교육기관의 계급주의적 전환에 나타난 제 문제."『러시아연구』9, 215-248.

박원용. 2002. "소비에트 정권초기 고등교육 개혁과 신인간형 창출 의 딜레마."『서양사론』74, 117-145.

2장

소련형 대학의 노동자학부

잉그리트 미테

I. 들어가며

이 글은 소련형 대학에만 존재했던 '노동자학부'의 특징과 구체적인 내용을 살펴보기 위한 것이다. 이 주제는 비교적 널리 알려진 것이지만, 실제로는 구체적인 조사연구가 거의 없었기 때문에 여기에서 새롭게 밝힌 내용을 소개하려고 한다.

러시아혁명 이전부터 존재하던 대학들은 혁명이후 이른바 소련형 대학으로 변모했는데, 이들의 특징을 유럽의 대학들과 비교한다면, 다음과 같은 문제들이 분석의 초점이 될 것이다. 첫째, 자치적으

---

* 번역: 윤순식/덕성여자대학교 교양학부 강사.

로 운영되던 대학에 제한을 가하는 것과 동시에 대학이 중앙집권 구조로 변모하는 과정, 둘째, 대학에 당 조직과 청소년 단체가 설립되면서 기존에 대학을 주도하던 공산주의 및 당파적 조직의 역할을 유지하는 과정, 셋째, 인문학과 일반교양에 집중하던 대학의 기능이 정치적-교육적, 공리주의적-실용적 교육으로 확대 개편되는 과정, 특히 인문학과 사회과학 과목을 줄이면서 자연과학과 공과대학의 학업 과정을 늘리는 과정이다. 넷째, 필수 교과목으로서 마르크스-레닌주의 관련 수업의 도입, 이러한 세계관을 담은 교과내용이 관철되는 과정, 이는 결과적으로 고등교육 전반에 전체주의 이데올로기와 정치화를 야기하고 있음을 보여준다. 다섯째, 대학의 전통과 관심을 사회주의 계획경제 조건하에 두고 있는데, 즉 신입생 수, 학과 확충, 대학 설립 등이 경제적 요구에 따라 결정되고 있다. 여섯째, 대학생과 교수진이 대학의 '프롤레타리아화'를 기치로 협력하여 목표 지향적인 변화를 이뤄내고 있다. 그렇다고 이러한 프롤레타리아화가 기회 균등 달성이라는 사회정치적 목표를 최우선으로 추구한 것은 아니다 여기서의 사회 정치적 목표란 대학 내 정당의 입지를 강화시킬 것이라는 권력정치적 기대감을 의미한다.

이 외에도 다른 비교 항목들이 있으나 명확하게 일반화하기는 어렵다. 예를 들어, 아카데미(특히 과학아카데미)나 전문화된 대학의 건립이 여기에 해당된다. 물론 이런 항목들이 결코 소련형 대학만의 특정은 아니다. 공산화가 시작되기 전에 유럽의 많은 국가들(예를 들어, 프랑스나 독일)에도 과학아카데미는 존재했다. 따라서 과학아카데미의 존재보다는 앞에서 언급한 공산화 과정의 일부로 생성되는 새로운 정치적 방향성이 소련형 대학을 형성하는데 더 중요한 요소라고 할 수 있다. 또한 공산화의 관점에서 설명되는 모든 전공에 대한 일괄적인 교과과정의 도입도 소련형 대학만의 특징은 아니다. 늦어도 1990년대부터 유럽의 대학에서 활발하게 시작된 볼로냐 개혁[1]은 이른바 '모듈화' 형식으로 모든 전공 분야에 중고등학교식의 교육과정이 도입되는 결과를 초래했다. 따라서 이 교육과정을 공산화 과정의 일부로 받아들이기는 쉽지 않다.

이 글에서는 프롤레타리아화 과정에서 보여준 소련형 대학 내 사회적 구성의 변화를 조명한다. 프롤레타리아화는 단순히 기회의 균등만을 의미하는 것이 아니다. 교육기회의 균등화는 오늘날 민주주의 사회에서도 자주 요구되는 항목이며, 때때로 교육정책 목적의 프로그램 촉진을 위한 요구를 의미하기도 한다. 나아가 대학 수업을 듣는 노동자와 농민이 공산주의 정당에 영향력을 확대할 수 있다는 측면에서 정치권력의 확대도 의미한다. 따라서 프롤레타리아와 관련된 인적 범위를 확대시키는 목표는 개인이 아니라 정치권력의 요

---

1   영국, 프랑스, 독일, 이탈리아 동 유럽연합 소속 국가들이 이탈리아 볼로냐에서 모여 2010년까지 단일한 고등교육제도를 설립, 유럽 대학들의 국제 경쟁력을 높이고자 1999년에 출범한 프로그램이다(볼로냐 선언). 그 후, 유럽연합에 속하지 않은 국가들도 참여해 회원 수가 47개국으로 늘었다. 목표는 유럽 내 통용되는 학위시스템을 구축하여 학생 및 연구원의 국제교류를 증진하고 질적 우수성을 확보하려는 것이다.

볼로냐 프로세스에 따르면 가맹국 내에서는 대학 졸업장 하나로 모든 나라를 넘나들 수 있게 된다. 다시 말해, 유럽 어느 대학을 나오든 유럽 국가에서는 어디서든지 취업을 할 수 있는 자격 요건을 갖추게 되었다는 의미다. 교육도 경쟁이 된 현 시점에서 유협 대학들이 제휴를 통해 경쟁력을 강화하고 그로 인해 인재확보를 꾀함을 엿볼 수 있다(위키백과 www.https://wikipedia.org)(편집자 주).

구와 연결된다.

소련형 대학에서 나타나는 프롤레타리아화 촉진의 핵심은 새로운 제도, 이른바 노동자학부의 신설이었다. 소련 연방국가들에서 처음 시작된 노동자학부는 이후 10년간 다른 사회주의 국가 및 주변 국가들로 확산되었다. 이런 추세는 그동안 별로 알려지지 않았으나 최근에 소련의 영향력이 약화되면서, 나라마다 다른 역사적 문화적 조건에도 불구하고 노동자학부가 어떻게 각 국가에 안착했는지 조사하는 것이 가능해졌다. 이후 자세히 소개하겠지만, 한 세기에 걸친 대학의 세계적인 발전 과정에 주목하게 되면 위에서 언급됐던 공산화에 대한 기준들은 점점 더 그 설득력을 잃는다.

이 연구 조사는 독일 학술협회가 진행하고 있는 2개의 프로젝트, 즉 독일민주공화국(구 동독)의 노동자 농민학부의 역사에 관한 연구 프로젝트와 지금도 여전히 진행되고 있는 쿠바, 베트남, 모잠비크의 노동자학부 프로젝트의 자료를 참고했다. 모든 사례연구는 국가별로 다양한 기록과 인터뷰를 토대로 했다

II. 출발점: 소련의 노동자학부

러시아어로 노동자학부(рабóчий факультéт)는 '랍팍(Rabfak)'으로 줄여 표현되었는데, 1919년부터 1941년까지 소련에서 존재했다. 노동자학부, 즉 랍팍의 기능은 노동자와 농민이 대학공부를 하기 위한 준비를 하는 것이었다. 러시아 혁명 후 도입된 대학 개혁(1918)으로 모든 시민이 고등학교 졸업장 없이도 대학 입학이 허가되었기 때문에, 이것은 필수 불가결한 제도였다. 당시 혁명의 이념에 따라 대

학에 입학한 많은 학생들의 학력이 대학 과정을 이수할 수 있을 정도가 아니었으므로, 그에 상응한 준비 과정이 필요해진 것이다. 이 제도는 노동자들의 더 나은 대학공부 준비 과정이었을 뿐만 아니라, 이후의 소련의 대학정책의 방향을 제시하고 소련사회를 이끌어가는 엘리트를 양성하기 위한 것이었다.

랍팍은 가장 먼저 모스크바에 있는 'G.V. 플레하노브' 경제연구소에 설립되었고, 1920년 9월부터는 전국적으로 설립되었다 1919년 9월부터 시작된 '대학에 랍팍 연구소를 설립하는 법령'이 1920년 9월 인민위원회에서 공식적으로 비준되었다. 이 시기에 모든 교육 관련 규정이 재검토되었고, 전국적으로 랍팍이 신설되기 시작했다. 이 법령은 고등교육기관(대학)에 랍팍을 설치한다는 내용과 함께, 대학이 없는 지역에는 그 사정에 맞게 기업에 랍팍과 유사한 교육 시설을 건립해야 한다는 내용을 포함하였다. 랍팍은 교육인민위원회(나르콤프로스)의 대학제도 관련 부서의 관할 하에 있었으며, 1920년부터는 교육인민위원회 내의 하나의 독립부서로 설치되었다. 1922년부터는 랍팍의 최고 책임자도 랍팍과 관련된 대학 회의가 있을 때에는 투표권을 행사하게 되었다.

1921년 4월 1일 당시, 소련에는 총 597개의 랍팍이 설립됐고, 25,436명의 학생이 참여하였다. 4년 뒤인 1925년에는 랍팍 65개, 학생 수 31,644명으로 증가했다. 대부분의 학생들은 자신들이 소속해 있던 조직에서 대학에 파견하는 방식으로 랍팍에 참여했다. 즉 노동조합, 정당, 지방자치단제 등에서 학생들을 선발하여 경비를 후원해 주면서 교육을 받도록 파견하는 방식이었다. 학업은 낮에도 가능했고 일과 병행하는 야간 수업도 가능했다. 학생들은 전공을 선택할 수도 있었지만 기본적으로는 일반 교양교육과정을 이수하도록 설계되었다. 1926년까지는 별다른 입학시험을 보지 않아도 랍팍 졸업생들은 모든 대학에 진학할 수 있었다. 이는 정규 고등학교 과정을 마친 학생들의 불만을 야기했다. 결국 그때부터 랍팍 졸업생들도 대학에 진학하기 위해서는 입학시험을 치러야 했다.

1930년까지 랍팍은 대학이나 일반 기업과 연계되었는데, 1930년 이후부터는 랍팍이 기본적으로 대학의 일부라는 사실에 의견이 일치되었다. 동시에 대학의 여러 학과는 독립적이고 전문적인 단과대학으로 분리되었다. 이렇게 분리된 단과대학들은 일반 기업과 연계되어 학생들에게 이론과 실무를 동시에 가르쳤다. 이와 같은 맥락에서 기업과 연계된 랍팍도 상당수 존재했다.

랍팍 시스템은 1930년대 중반에 확장기를 맞이했다. 1934년까지 랍팍의 학생 수는 꾸준히 증가했고, 1932~1933년 기간에 1,025개의 랍팍과 339,517명의 학생이 참여하는 등 최고 전성기를 누렸다. 하지만 그 이후 점차 쇠퇴기에 들어섰다. 제2차 세계대전의 발발과 함께 1941년부터 모든 교육기관은 문을 닫기 시작했고, 랍팍을 대체하는 야간학교, 산업학교, 노동자대학 등 성인을 위한 교육기관들이 속속 등장했다. 이러한 기관들은 랍팍에 비해 대학공부를 준비하는 비용이 저렴하고, 시간도 단축된다는 장점이 있었기 때문에, 랍팍은 기존의 입지를 점차 잃어갔다.

랍팍의 발전과정은 소련의 경제 상황에 따라 크게 두 시기로 나눌 수 있다. 첫 번째 발전 시기(1919~1929)에 랍팍은 교육인민위원회 소속으로 일반교양교육에 초점이 맞춰져 있었다. 당시 랍팍은 대학 내의 하나의 부서이면서 동시에 일반 기업과 연계되어 있었다. 두 번째 발전 시기(1930~1941)는 랍팍이 대학의 부속기관으로 확정된 시기였다. 그 이후 랍팍은 교육부 관할 하에서 운영되었고, 나머지 랍팍들도—전 대학들처럼—각기 다른 전문 부서로 배치되었다.

이처럼 랍팍의 구조에 변화가 생긴 것은 1930년에 시행된 교육 개혁과 연관이 있다. 소련의 제1차 5개년 계획(1928~1932) 당시 진행된 산업화에 따라 엔지니어의 수요가 증가했다. 이로 인해 두 가지 큰 변화가 나타났다. 첫째, 기업에서 필요한 인력을 유지하기 위해 업무 후 교육을 받는 야간학교 설치로의 방향 전환이 이루어졌다. 둘째, 다수의 랍팍 졸업생들이 공과대학으로 진학했다. 그 결과 일반교양을 가르치던 랍팍이 전문화된 교육을 제공하는 방향으로 선회하게 되었다. 물론 랍팍 졸업생은 전문화된 교육을 받은 이후, 대학의 어떤 학과도 선택하여 진학할 수 있었다.

이 시기 랍팍의 목표는 오직 학생들이 관련 대학에 진학하는 데 초점이 맞춰져 있었다. 1930년부터 랍팍의 졸업생들은 더는 공과대학이나 대학 산하 교육시설로 진학할 자격이 없게 되었다.

III. 비교 기준

랍팍이 다른 나라의 노동자학부의 발전에 어떤 영향을 미쳤는가에 답하기 위해서는 첫째, 역사적으로 소련의 대학들이 어떠한 교류 과정을 거쳤는지를 구체적으로 조사할 필요가 있다. 예를 들어, 교육상담자나 대표단의 파견은 있었는지, 노동자학부의 구상을 다른 나라에서 차용했는지를 검토해야 한다.

둘째, 랍팍과 다른 나라에 설치된 노동자학부 간의 구조적인 측면을 비교할 필요가 있다. 대학 진학을 위해 성인들을 교육한다는 동일한 목표를 가진 기관들을 분류하고 이를 통해 랍팍의 특징을 끄

집어내기 위해 다음과 같은 비교 기준을 설정하였다. 먼저, 노동자학부의 입학 대상은 교육에 관심이 있는 사람이 아니라, 노동자와 농민이라는 특정 사회적 그룹으로 한정된다. 소련의 랍팍은 '노동자'를 지칭하는 단어이지만, 큰 범주에서 보면 농민도 포함했다. 과거에 혁명이나 시민 투쟁에 연루됐던 사람들도 입학은 할 수 있었으나, 주된 대상은 아니었다. 이런 집단을 모집하여 교육시키는 목적은 소련 시스템에 잘 녹아드는 '새로운 엘리트'의 양성이었다. 그 다음으로 노동자학부는 사회변혁의 물결에 따라 즉각 설립되었으며 아울러 사회주의 국가 건립의 잠정적 해결책으로 간주되었다. 노동자학부는 정부가 직접 관할했고, 이미 존재하던 성인 교육기관들과는 다르게 새로 도입됐다.

노동자학부는 각 대학에 소속돼 독립적인 학부 역할을 했다. 이러한 독립성은 그것을 부르는 명칭에도 반영되어 있다. 이러한 정부의 관심에 기초하여 노동자학부는 학생들과 교수들을 통해 대학 정책에 영향을 미칠 수 있었다. 이는 대학에서도 새로운 공산주의의 건설에 영향을 미칠 수 있다는 예상을 가능하게 했다.

노동자학부는 두 가지 각기 다른 흐름으로 확산되었다. 첫 번째 흐름으로, 제2차 세계대전이 끝난 1945년 이후, 소련의 영향을 받던 국가, 즉 동독, 폴란드, 헝가리, 불가리아, 루마니아, 체코슬로바키아 등을 중심으로 노동자학부들이 속속 생겨났다 이후 사회주의 노선을 표방했던 아시아 국가, 즉 중국, 베트남, 북한 등에서 노동자학부가 설립되기 시작했다. 소련의 직접적인 영향이 노동자학부의 확산에 기여한 것이다.

두 번째 흐름으로, 아메리카(쿠바, 니카라과)와 아프리카(모잠비크)에서도 노동자학부의 확대를 발견할 수 있다. 여기에서도 랍팍의 전통적인 기능과 유사한 구조가 보이지만, 소련의 직접적인 영향은 없었다. 그 대신 간접적인 방식으로 확대되었는데, 특히 동독이 쿠바와 모잠비크의 노동자학부 설립에 도움을 주었으며, 한 걸음 더 나아가 쿠바는 니카라과에 노동자학부를 설립하는데 도움을 주었다.

IV. 랍팍 모델의 영향력: 네 가지 사례를 중심으로

랍팍 모델이 끼친 세계적인 영향을 조사하기 위해 동독, 쿠바, 베트남, 모잠비크의 구체적인 사례를 분석해보자.

1. 동독

러시아와 다르게 독일은 산업화를 이룬 국가였다. 수백 년 전부터 전 세계의 관심을 받던 대학체제가 존재했다. 독일의 대학은 오랜 전통을 가지고 있으며, 다른 지역과 차별화된 제도를 가지고 있었다. 19세기 말부터는 독특한 노동자 교육도 존재했다. 이 노동자 교육은 1920년대에 노동자들의 대학 진학을 돕기 위한 제도로 발전했다. 이러한 이유로 제2차 세계대전이 끝나고 나서도 독일은 소련의 랍팍을 특별히 따라 할 이유가 없었다.

1945년 이후 독일의 차별화된 시스템은 노동자와 농민의 대학 진학을 돕기 위한 이른바 예비 대학기관으로 발전했다. 이 예비 대학기관은 무엇보다 독일의 노동자 교육의 전통과 연계되어 있었지만, 동시에 소련의 영향을 상당히 받은 예비 대학기관도 병존해 있었다. 1949년 10월 기존의 예비 대학기관이라는 명칭은 일괄적으로 노동자·농민학부(Arbetarnas BildningsFöround, ABF)로 바뀌었다. 병존하던 독일 내 예비 대학기관들은 소련 랍팍의 장점을 차용하기 시작했다. 다시 말해, 모든 교육 시설은 대학 내 독립기구로 편성되었고, 학생들은 대학생들과 동등한 대우를 받았으며, 교사들은 모든 대학위원회를 대표했다. 모든 노동자 및 농민 학부는 1952년까지는 동독에 공식적인 연방정부가 존재했음에도 불구하고, 새로 설립된 '대학제도 국가사무국'에 중앙집권적 형태로 속해 있었다. 교육 대상자는 노동자와 농민(및 자녀까지)으로 한정됐다. 그러나 노동자 및 농민학부 수강자 전원이 이러한 직업을 가진 것은 아니고, 약 80% 정도의 수강자들이 이러한 직업을 가지고 있었다.

1950년대 중반부터 '대학제도 국가사무국'에서 노동자 및 농민 학부의 발전 방향에 대한 논의가 시작됐다. 논의의 주된 내용은 앞으로도 계속 일반교양을 함양하는 교육을 진행할지, 아니면 전문성을 기르는 교육을 제공할지의 여부였다. 1930년대 소련에서 제기됐던 전문교육의 도입과는 다르게 동독에서는 일반교양을 기르는 방향으로 결정되었다. 그렇다고 특수 노동자 및 농민학부의 확대에 대한 기존의 구체적인 계획이 바뀌지는 않았다. 이는 소련의 랍팍과 가장 큰 차이점이다. 당시 소련에서는 교육의 핵심 가치를 전문화에 두는 방향으로 발전했던 반면 독일에서는 홈볼트(K.W. Humboldt)가 강조한 일반교양 함양의 문화가 뿌리 깊게 자리잡고 있었고, 이것이 교육방침에서 소련과의 차이를 낳는 요인이 되었다.

독일 노동자 및 농민 학부는 소련의 모델을 따라가다가 점차 독자적인 길로 가기 시작했다. 그래서 소련의 랍팍 2차 개혁 시기에서는 동독과의 유사성을 찾기 어렵다. 그 대신 독자적인 독일 교육전통과 관련 하에서 동독만의 일반교양 시스템이 정착되었고, 행정적인 관할권에서도 다른 변화가 생기지 않았다.

2. 베트남

베트남은 필자의 최근 조사를 통해 노동자학부의 내용이 다른 국가들과 매우 상이하다는 점이 밝혀졌다. 다른 아시아 국가들의 노동자학부와도 차이가 있었다. 우선 노동자 교육기관이 대학과 연계되지 않았다. 그 대신 노동자와 농민을 중심으로 한 교육부 소속의 자체적인 교육기관이 1956년 건립되어 1964년까지 존재했다.

그러나 소련의 노동자학부와 그 기능은 일치했다. 다시 말해, 이러한 교육기관에서 정한 교육 대상자들이 압축된 교육과정 속에서 대학 진학을 준비하도록 하는 것이었다. 여기서도 교육 대상자들은 노동자와 농민들이었지만, 농업 위주의 베트남의 사회구조 때문에 노동자들이 교육을 받기는 쉽지 않았다. 따라서 우선적으로 농민들에게 교육 기회가 제공되었는데, 다만 기초교육조차 받지 못한 수많은 농민과 그 자녀들을 모집하는 것이 최대의 난제였다.

농민의 교육 수준이 높지 않았고 문맹자도 많았기 때문에, 이들을 위한 노동자·농민학교가 속속 설립되었다. 여기서 성공적으로 교육 과정을 마친 수강생들은 다른 유능한 당간부들처럼 베트남에 있는 종합대학에서 공부를 계속할 수 있었다. 베트남의 노동자·농민학교는 다양한 사람들에게 대학교육을 제공하는 것보다는 엄선된 인재들의 몇몇 소집단을 대상으로 그들의 대학 진학을 돕는 데 집중했다. 이후 이들은 베트남에서 강력한 영향력을 미치는 자리에서 활동하였다. 그런 점에서 베트남에서 노동자학부는 독자적인 국가 엘리트의 양성에 기여했다고 할 수 있다.

베트남의 노동자·농민 교육기관은 소련의 제도와 비교할 때, 몇 가지 공통점은 있으나 기본적으로 소련의 영향을 받았다는 명확한 증거는 찾기 힘들다. 랍팍이 학부로 이뤄진 데 비해 베트남에서는 '학교'가 있다는 구조만 봐도 그 차이점을 발견할 수 있다. 오히려 중국의 영향이 컸다. 중국에서는 1950년부터 1958년까지 노동자·농민 속성 중학교(工农速成中学)가 있었다. 중국의 교육기관도 대학 소속이었지만, 소련의 '학부'와 다르게 '학교'로 통칭됐다.

종합적으로 보았을 때, 베트남의 노동자학부도 사회주의 국가 내 엘리트를 양성한다는 기능은 소련과 동일하지만, 소련의 랍팍과 구조적인 차이를 보였다. 또 소련과 다르게 베트남에서는 노동자학부가 수도에만 존재했다. 지방으로 확대하려는 시도도 있었으나 실패했다. 지방의 교육 수준이 현저히 낮은 탓이었다. 소련은 사회적 약자나 소수 계층만을 위한 '나셈-랍팍(Nacem-Rabfak)'이 존재했지만 베트남에서는 이런 후원제도가 없었던 것도 차이점이다.

3. 쿠바

1959년 혁명 이후 설립된 쿠바 혁명 정부는 교육에 관심이 컸다. 이러한 관심을 토대로 노동자학부가 설립됐다. 쿠바에서는 두 가지 다른 형태로 노동자학부가 발달했는데, 하나는 산타 클라라, 산티아고, 하바나 각각 세 지역에 있는 대학에서 독립적인 노동자학부의 신설이고, 다른 하나는 레닌-특수학교 설립과 함께 이루어진 제2형태의 노동자학부의 설립이다.

레닌-특수학교는 대학 소속이 아닌 정부의 산업부 소속이었다. 교육 대상도 산업노동자들이었고, 학교는 수도인 하바나에만 있었다. 하지만 점차 다른 지역 노동자학부의 우수한 학생들이 몰려들기 시작했다. 수업은 하루 종일 진행되어서 학생들은 작업 과정에서 제외되었다. 기본적으로 기숙사가 제공되었고 장학금 제도도 있어서 학생들은 공부에만 매진할 수 있었다. 수도 하바나의 학생들이 다른 지역 학생들과 출발점이 달랐던 만큼 성과도 훨씬 좋았다.

이에 비해 대학에 속해 있는 노동자학부는 다소 다른 구조였다. 우선 이들은 대학 정치의 기능을 담당했고, 쿠바 혁명 정부의 입지를 탄탄히 하는 데 기여했다. 또 대학뿐만 아니라 외부 지역에도 영향을 미쳤다. 즉 대학 소속 학생이 아니라고 하더라도 이들은 노동자학부를 다닐 수 있었다. 수업은 기본적으로 저녁에 진행되었으며, 그 덕분에 학생들은 낮에 일을 할 수 있었다. 소련의 랍팍도 낮에는 일을 하고 밤에는 수업을 하는 구조였지만 학업과 노동이라는 이중의 부담 탓에 학교 성적이 좋지는 않았다. 쿠바에서는 이를 답습하지 않기 위해 다른 방식을 고민했다.

또한 교육 대상자들의 관점에서도 쿠바에서는 '노동자나 농민이란 무엇인가'에 대한 정의를 매우 폭넓게 내리고 있음을 알 수 있다. 소련은 학생을 선발할 때 사회적 출신 성분을 많이 고려했지만, 쿠바는 편견 없이 모든 사람을 '노동자'로 통칭했다. 결과적으로 쿠바에서는 사회적 출신 성분으로 인한 노동자학부 내 논란은 없었다.

4. 모잠비크

모잠비크에는 이른바 '전직 군인과 노동자를 위한 학부(FACOTRAV)'라고 하는 단 하나의 노동자학부만 있었다. 소련의 교육자문가들은 대학 내에서 큰 영향력을 끼쳤지만, '선구적 교육기관'인 '전직 문인과 노동자들 위한 학부'가 설립될 당시에는 아무 역할도 없었다. 오히려 동독에서 온 교육자문가들이 더 활발히 활동했다. 자연스럽게 소련의 랍팍보다는 동독의 노동자·농민학부(ABF)를 본보기로 삼게 됐다. 물론 동독 사람들이 자유롭게 왕래할 수 있는 상황은 아니었다. 노동자학부의 교수진과 대학의 행정 관리직은 사회주의 진영의 국가들과 서구 출신 교육자문가들이 골고루 섞여 있었다. 그 외에도 유일한 집권당으로서 '모잠비크 해방전선(FRELIMO)'은 이미 해방전쟁 당시에 독자적인 교육을 구상하여 자국 교육제도의 초석을 다졌다고 보는 것이 옳다. 결과적으로 서구의 마르크스 정신과 동구권의 마르크스 레닌주의가 복합적으로 영향을 끼쳤는데, 그 영향은 넓은 의미에 있어 마르크스주의 정신으로 해석될 수 있지만 결코 동구권의 마르크스-레닌주의의 단순한 변형은 아니었다.

'전직 군인과 노동자를 위한 학부'가 이렇게 다양한 영향을 받았다는 것은 기본적으로는 이들이 전통적인 노동자학부를 표방했지만, 다른 한편으로는 현지 조건에 따라 어느 정도 변형이 이루어졌다는 것을 의미한다. 소련의 랍팍과 동독의 노동자·농민학부의 가장 눈에 띄는 유사점은 대학 내 독립기관으로 소속되어 있다는 것이다. 교과 과정의 기본적인 구조도 동독의 노동자·농민학부와 유사한 점이 많다. 하지만 마르크스-레닌주의를 기본 입장으로 하는 엄격한 교과 과정은 변경될 수 없었다. 또한 '전직 군인과 노동자를 위한 학부(FACOTRAV)'는 크게 두 가지 가능이 있었다. 하나는 전통적인 랍팍과 마찬가지로 최우선적으로 노동자와 농민의 대학 진학을 돕는 데 집중하고, 다른 하나는 처음부터 일반인을 대상으로 각자의 일을 더 잘할 수 있도록 교육을 제공했다. 이렇게 성장한 인적자원은 교육 과정을 마친 후 대학에 진학하지 않고 바로 일터로 돌아가는 경우가 많았다.

모잠비크에서는 지역적 조건에 따라 교육 대상의 목표도 다른 나라의 노동자학부와는 차이가 있었다. 농업지향적인 사회에서는 우선 교육 대상이 농민이었다. 하지만 모잠비크의 경우 오랜 식민지 상황에 따라 농민을 포함한 다수의 국민이 기초적인 교육(초등학교 6학년 수준)을 받지 못했다. 그래서 '전직 군인과 노동자를 위한 학부'는 혁명과 식민지 시대 이후 무엇보다 먼저 일정 수준에 이른 사람들을 집중적으로 교육하는 데 힘썼다.

V. 결론

노동자학부의 다양한 형태를 비교해본 결과, 우리는 각 국가의 노동자학부가 동일한 것이 아니고 본래의 노동자학부 형태에서 다소 변형된 형태로 운영되었음을 확인할 수 있었다. 물론 공통된 것은 소련형 대학의 중앙집권적 구조였지만, 이에 기반하여 각 국가의 지역적 특색과 교육 환경에 따라 조금씩 그 형태가 변화하였다. 심지어 소련의 노동자학부 모델인 랍팍을 가장 많이 모방했던 동독의 경우도 발전 과정에서 그 형태를 달리했고, 전통적으로 훔볼트가 강조한 일반교양의 함양이라는 요소가 많이 포함되었음을 알 수 있다.

특히 개발도상국에서는 랍팍과 비교해보았을 때 가장 큰 차이점은 교육 대상이 변화했다는 것이다. 예를 들어, 모잠비크의 경우 해방운동에 힘썼던 군인들까지 교육 대상으로 확대했다. 또 베트남과 모잠비크에서는 노동자가 농민에 비해 상대적으로 적었기 때문에 농민을 집중적으로 교육시켰다. 동시에 소련과 유럽 국가들의 주요 쟁점이던 교육을 통한 사회적 불평등 감소는 개발도상국에서는 큰 의미가 없었다. 여기에서는 주요 교육 대상이 노동자와 농민을 위한 기관이라고는 표방했지만, 실질적으로는 국가를 위한 소수 엘리트를 양성하는 데 집중했다. 오래전부터 대학이 있었던 소련이나 동독의 경우, 노동자학부를 통하여 기존의 '시민적 엘리트'와는 별개로 독자적인 사회주의 엘리트를 키우는 것이 더 중요했지만, 대학의 전통이 별로 없었던 개발도상국의 경우 노동자학부는 독자적인 국가적 엘리트를 양성하는 기능이 더 중요했다. 따라서 여기에서는 출신 대학, 성적 등 사회적 출신과 배경이 엘리트 교육을 받을 수 있는 중요한 기준이었고, 이들은 자기 나라의 경제와 기술을 책임졌다.

흥미로운 점은, 소련이 겪은 경험들이 다른 국가에 큰 영향을 미치지 못했다는 것이다. 소련의 랍팍은 저녁에 수업을 해서 학생들이 일과 공부를 병행해야 하는 어려움을 겪었으므로, 실제로 이러한 교육 방법을 통해 학업을 무사히 마친 학생이 거의 없었다. 이런 소련의 경험을 알 수 있었음에도 불구하고 쿠바는 저녁에도 수업이 있는 노동자학부를 개설했다. 또한 사회적 약자 및 소수 계층을 위한 교육기관(나셈·랍팍)은 따로 신설하지 않았다. 소련의 경우 랍팍 설립 초기부터 사회적 약자 및 소수 언어 사용자들을 위하여 각 나라별 언어로 수업하는 특별 교육기관을 만들자는 요구가 있었지만 받아들여지지 않았다. 소수 민족이 많은 베트남에서도, 다민족국가 모잠비크에서도 이러한 방안은 전혀 논의된 바 없었다. 결국 베트남과 모잠비크에서 소수 민족 출신들은 충분한 교육을 받지 못하고 도태될 수밖에 없었다.

또 한가지 언급해야 할 것은 소련의 랍팍이 전 세계로 확산되었지만 직접적으로 영향을 미친 경우는 거의 없었다는 점이다. 랍팍 확산 물결의 첫 번째 시기에도 직접적인 영향은 지엽적으로만 발생했다. 반면 중국, 동독, 쿠바는 랍팍의 기본적인 구상을 토대로 자국의 문화와 융합하려고 했다. 지금까지의 여러 연구에서 주장하는 '교육 시스템의 소련화(공산화)'라는 명제는 소련의 직접적인 영향을 암시하고 있는데, 이런 주장들은 충분하지 않은 사례들을 기반으로 한 것이라고 생각된다. 랍팍의 확산에 관한 구체적인 검토에서 드러나듯이 소련의 영향은 단지 조건적인 것으로 해석되어야 하며, 오히려 많은 국가들에서 노동자학부는 독자적 교육 전통 내지 현실에 부합하는 경제적·정치적 요구에 맞추어 형성된, 상대적으로 차이를 많이 가진 교육제도였다고 할 수 있다.

::참고문헌

Balzer, D. Harley. 1987. "Workers' Faculties and the Development of Sdence Cadres in the First Decade of Soviet Power." *Sociology of the Sciences: The Social Direction of the Public Sciences* 11, 193-211.

Connelly, John. 2000. *Captive University: The Sovietization of East German, Czech, and Polish Higher Education,* 1945-1956. Chapel Hill, London: University of North Carolina Press.

Fitzpatrick, Sheila. 1979. *Education and Social Mobility in the Soviet Union,* 1921-1934. New York: Cambridge University Press.

Kaiser, Tim, Tobias Kriele, Ingrid Miethe, and Alexandra Piepiorka. 2015. "Educational Transfers in Postcolonial Contexts: Preliminary Results from Comparative Research on Workers' Faculties in Vietnam, Cuba, and Mozambique." *European Education* 47(3), 242-259.

Katunceva, Nina Mitrofanovna. 1966. *Rol'rabocich fakul'tetov v formirovnii kadrov narodnoj intelligencii v SSSR. (Die Rolle der Arbeiterfakultäten bei der Herausbildung der Kader Volksintelliegenz in der UdSSR).* Moskau.

Kowalczuk, Ilko-Sascha. 2003. *Geist im Dienste der Macht: Hochschulpolitik in der SBZ/DDR 1945 bis 1961.* Berlin: Ch. Links Verlag.

Miethe, Ingrid. 2007. *Bildung und soziale Ungleichheit in der DDR*: *Möglichkeiten und Grenzen einer gegenprivilegierenden Bildungspolitik*. Leverkusen: Bu drich‑Verlag.

Nikitin, A.P. 1992. "Die Sowjetische Militäradministration und die Sowjetisierung des Bildungssystems in Ostdeutschland 1945‑1949." *Bildung und Erziehung* 45(4), 405‑416.

Tandler, Fredrika Morehouse. 1955. *The Workers' Faculty (Rabfak) System in the USSR*. Ann Arbor, London: University Microfilms International. Dissertation, Maschinenschriftlich, Columbia University.

3장

구 동독에서 소비에트형 대학의 이식과 청산

임홍배

I. 들어가며

1945년 9월 4일 소련군정청[1] 훈령 50호에 따라 소련점령지역에서 대학을 재건하는 작업이 시작되어 같은 해 10월에 예나대학이, 1946년 2월에 베를린대학이 개교하였다. 소련점령지역에서의 대학 재건은 초기에는 소련군정청 산하 인민교육위원회가 주도하였고, 곧이어 나치 시대에 소련에 망명해 있던 사회주의자들이 귀국하여 창

---

1 소련군정청(Soviet Military Administration)은 1945년 6월부터 1949년 10월 6일까지 존속했다.

당한 사회주의통일당(SED)이 주도하여 대학의 지배구조를 구축했다. 구동독에서 소비에트형 대학체계가 구축된 과정은 크게 네 단계로 나누어 살펴볼 수 있다. 1단계는 2차대전 종전 후 소련군정청과 사회주의통일당의 주도 하에 소비에트형 대학 체계를 구축한 1945~1949년 시기, 2단계는 19949년 10월 동독 국가 수립 이후 사회주의 토대 구축을 표방했던 1950~1960년 시기, 3단계는 베를린 장벽 구축 이후 냉전체제의 대결 구도 속에서 사회주의 체제의 전면적 확장과 발전을 추구했던 1961~1980년 시기, 그리고 마지막 단계는 선진 사회주의 사회 건설을 표방했던 1980년대로 대별된다. 이 글의 2장에서는 구동독 지역에서 새로운 대학체계가 정착되는 처음 두 시기를 중심으로 특징적 변화를 살펴보기로 하겠다.

1989년 독일 통일 후 구동독 지역의 대학개혁은 크게 3단계로 나누어 살펴볼 수 있다. 1단계에 해당되는 1990년대에는 구동독 지역의 대학을 통폐합 또는 신설하고 구동독 당시 재임하던 대학 교원을 대거 교체하였다. 아울러 대학 연구소, 대학 외 연구소, 산업체 연구소의 재편과 함께 연구인력 쇄신이 이루어졌다. 통일 독일 정부는 애초에 1994년까지 구동독 지역의 대학개혁을 완료한다는 목표를 설정했다. 그렇지만 구동독 지역 대학에서 20% 이상 퇴출된 교수인력의 공백을 충원하고 인프라를 구축하는데 오랜 기간이 소요되었기 때문에 실제로는 2000년대까지도 대학개혁에 따른 후속작업이 계속되었다. 2단계에 해당되는 2000년대에는 구동독 지역의 대학 내외 연구 인프라를 재건하기 위해 '구동독 지역 혁신 지원사업'의 일환으로 다양한 연구개발 진흥정책이 시행되었다. 3단계에 해당되는 2000년대 말부터 현재까지는 2단계 사업이 상당 부분 계속되고, '대학교육지원협약 2020'이 시행되어 2020년까지 대학생 수를 2배 이상 늘리는 정책이 추진되고 있다. '연구 및 혁신 협약'을 통해 2020년까지 정부지원 연구개발비를 매년 5% 증액하고 있으며, 우수 연구단을 집중 지원하는 '우수선도대학 지원 사업'(Exellenzinitiative) 등이 새로 도입되었다. 이 글의 3장에서는 구 동독 지역의 대학 개혁이 집중적으로 진행된 1990년대의 변화를 중심으로 살펴보기로 하겠다. 그리고 마지막으로 구동독에서의 대학 개혁이 한반도 통일에 대비하는 우리의 관점에서 어떤 시사점을 제공하는지 간략히 살펴보고자 한다.

II. 구 동독의 대학체계

1. 1945~1949년 시기

이 시기에 소련점령지역에서 대학을 재건하는 과정에서 가장 먼저 착수한 일은 나치 과거 청산이었다. 1945년 6월 소련군정청은 모든 공직에서 나치 부역자를 축출하라는 훈령을 공포했고, 이에 따라 같은 해 6월 28일부터 10월 8일까지 대학 교원들을 상대로 나치 전력에 대한 실태조사를 진행하여 같은 해 연말까지 모두 586명의 교수 및 강사가 해직되었다. 〈표1〉에서 보는 바와 같이 소련 점령 지역의 대학 교원 수는 종전 이전 2,041명에서 종전 후 1946년 1월 기준으로 1,558명이나 줄어들었고, 그 가운데 나치당원은 586명으로 약 38%를 차지한다. 따라서 나치 과거 청산으로 인한 감원보다는 연합군 점령 지역과 미국 등 서방세계로 유출된 대학교원이 압도적으로 많음을 알 수 있다.

표1 소련 점령지역 대학 교원 수의 변화

대학	교수				강사			
	1945.1	1946.1	감원	나치 당원	1945.1	1946.1	감원	나치 당원
Berlin	583	108	475	150	404	62	342	90
Leipzig	224	54	170	58	103	15	88	38
Jena	133	41	92	34	86	33	53	13
Halle	144	52	92	78	85	15	70	60
Greifswald	80	34	46	17	34	24	10	9
Rostock	96	35	61	19	69	10	59	20
합계	1260	324	936	356	781	159	622	230

출처: A. Nikitin, 2000b: 54.

다른 한편 과거 히틀러 치하에서 외교관을 양성하는 등 국가기구에 직접적으로 종속되어 있던 외교학부를 폐지한 것도 나치 과거 청산의 일환이었다. 외교학부를 폐지한 것을 제외하면 과거의 대학 편제는 거의 유지되어 신학부도 그대로 존속했다. 또한 초중등 교원 양성을 위해 과거에는 종합대학에 속해 있던 사범대학을 독립 대학으로 신설했다.

대학생 선발과 관련하여 모든 계층의 자녀들에게 학업 기회를 부여해야 한다는 평등민주주의 원칙에 따라 학업 능력이 모자라는 노동자·농민층 자녀들을 비정규 학생으로 별도로 선발했다. 이렇게 선발된 학생들은 1년 동안 예과과정을 이수한 후 전공과정에 진입하도록 했고, 1949년에 '노동자 농민 자녀 예비학부'가 정식으로 신설되었다. 1946년 베를린대학 신입생 3,226명 가운데 노동자 농민 자녀로 선발된 학생은 272명이었고, 이후 모든 대학에서 신입생의 15% 수준을 유지했다(Tenorth, 2012: 75).

소련점령지역에서 급격히 감소한 대학 교원을 충원하기 위해 이른바 교수후보생(Aspirant) 양성제도를 도입했다. 아직 대학원 과정을 정상적으로 운영할 수 없는 과도기의 특수한 상황에서 긴급 수혈조치를 취한 것이라 할 수 있다. 교수후보생은 철저한 사상검증을 거쳐 선발되었는데, 1948년 말 기준으로 총 89명의 교수후보생 가운데 사회주의통일당 당원이 65명, 독일공산당 당원이 6명을 차지했다(Nikitin, 2000a: 8).

아직 동독이 정식 국가로 출범하기 이전 시기에 소련군정청이 주도한 대학재건 사업은 군정청 산하 인민교육위원회가 총괄했고, 원칙적으로 소비에트형 대학 모델을 지향했다. 그렇지만 대학재건 과정이 일방적인 상명하달 식으로 일사천리로 진행된 것은 아니었고, 상당한 갈등과 진통을 수반했던 것으로 보인다. 예컨대 베를린대학 정관을 제정하는 과정과 베를린대학을 훔볼트대학으로 개명하는 과정에서 그 점은 단적으로 드러난다(Tenorth, 2012: 109-123).

- 1차 초안: "베를린대학은 소련점령지역에 있는 독일인민교육부 산하 공공기관이다."(1947.4.16.)
- 4차 수정안: "베를린대학은 과거의 프리드리히 빌헬름 대학을 토대로 독일인민교육부에 의해 신설된 대학이다."(1947.12.24.)
- 5차 수정안: "베를린대학은 1946년 1월 20일자 소련군정청 최고사령관의 훈령 4호에 근거하여 신설된 대학이다. 베를린대학의 운영은 독일인민교육부 장관의 지휘를 받는다."(1948.2.12.)

1차 초안은 원래 1810년 개교 당시 프로이센의 프리드리히 대왕 이름을 따라 '프리드리히 빌헬름 대학'이었던 대학 명칭을 '베를린대학'으로 개명하였고, 대학운영을 인민교육부가 총괄한다는 점을 명시한 것이다. 반면에 4차 초안은 다시 프리드리히 빌헬름 대학의 전통을 계승한다는 점을 부각시키고 있다. 그런가 하면 5차 초안은 다시 소련군정청에 의한 설립 근거를 명시하고 인민교육부에 의한 지휘체계를 강조하고 있다. 이런 진통을 거쳐 1948년 5월 23일자로 베를린대학 뿐만 아니라 소련 점령 지역의 모든 대학에 공통으로 적용되는 임시정관은 반파시즘 민주주의 이념을 지향하고 반동적 제국주의적 이념을 배격하며 인민의 대학이라는 점을 강조하고 있다. 또한 베를린대학 정관을 제정하는 과정에서 대학 명칭을 둘러싼 논쟁이 촉발되어 최종적으로 훔볼트대학으로 개명했는데, 이것은 베를린대학을 설립한 훔볼트의 인본주의 정신을 계승하는 한편 '마르크스 대학'이나 '레닌 대학' 같은 명칭을 피하려 했던 긴장과 갈등의 산물이라 할 수 있다.

2. 1950~1960년 시기

1949년 10월 7일 동독이 국가로 출범하고 국가운영 체계가 정비되면서 대학 역시 이전에 비해 체계화되었다. 대학의 지배구조와 관련하여 '민주적 중앙집중제'의 원칙을 표방하여 사회주의통일당과 국가기구 그리고 대학 사이의 긴밀한 연계체제가 확립되었다. 〈그림1〉에서 보는 바와 같이 대학 정책과 학술연구 정책의 방향과 운영을 총괄하는 정점에 당 중앙위원회가 있고, 내각자문회의가 당과 주무 부처를 연결하는 역할을 하고, 아울러 당 중앙위원회 직할 국가계획위원회가 모든 대학에 직접적인 영향력을 행사하도록 하는 일원적인 지휘체계가 구축되었다. 사회과학원과 과학원이 대학과는 별도의 독립된 연구기관으로 당 중앙위원회 산하에 있고 당정치학교 역

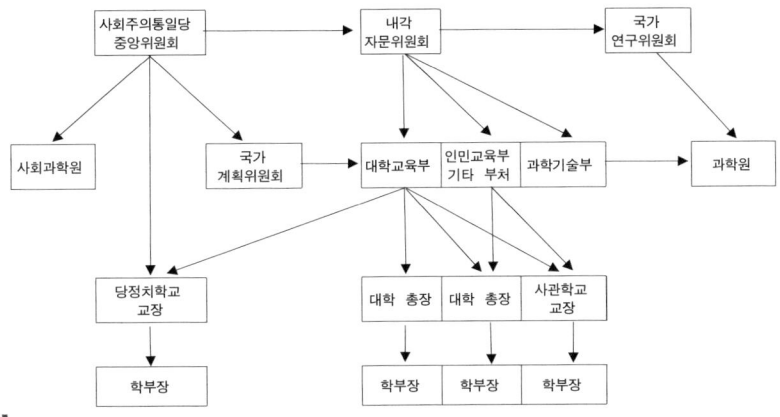

그림1 구동독 대학의 지배구조

출처: G. Buck-Bechler, 1997: 22.

시 같은 위상에 배치된 것도 소비에트형 대학의 전형적 특징이다. 교육을 관장하는 내각 부처가 대학교육부와 인민교육부로 이원화되어 있는 것도 서방의 대학체계와 구별되는 특색이다. 대학의 유형에 따라 일반 종합대학은 대학교육부의 지휘를 받지만, 예컨대 공과대학이나 기술대학은 대학교육부 외에도 과학기술부의 지휘를 받는다. 또한 사범대학은 인민교육부의 지휘를 받으며, 예술대학은 문화부 산하 기관으로 편제된다.

대학 교육과 관련하여 1951년 2차 대학개혁을 통해 ① 모든 대학에 공통의 표준 교과과정을 도입하고 ② 마르크스 레닌주의 사상교육을 필수과목으로 지정하였으며 ③ 러시아어 4학기 이수와 체육을 필수과목으로 지정하고 ④ 중간고사 제도와 학점 표준화를 도입하였다.

학생활동과 관련해서는 1950년에 전통적인 학생자치 조직인 학생회를 법적으로 폐지하였고, 그 대신 사회주의통일당과 연계된 다양한 학생조직이 당의 주도로 만들어졌다. 사회주의통일당 대학지부, 자유독일청년연맹(FDJ) 대학지부, 나치 피해자연대 대학지부,

독·소 친선협회 대학지부, 대학평화위원회, 대학생체육협회 등이 대표적인 학생조직들이다.

3. 구동독의 대학 현황

1989년 기준으로 구동독에는 종합대학 9개, 공과대학 12개, 사범대학 9개를 비롯하여 모두 70개의 대학이 존재했다. 〈표2〉에서 보듯이 2차대전 이전 시기와 비교하면 공과대학이 10개 늘었고, 기술전문대학, 사범대학, 상과대학, 체육대학 등이 신설되었으며, 10개의 군사대학과 4개의 당정치대학이 신설된 것이 소비에트형 대학체계의 중요한 특징으로 부각된다.

표2   대학 유형별 입학 정원: 1989년 기준

대학 유형	대학 수		정원	비율(%)
	1939년	1989년		
종합대학(종합공대 포함)	6	9	92,300	52
공과대학	2	12	34,500	19
기술전문대학	-	3		
의과대학	-	3	2,200	1.5
사범대학	-	9	17,300	10
농업대학	3	2	1,400	1
상과대학	-	2	6,600	4
체육대학	-	1	3,000	2
미술대학, 음악대학	5	12	4,400	2.5
군사대학	-	10	11,500	6.5
경찰대학	-	3	1,000	0.5
당정치대학	-	4	4,000	1
합계	16	70	178,000	100

출처: G. Buck-Becher, 1997: 50, 59.

전공 분야별 학생 수는 공학이 36%로 압도적 비중을 차지하여 1950년대 이래 동독이 추진한 계획경제의 근간인 산업화를 위해 전문인력 양성에 핵심적 비중을 두었음을 알 수 있다. 또한 사범대학 학생 수가 21%로 초중등 교육에도 역점을 두었다.

표3   전공별 학생 비율: '80년대 평균

분야	비율(%)
공학	36
사범대학	21
법학, 경제학, 사회과학	14
자연과학	8
의학	8
농학	5
인문학, 예술	7
합계	100

출처: G. Buck-Becher, 1997: 65.

대학 입학생 수를 살펴보면 〈그림2〉에서 보는 바와 같이 1989년 기준으로 종합대 29,300명, 전문대 24,100명을 기록하고 있다. 1960년대까지는 전문대 입학생 수가 종합대학 입학생 수보다 많았지만 1970년대부터 종합대 입학생이 더 많다. 1965년부터 1970년까지 대학생 수가 급증한 이유는 1960년부터 실업계 중고등학교를 졸업하고 취업 중인 학령인구 중에 대학교육을 받기를 원하는 희망자들을 선발하여 3년 과정의 대학교육을 이수하도록 하는 제도가 새로 도입되었기 때문이다. 이들은 직장생활을 하면서 동시에 대학교육을 받았는데, 그 숫자가 많을 때는 전체 대학 신입생 수의 25~28%를 차지하였다(G. Buck-Becher, 1997: 164). 그러다가 1970년대부터 방송통신대학이 직장인들의 대학교육 수요를 상당 부분 충족함

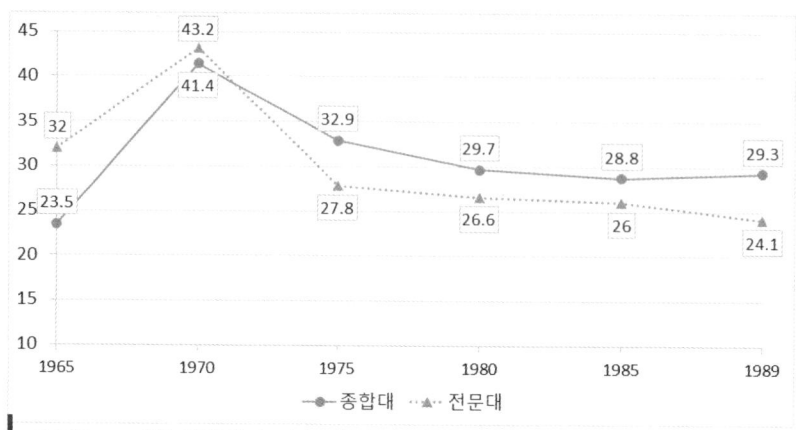

그림2　대학 입학생 수의 증감 추이(단위: 1,000명)

출처: Buck-Becher, 1997: 53.

에 따라 취업과 학업을 병행하는 대학생의 수는 다시 급격히 줄어들었다.

동독의 대학 진학률은 〈표4〉에서 보는 바와 같이 1960에 비해 1980년대에는 2배로 늘어났다. 서독과 비교하면 1970년대 초반까지는 비슷한 수준이지만 통일 직전에는 대학 진학률이 서독의 절반 수준을 보이고 있다.

표4　동독과 서독의 대학 진학률 비교(단위: %)

연도	1960	1965	1970	1975	1980	1985	1989
구동독	8	14	16	17	13	15	16
구서독	10	17	16	20	20	22	30

출처: Geißler, 1994: 253; Buck-Becher, 1997: 80.

마지막으로 대학교원과 연구인력의 증감 추이를 살펴보면 〈그림3〉에서 보는 바와 같이 대학교원은 1946년 880명에서 1989년 7,500명으로 9배 증가하였다. 대학과 대학 외 연구기관을 포함한 연

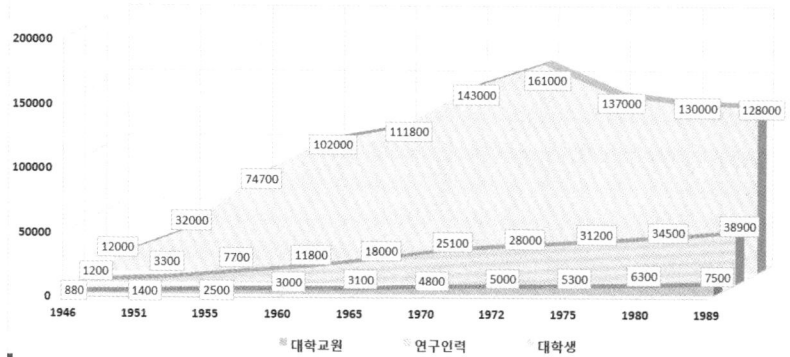

┃ 그림3   동독의 대학교원, 연구인력, 대학생 수의 증감 추이(1946~1989)

출처: Buck-Becher, 1997: 17.

구인력은 1946년 1,200명에서 1989년 38,900명으로 약 30배나 증
가하였다. 연구인력의 이러한 팽창은 대학 내 연구소 외에 과학원
같은 독립 연구소가 다양한 이공학 분야의 연구인력을 보유하고 있
었고, 특히 사회주의 계획경제의 원칙에 의거하여 산업체 부설 연구
소들이 급증했기 때문이다. 그러나 다음 장에서 살펴보겠지만 동서
독 통일 후 구동독의 낙후한 산업시설과 기술은 거의 무용지물이 되
었기 때문에 산업체 부설 연구소를 비롯한 대학 외 연구인력은 대량
실직상태를 맞게 된다.

III. 통일 후 구동독 지역의 대학개혁

1. 대학개혁의 원칙

1990년 8월 31일 동서독 정부 사이에 체결된 통일조약은 구동독 지
역에 있는 공공기관(대학과 연구소 포함)의 존폐를 통일 후 새로 구

성될 주정부에 일임한다고 명시하고 있다(제13조). 아울러 1990년 말까지 각 시설의 존치 여부를 결정하고 1994년까지 구조개혁을 완료한다는 일정을 제시하고 있다. 또한 구동독 지역의 교육 및 연구 체계에 대한 평가는 구서독 지역의 기준에 맞춘다는 포괄적인 기준도 제시하고 있다(제38조). 이에 따라 국가학술정책자문위원회 (Wissenschaftsrat)가 입안한 구동독 지역 대학 구조개혁안은 다음의 7대 원칙에 바탕을 두고 있다(Wissenschaftsrat, 1992: 10-11).

① 대학 외 연구인력을 대학에 통합함으로써 기초연구역량을 강화한다. 구동독의 대학 외 연구소 인력(27%)은 서독(13%)의 2배나 된다. 대학 외 연구소가 주로 응용분야 연구를 담당하므로 통일 후 경쟁력을 상실한 응용연구 분야의 연구인력은 축소될 수밖에 없었다. 마찬가지로 경쟁력을 상실한 대형복합공장(콤비나트)이 대부분 와해되면서 산업체 연구인력(61%) 역시 재배치가 불가피하게 되었다.

② 대학 외 연구소와 대학의 협력을 강화한다. 구동독의 대학 외 연구소 연구인력은 모두 과학원 산하 연구소에 배속되어 있었다. 통일과 더불어 구동독의 과학원 역시 해체되고 그 대신 구서독의 국공립 연구기관인 막스-플랑크 연구재단, 헬름홀츠 연구센터, 프라우엔호프 연구재단 등의 산하 연구소들이 구동독의 과학원 산하 연구소의 기초연구 인력 중 일부를 받아들였다. 대학의 연구인력 수용능력에는 절대적인 한계가 있기 때문에 대학 소속 연구인력과 이들 국공립 연구소의 협력체계를 구축하는 데 중점을 두었다.

③ 구동독의 특수전문대학(Spezialhochschule)을 종합대학에 통합한다. 구동독에서 '당정치학교'처럼 체제유지에 봉사하

거나 특수한 국책사업 수행의 기능을 담당하던 특수전문대학들은 통일과 더불어 존립근거를 상실했기 때문에 대부분 해체되었고, 이공학 분야의 특수전문대학은 종합대학에 통합되는 방향으로 구조개혁이 이루어졌다.

④ 경쟁력 있는 전문대학(Fachhochschule)을 육성한다. 서독 사회에서 전문대학 출신은 기술전문직의 70%, CEO의 30%를 차지할 만큼 사회적 기여도가 높은데, 구동독 지역에서도 그와 같은 전문대학을 중점적으로 육성하는 것이 중요한 정책목표의 하나였다.

⑤ 지나치게 세분화된 교과과정을 통합한다. 과거 동독시절에 국책사업에 맞추어 기능적으로 세분화된 대학의 교과과정을 가능한 범위 안에서 통합하여 대학 본연의 보편적인 교육이 이루어질 수 있도록 구조개혁을 추진하며, 이것은 모든 학문 분야에 해당된다.

⑥ 대학을 신설하기 전에 혁신부터 해야 한다. 대학을 신설하려면 막대한 예산이 필요하고 교수인력 수급의 어려움도 있기 때문에 기존 대학의 혁신에 우선순위를 둔 것이다.

⑦ 추진일정: 원래는 1994년까지 구동독 지역의 대학개혁을 완료겠다는 목표를 세웠으나, 실제로는 1995년까지 구조개혁이 계속되었고 세부적인 보완조치 등은 1990년대 말까지 계속되었다.

2. 대학의 통폐합과 신설

앞에서 언급한 원칙에 따라 구동독 지역의 대학들은 〈표5〉에서 보는 바와 같이 재편되었으며, 대학개혁의 중요한 특징을 살펴보면 다음과 같다.

- 전체적으로 종합대학과 전문대학으로 이원화되었다. 구동독 당시 9개이던 종합대학이 1996년 기준으로 16개로 늘어났고, 예술전문대학은 거의 같은 수를 유지하였으며, 전문대학이 34개나 신설되었다.
- 군소 기술전문대학을 종합대학, 종합공과대학(TU), 신설 전문대학에 통합하였다. 14개의 공업기술전문대학, 9개의 사범대학, 3개의 의과대학, 그리고 체육전문대학과 상업전문대학 등의 특수 전문대학들이 종합대학과 신설 전문대학 등에 통합되었다.
- 특히 14개의 공업기술전문대학을 통합한 것은 구동독의 노후한 산업구조 재편과 연동되어 있다.
- 과거 동독 시절 체제유지 기능을 맡던 당정치대학, 국방대학, 경찰대학 등의 국책전문대학을 폐지하고, 직능 중심의 행정전문대학을 신설하였다.
- 구동독 당시와 비교하면 신학대학이 2개에서 11개로 급증하였고, 사립대학이 신설되어 2007년 현재 8개에 이르고 있다.
- 구동독 당시에는 종합대학의 수가 적었으나 통일 독일 정부는 구동독 지역에 종합대학 대 전문대학 수의 비율을 6:4 내지 5:5로 조정하고, 학생 수 기준으로는 2:1로 종합대학 학생 수를 끌어올린다는 목표를 추진하였다.
- 또한 구동독 당시의 대학생 수는 전체 학령인구의 16%로 구서독 지역 35%의 절반에도 못 미쳤으나, 통일 후에는 2000년까지 3배로 끌어올린다는 목표를 설정하였다. 뒤에서 다시

살펴보겠지만 구동독 지역의 높은 실업률과 낮은 출산율이 지속됨에 따라 2000년 기준으로는 이러한 목표가 충족되지 못했으나, 2010년대에 와서는 대부분의 지역에서 구서독 지역과 비슷한 수준으로 학생 수가 늘었다.

- 국가학술정책자문위원회는 구동독 지역의 대학개혁을 구서독 지역의 대학구조를 이식하는 차원을 넘어서 고등교육 쇄신의 계기로 삼아야 한다는 원칙을 천명한 바 있으나(Wissenschaftsrat, 1990), 전반적으로 보면 '전환'(Transformation)이

표5 구동독 지역의 대학구조 재편

		1989	1996	2007	독일 전체	비고
존속	종합(공과)대학	9	16	15	84	3개 신설, 4개 격상
	예술전문대학	12	11	9	51	
	신학대학	2	11(2)	10(2)	45(14)	괄호 안은 종합신학대학
통합	공업·기술 전문대학	14	–	–		종합대학·전문대학에 통합
	사범대학	9	1	–	6	
	의과대학	3	–	–		
	체육전문대학	1	–	–		
	상업전문대학	2	–	–		
	농림전문대학	2	–	–		
	광산전문대학	1	–	–		
폐지	당정치대학	4	–	–		구동독 체제 재생산
	국방대학	10	–	–		
	경찰대학	3	–	–		
신설	전문대학	–	22	21	190	
	행정전문대학	–	9	8	30	정부기구 부설
	사립대학	–	3	8	83	주로 전문대학

※사립대학: 종합대학 9, 전문대학 73, 예술전문대학 1

출처: Buck-Bechler, 1997: 100; Lewin·Pasternack, 2007: 38.

아니라 '전이'(Transfer)만 이루어졌다는 부정적 평가도 있다
(한승완, 2010: 44).

3. 대학교원의 인적 쇄신

통일조약 제2조에 명시된 공직 인력 감축 원칙에 따르면 모든 공직
자에 대한 개별적인 퇴출이 가능하며, 그 심사기준으로 '전문성' '수
요 과부족' '소속 기관 존폐 여부'가 설정되었다. 이 원칙을 반영하여
입법된(1990년 12월) 대학기본법(Hochschulrahmengesetz) 개정안
은 대학교원 개개인의 직위를 승계하려면 주정부의 법적 승인을 거
쳐야 한다고 명시하고 있다(제75조). 실제로는 대학별 인사위원회
가 모든 교원에 대해 적격여부를 심사했고, 그 권고안에 대해 주정
부 문화부 장관이 추인하는 절차를 거쳤다. 애초에 1992년까지 대
학 교원의 인적 쇄신을 완료한다는 목표를 세웠으나, 1993년까지 기
한이 연장되었고, 부분적으로는 1994년 이후에도 인적 쇄신이 계속
되었다. 1994년까지 구동독의 대학 교원 38,900여 명 중 7,900여 명
(약 20%)이 퇴출되었다.[2]

■ 주요 특징
  • 이데올로기 성향이 강한 분야의 교원이 대거 퇴출되었다. 특
    히 정치경제학 5,300명, 법학 500명 등 과거 동독체제의 이
    념적 재생산에 핵심역할을 했던 학문분야에서는 90% 가까

---

2 퇴출인력에 대해서는 6개월 동안 '대기발령' 상태로 급여의 70%를 지
급하고, 그 기간 안에 재계약이 이루어지지 않으면 자동으로 해임된다. 이
것은 모든 공직자에 해당된다.

	재직 대학교원('89년)			퇴출인력('94년)	
표6 전공분야별 대학교원 퇴출 현황	총원(명)	비율(%)	여성비율(%)	숫자	비율
인문학	6,922	17.8	50	1,790	26
체육	1,181	3.0	28	404	34
사회과학, 법학	5,483	14.1	32	4,879	89
자연과학	5,831	15.0	18	-	-
의학	7,964	20.4	37	188	2
농학	1,248	2.2	24	108	9
공학	6,395	16.4	10	159	2
예술	1,021	2.6	48	30	3
정부부설대학	2,864	7.4	34	423	15
합계	38,909	100	31	7,981	21

출처: Buck-Bechler, 1997: 331.

이 퇴출되었다.

- 인문학 분야에서도 주로 구동독 체제의 정통성을 교육하는데 치우쳤던 교육학, 역사학, 철학, 독문학 등에서 많은 교원이 퇴출되었고, 러시아어 교원은 러시아어가 필수과목에서 해지됨에 따라 많은 수가 퇴출되었다.

- 체육 과목이 필수과목에서 해지됨에 따라 담당 교원의 34%가 퇴출되었다.

- 이공학 분야의 교원은 약 97%가 승계되었다.

- 위의 도표에서 중앙기관부설대학의 교원은 1994년 현재 15%가 퇴출된 것으로 집계되어 있으나, 실제로는 90년대 말까지 70%가 퇴출된 것으로 추산된다(Pasternack, 2005: 225).

- 최근 자료에 의하면 인적 쇄신은 2000년대까지도 계속되어

실제로는 구동독 시절에 재직하던 교원의 60%, 대학 외 연구소 인력의 60%, 산업체 연구인력의 85%가 퇴출된 것으로 추산된다(Pasternack, 2005: 227).

■ 대학 유형별, 인력 구성별 특징

- 종합대학 교원의 퇴출비율이 압도적으로 높다. 구동독 당시 종합대학 교원은 교수 3,468명, 강사 4,047명으로 총 6,053명이었는데 그중 41%에 해당되는 3,592명이 퇴출되었다.
- 종합대학 교원 수를 대폭 줄이고 전문대학 교원 수를 대폭 늘렸다. 〈표7〉에서 보는 바와 같이 구동독 당시에는 종합대학 교원이 전체의 75%를 차지하였으나 통일 후에는 종합대학 교원이 55%로 줄어들고 그 대신 전문대학 교원이 18%에서 38%로 2배 이상 급증하였다.

표7	대학유형별 교원 수 비율의 변화(1989~1994년)		
1989년	종합대학 75%	전문대학 18%	예술대학 7%
1994년	종합대학 55%	전문대학 38%	예술대학 7%

출처: G. Buck-Bechler, 1997: 350.

- 교수나 강사보다는 이른바 '보조인력'(Wissenschaftliche Mitarbeiter)이 압도적으로 많이 퇴출되었다. 구동독 대학의 교원 중 31,393명이던 중간인력은 1994년 기준으로 17,024명으로 줄어들어 전체의 46%가 감축되었다.
- 대학 직원 역시 구동독 당시 62,000여 명에서 43,000여 명으로 대폭 감축되었다.

■ 대학교원 충원

- 구동독 지역 주정부들은 1994년까지 종합대학 퇴출인력 3,592명을 충원하고 신설 전문대학 교원 2,566명을 신규 임용하여 1994년 말까지 구동독 당시의 대학 교원 수를 회복하였다.

- 이를 위해 1994년까지 이른바 학과창립교수(Gründungsprofessoren)를 종합대학 216명, 전문대학 169명 등 모두 385명을 임용하여 구조개혁의 핵심 동력으로 삼았다.

- 〈표8〉에서 보는 바와 같이 대학 구조개혁 완료 목표 시점인 1994년까지 적정교원 수의 68%를 충원하였고, 1996년까지 85%를 충원하였다.

표8   연차별 대학교원 충원율

1993년	1994년	1995년	1996년
40%	68%	75%	85%

출처: Buck-Bechler, 1997: 342.

- 2004년 기준으로 〈표9〉에서 보는 바와 같이 구동독 지역의 대학교원 수는 독일 전체 교원의 15.7%로 구동독 지역의 인구비율과 정확히 일치하여 구서독 지역과 대등한 수준을 확보했다.

표9   대학 교원 현황(2004년 기준)

	구동독 지역		구서독 지역	
	교원수	비율(%)	교원수	비율(%)
종합대학				
전체	22,281		122,053	

	구동독 지역		구서독 지역	
	교원수	비율(%)	교원수	비율(%)
여성	3,726	16.7	20,119	16.5
전문대학				
전체	3,218		15,346	
여성	2,280	70.9	11,785	76.8
행정전문대학				
전체	246		1,645	
여성	27	11.0	506	30.8
합계 전체	25,745		139,044	
합계 여성	6,033	23.4	32,410	23.3
동서 비교 전체	25,745	15.7	139,044	84.3
동서 비교 여성	6,033	15.6	32,410	84.4

출처: Pasternak, 2007: 48.

- 〈표10〉에서 보는 바와 같이 1995년 기준으로 종합대학과 전문대학에서 구동독 출신 교원이 각각 52%, 58%를 차지하고 있다. 그러나 학문 분야에 따라서는 구서독 출신이 압도적 다수를 차지하여 '서독에 의한 식민화'라는 비판이 제기되기도 했다(김동훈, 2007).

| 표10 구동독 지역 대학교원의 출신 지역 분포(1995년)

	종합대학	전문대학	예술대학
구동독 출신	52%	58%	71%
구서독 출신	45%	41%	22%
외국인	3%	1%	7%

출처: Buck-Bechler, 1997: 343.

- 구동독 지역 대학의 학문분야별 교원 현황은 다음과 같다.

표11   구동독 지역 학문분야별 대학교원 현황

분야	교원 수	비율(%)
인문학, 체육	3,386	14
사회과학, 법학	1,848	8
자연과학	4,949	21
수의학	119	1
농학	696	3
공학	5,353	23
예술	1,006	4
의학	5,688	24
중앙기관	565	2
합계	23,610	100

출처: Buck-Bechler, 1997, 348.

4. 대학생 수의 증감

산업기반이 취약한 구동독 지역에서 대학생 수는 지속적인 성장동력을 확보하기 위한 관건이었다. 이에 따라 통일 독일 정부는 2000년까지 구동독 지역의 대학생 수를 통일 이전의 3배로 늘린다는 목표를 설정하였다. 1989년 통일 직전 시점에 구동독에서 18~19세 학령인구 224,000여 명 가운데 15.5%에 해당되는 34,800여 명이 대학입학 자격을 취득함으로써 구동독 지역의 대학 진학률은 구서독 지역의 35%에 절반도 못 미치는 수준이었다. 그러다가 통일 후 4년만인 1994년에는 학령인구의 35%에 해당되는 64,700명이 대입 자격을 취득하여 구서독 지역(34.4%)을 앞지르기 시작했다.

그러나 1990년대 중반부터 대학생 수가 정체되고, 2000년대 중반부터는 오히려 감소하는 추세를 보이고 있다. 2004년 기준으로 구동독 지역의 대학생 수는 155,400명으로 인구 1,000명당 11.6명으

로 구서독 지역의 14명보다 적다. 이처럼 구동독 지역의 대학생 수
가 줄어드는 추세를 보이는 것은 통일 후 구동독 지역의 경제상황이
열악해지자 출산율이 저하되어[3] 학령인구의 절대수가 줄어들기 때
문이다.

또한 〈표12〉에서 보는 바와 같이 2000년대에 들어와서도 구동
독 지역의 높은 실업률이 해소되지 않기 때문에 출산율 저하와 악순
환 구조로 맞물려 있다. 게다가 구동독 지역 학생들이 구서독 지역
의 대학과 수도 베를린에서 학업을 계속하기를 선호하여 대부분의
주들에서 대학 입학생의 20~30%가 구서독 지역 및 베를린의 대학
으로 진학하는 것도 구동독 지역에서 대학생 수가 감소하는 요인 중
의 하나다.

| 표12 | 구서독 지역 대비 구동독 지역의 실업률 | | | |

1991년	1997년	2005년	2008년	2013년
1.65배	1.77배	1.87배	2.04배	1.6배

출처: 통계연감, 2009; 통계연감, 2014.

■ 주별 대학 입학생 수

2011년 기준으로 OECD 국가 청소년의 60%가 대학에 진학하는 데
비해 독일은 46.3%로 상당한 격차를 보이며, 특히 포르투갈(98%),
호주(96%), 뉴질랜드와 노르웨이(76%) 등에 비해 현저히 떨어진
다. 지역별로는 하나의 도시가 주를 이루는 브레멘(75.8%), 함부르
크(73.8%), 베를린(66.9%)이 월등히 높고, 그 반면 브란덴부르크
(34.4%), 메클렌부르크-포어포머른(37.3%), 작센-안할트(39.2%)

3　1990년 1.47명에서 1993년 0.77명으로 줄어듦.

등의 구동독 지역에서는 대학입학률이 현저히 떨어진다. 구동독 지역은 2000년 평균 23.4%에서 2011년 40.4%로 증가하여 통일 직후 설정한 목표치(45%)에 못 미치고 있지만, 증가율은 거의 2배에 육박해서 구서독 지역의 1.5배를 앞지르고 있다.

표13 대학입학생 수 증감(2000~2011, %)

주	2000년			2006년			2011년		
	합계	남성	여성	합계	남성	여성	합계	남성	여성
바덴-뷔르템베르크	32.3	34.1	30.5	37.6	39.6	35.7	51.4	52.9	49.9
바이에른	29.0	29.5	28.5	34.9	35.1	34.9	47.6	47.6	47.7
베를린	47.5	45.8	49.4	43.7	44.2	43.4	66.9	64.6	69.2
브란덴부르크	19.3	17.8	21.0	22.3	20.9	23.9	34.4	30.1	39.1
브레멘	48.4	49.3	47.7	63.0	65.3	61.0	75.8	76.5	75.3
함부르크	48.4	54.7	42.3	52.8	58.6	47.5	73.0	75.3	71.1
헤센	31.7	31.4	32.0	43.5	43.0	44.2	51.7	53.3	50.1
메클렌부르크-포어포머른	22.4	19.6	25.4	25.0	22.5	27.7	37.3	34.7	40.0
니더작센	26.0	25.2	26.9	27.2	26.8	27.7	33.7	33.5	34.0
노르트라인-베스트팔렌	31.9	31.7	32.1	37.8	38.9	36.7	45.0	45.3	44.8
라인란트-팔츠	29.5	27.7	31.5	36.3	34.8	37.9	45.8	43.3	48.5
자를란트	27.2	26.9	27.6	31.1	29.7	32.7	48.4	47.0	49.8
작센	29.3	28.7	29.8	34.8	36.2	33.1	45.7	46.8	44.6
작센-안할트	23.2	20.4	26.2	26.1	24.5	27.8	39.2	35.2	43.5
슐레스비히-홀슈타인	20.7	20.8	20.6	26.1	26.3	26.0	29.3	30.1	28.9
튀링엔	22.9	21.7	24.1	29.0	26.8	31.4	45.2	41.7	48.7
구동독지역 평균	23.4	21.6	25.3	27.4	26.2	28.8	40.4	37.7	43.2
독일 평균	30.2	30.0	30.5	35.4	35.6	35.1	46.3	45.9	46.7
OECD 평균	44.2	39.8	47.2	55.9	49.6	62.4	60.0	53.2	67.1

출처: Statistisches Bundesamt, 2013: 85, 87.

IV. 한반도 통일과정에 대비한 시사점

독일 통일 후 구동독 지역의 대학개혁에서 장차 한반도 통일과정에
대비하여 다음 사항들을 눈여겨 볼 필요가 있다.

- 무엇보다 통일은 일회적 사건이 아니라 적어도 수십 년에 걸
  친 장기적 과제라는 점을 유념할 필요가 있다. 통일 후 25년
  동안 독일 정부는 구동독 지역의 대학교육과 연구역량 강화
  를 위해 막대한 재원을 투입하여 상당한 성과를 거두었다.
  하지만 구동독 지역의 대학들은 여전히 구서독 지역 대학에
  비해 여전히 낙후성을 면하지 못하고 있으며, 이것은 동서간
  소득격차가 좀처럼 해소되지 않는 사태에 상응한다. 통일이
  단지 체제통합이 아니라 궁극적으로 균등한 삶의 질을 추구
  하는 것이라면 적어도 몇 세대에 걸친 장기지속의 과정으로
  접근해야 한다.
- 다른 모든 분야와 마찬가지로 대학 및 연구 관련 정책에서도
  애초에 장기적 '마스터플랜'은 없었지만, 25년이 지난 시점
  에서 돌이켜 보면 대학구조 개혁(1단계) → 교육 및 연구 인
  프라 구축(2단계) → 교육 및 연구의 질적 향상(3단계)으로
  나아가는 단계적이고 체계적인 접근이 이루어졌음을 알 수
  있다.
- 국가학술정책자문위원회(Wissenschaftsrat)가 독립된 기구
  로서 국가적 차원의 학술연구 정책을 총괄하여 정권 교체와
  무관하게 중장기 정책을 안정적·지속적으로 추진하고 있다.

- 대학 구조개혁 과정에서 구동독 당시 교원이 대거 퇴출되면서 심각한 갈등과 후유증이 불거졌으며, 남북한 통합과정에서 이러한 갈등을 최소화하기 위한 대비가 필요하다.
- 양질의 대학교육을 위해 '대학교육협약 2020'을 통해 대학교육 재정을 획기적으로 늘렸고, 연구력 향상을 위해 '연구개발협약'으로 2011~2020년 동안 연구개발 예산을 50% 증액하고 있다.
- 통일 독일 정부는 동서간 균형발전을 위해 대학과 학내외 연구시설에 집중적인 특별지원을 해왔다. 우리의 경우 통일과정에서 양극화가 증폭·고착될 우려가 크다.
- 구동독 지역의 저출산, 학령인구 감소 등 인구 문제에 능동적으로 대처해왔다. 구동독 지역의 도시 공동화 현상은 통일과정에서 북한 지역에서 재연될 우려가 크다.
- 북한 지역의 대학 및 연구개발 현황에 대한 파악이 시급하다. 이를 바탕으로 북한 지역의 학문지형을 어떻게 재구축할 것인지 중장기 계획을 세워야 하며, 구체적인 실행 프로그램과 과도기의 이행과정에 대해서도 면밀한 준비가 필요하다.
- 북한 지역의 대학구조 재편은 단순히 현재 남한 대학구조의 '이식'이 아니라 대학발전을 위한 쇄신의 계기로 삼아야 한다.
- 현재 학문 분야별로 개별적으로 진행 중인 남북 학술교류들이 유기적으로 상호소통할 수 있는 협력체계가 수립되어야 한다.

::참고문헌

김동훈. 2007. "철저한 식민화인가, 새로운 정체성 확립인가? - 통일 이후 동독 학문영역의 지형변화."『독일문학』103, 196-220.

한승완. 2010. "독일통일에서 학문통합과정과 결과에 대한 평가 및 시사점."『한독사회과학회 국제학술대회 자료집』, 31-52.

Buck-Bechler, Gertraude u. a. 1997. *Hochschulen in den neuen Ländern der Bundesrepublik Deutschland*. Weinheim.

Geißler, Rainer. 1994. *Soziale Schichtung und Lebenschancen in Deutschland*. 2. Aufl. Stuttgart.

Lewin, Dirk/Peer Pasternack. 2007. *Die Struktur der ostdeutschen Hochschullandschaft*.

Nikitin, Andreij P. 2000a. "Die Sowjetische Militäradministration und die Sowjetisierung des Volksbildungssystems in Ostdeutschland 1945-1949." in: Manfred Heinemann (Hg.): *Hochschuloffiziere und Wiederaufbau des Hochschulwesens in Deutschland*. Berlin.

Nikitin, Andreij P. 2000b. *Die Politik der Sowjetischen Militäradministration in Deutschland zur Bildung des Lehrkörpers der Hochschulen*, in: Manfred Heinemann (Hg.): *Hochschuloffiziere und Wiederaufbau des Hochschulwesens in Deutschland*. Berlin.

Pasternak, Peer. 2005. "Wissenschaftsumbau." in: Hannes Bahrmann/Christoph Links (Hg.). *Am Ziel vorbei. Die deutsche Einheit – Eine Zwischenbilanz*. Berlin.

Pasternak, Peer(Hg.). 2007. *die hochschule. Sonderband*. Wittenberg.

Statistisches Bundesamt. 2009. *Statistisches Jahrbuch* 2009 *für Bundesrepublik Deutschland*. Wiesbaden. [인용표기: 2009년 통계연감]

Statistisches Bundesamt. 2014. *Statistisches Jahrbuch* 2014 *für Bundesrepublik Deutschland*. Wiesbaden. [인용표기: 2014년 통계연감]

Statistisches Bundesamt. 2013. *Internationale Bildungsindikatoren im Ländervergleich*. Wiesbaden.

Tenorth, Heinz-Elmar (Hg.). 2012. *Geschichte der Universität unter den Linden. Bd. 3. Sozialistisches Experiment und Erneuerung in der Demokratie – die Humboldt-Universität zu Berlin* 1945-2010. Berlin.

Wissenschaftsrat, 1992. *Empfehlungen zur künftigen Struktur der Hochschullandschaft in den neuen Ländern und im Ostteil Berlin*. Bonn.

Wissenschaftsrat, 1990. *Empfehlungen für die Planung des Personalbedarfs der Universitäten*. 7.6.

4장

체제 변환기 구공산권 국가들의 대학 교육 개혁:

볼로냐 프로세스를 중심으로

김선

I. 들어가는 말

정근식 외의 연구(2017)에 따르면, 소련형 대학, 혹은 고등교육 모델이 가지는 특성은 (i) 교육기관과 연구기관을 분리, (ii) 간부양성을 위한 특수대학, 근로자 중심의 기능별 대학, 그리고 일반 대학의 분리, (iii) 학교와 생산 현장의 밀접한 연계, (iv) 고등교육 행정 및 조직을 당에서 관리, (v) 전공과 상관없이 변증법적 유물론과 맑스-레닌주의 같은 공산주의 철학 교육의 의무화, (vi) 러시아어 교육 강조 등이 있다. 이러한 특성은 유럽 고등교육 제도와의 비교를 통해 좀 더 확실하게 드러나는데, 그랜트(Grant, 1968)는 소련 대학을 영국 대학과 비교함에 있어서 전공과목의 특수화(혹은 전문화, specialization)가 훨씬 심하다고 주장한다(Grant, 1968). 여기서 특수화가 의미하는 바는 영국의 대학에서와 같이 교양 전공(liberal arts course)이 존재하지 않거나 있어도 교양 전공과목의 범위가 좁다는 점, 그리고 지질학, 공학, 화학 같은 일반 전공에서도 배우는 내용이 영국의 대학에 비해 매우 전문화되고 깊다는 점이다. 또한 인문학과 자연과학처럼 순수 학문과 법학, 의학, 공학, 농학처럼 실용적인 응용 학문에 대한 구분이 존재하는데, 순수 학문이 대학에서 가르쳐지는 반면에 이런 응용 학문을 가르치는 고등 교육 기관이 따로 존재하는 것도 순수학문과 응용학문을 같이 가르치는 영국의 대학과 다른 점이라 할 수 있다.

또한 고등 교육의 목적에서도 이런 전공의 특수화 (혹은 전문화)가 확연하게 드러나는데, 소련 고등교육의 가장 큰 목적은 "국가 경제를 위한 일을 하는 데 필요한 기술, 지식 등의 자격이 있는 전문가들을 생산해 내는" 것이다(Avis, 1987: 212). 이런 목표를 가지고 모든 대학생들은 공산주의 철학 교육을 받게 되고 졸업 후 자기가 속한 '직업 공동체'(work collective) 안에서 지도자가 되는 것을 목표로 하게 된다. 이런 사상 교육의 핵심은 대학 졸업생들이 자신들이 전공한 분야에서 다른 일꾼들을 정치적으로, 사회적으로, 이데올로기적으로, 도덕적으로 공산주의적 사고와 관점을 가지고 일하도록 독려할 수 있는 능력의 배양이다. 이는 레오니트 브레즈네프(Leonid Brezhnev)가 표현했던 "공산주의 대의명분을 위해 정치적으로 무장되고 이데올로기적으로 투철한 투사"를 양성하는 것이 소련 고등교육의 중요한 목표임을 의미하며, 소련 교육 체제의 핵심인 '공산주

의 양육'(communist upbringing, *kommunisticheskoevospitanie*)의
연장선상에 있다(Avis, 1987: 212).

이러한 특성 때문에 베러데이 외(Bereday, Brickman, and Read, 1960)는 소련 대학과 미국 대학 제도를 비교하면서 미국 고등교육에서 제공하는 교양 교육(liberal arts education)의 특징이 소련 고등교육에서는 존재하지 않으며, 소련 고등교육은 단지 "매우 전문화 된 분야에 적합한 직업인들"들을 양산하는 기관이라고 주장한다(Bereday, Brickman, and Read, 1960: 271). 전문화된 커리큘럼, 학업과 직업의 밀접한 연관, 그리고 공산주의적 사상 교육이라는 소련 고등교육의 핵심 요소는 미국과 영국 같이 자유주의 전통을 가진 나라들의 고등교육 기관이 추구하는 목표인 지식 (혹은 진리)의 추구 및 개인적인 자아실현과 대비될 수밖에 없다(Avis, 1983: 199).

제도적인 면에서도 미국과 영국 대학에 비해 일반 대학의 기간이 5년으로 길기 때문에 학생들이 한번 선택한 전공을 바꾸는 경우도 많지 않고 바꾸는 과정도 어렵다. 또한 강의가 교육 방법의 주를 이루며, 강사는 매 학기 시작 전에 중앙 정부에 의해서 허락을 받은 커리큘럼이 담긴 프로그램을 학생들에게 배포하는데, 프로그램에는 그 과목에서 이번 학기에 다루어야 하는 문제들과 이를 학습하기 위해 필수적인 자료 및 참고자료가 적혀 있다(Division of International Education, US Dept. of Health, Education and Welfare, 1960: 187). 몇 개의 고급 과정을 제외한 대부분 과목의 커리큘럼이 중앙 정부에 의해 관리 감독되기 때문에, 같은 전공에 대해서는 지역에 상관없이 모든 고등 교육 기관에서 가르쳐지는 필수 과목들과 배당 시간이 같다(Division of International Education, US Dept. of Health, Education and Welfare, 1960: 190). 하지만 15

명의 상임의원으로 이루어져 있는 학술회(Scientific Council)를 통해 소련의 고등교육부(Ministry of Higher Education)가 모든 고등교육 기관의 커리큘럼 및 평가 기준, 교과서까지 관리 감독하기 때문에, 강사와 기관의 특성에 맞는 교육과정의 자율성이 부재할 수밖에 없다(Bereday, Brickman and Read, 1960: 272-279). 따라서 개별 대학의 자율성을 신장시키기 위해 고등 교육 제도의 분권화를 추구하는 미국 영국과 교육 행정적인 면에서도 대비가 된다. 소련 고등교육 행정에서는 고등교육부가 대부분의 고등교육 기관을 직접적으로 통제하며, 직접적으로 통제하지 않는 기관에 대해서도 감독 및 규제력을 가진다. 또한 고등교육 기관들은 고등교육부 외에도 관련 산업과 직업을 책임지고 있는 부처와도 밀접한 연관을 맺는다(Bereday, Brickman and Read, 1960: 272-273).

소련형 대학 모델을 정의하는 데 있어서 소련 내부의 교육 제도 분석 및 제도의 형성과 발전에 대한 역사적 접근법이 중요하겠지만, 유럽의 대학모델 혹은 미국형 대학 모델과의 비교를 통해서도 소련형 대학모델의 특성이 명확하고 구체적으로 드러날 수 있다. 따라서 본 연구에서는 소련형 대학모델을 정의하는데 있어서 이런 비교적인 접근법을 사용하되, 소련형과 유럽형 대학모델의 단순 비교가 아닌 소련형 대학모델이 소비에트 붕괴이후 체제 변환기를 거치면서 유럽형 대학모델을 차용하는 과정을 분석함으로써 그 차이점을 드러내고자 한다. 이를 위해 유럽 연합(EU)의 고등 교육 학제 통합 개혁인 볼로냐 프로세스를 중심으로 이 학제 통합 개혁이 구공산권 국가들에게 적용되는 과정을 분석할 것인데,[1] 이는 서유럽 자유주

---

1   볼로냐 프로세스에 참여하는 서유럽 및 북유럽의 유럽연합의 회원국들

의 전통에서 발전된 고등 교육 제도가 소련형 대학 모델에 이식되었을 때 생기는 문제점에 대해 알아보기 위함이다. 이를 통해 동유럽과 러시아, 중앙아시아의 구공산주의 국가들이 체제 변환 과정에서 자국의 교육 개혁을 위해 볼로냐 프로세스를 차용함에 있어 일어난 부작용과 이 경험이 소련형 대학 모델의 변용에 주는 시사점에 대해 고찰하고자 한다.

II. 볼로냐 프로세스의 역사

유럽연합은 1993년 11월에 마스트리흐트 조약(Treaty of Maastricht)으로 성립되어 정치통합과 더불어 경제 및 통화의 통합으로 협력을 강화하면서 교육 분야에서도 '지식의 유럽'이라는 공통의 목표를 실현하기 위해 교육의 질적 향상과 공동체적인 협력체제 구축을 강화하고 있다. 이러한 배경에서 탄생한 볼로냐 프로세스는 1998년 5월 프랑스, 독일, 영국, 이탈리아 교육부 장관들이 소르본 대학의 800주년 기념식에서 '유럽차원의 고등교육영역'(European

---

에 관한 연구는 이미 학계에서 이루어졌고 이에 대한 연구 성과가 상당히 축적되었다 (Voegtle, Knill & Dobbins, 2011; Heinze and Knill, 2008; 김시홍, 2007; 조상식, 2010; 이진희, 2015). 본 연구는 구공산주의 국가들인 우크라이나, 헝가리, 러시아, 카자흐스탄의 사례를 통해 상대적으로 연구가 더 필요한 동유럽, 러시아, 중앙아시아 지역에서 볼로냐 프로세스의 차용에 대해서 분석하며, 또한 이를 통해 소련형 대학 모델의 변용에 주는 시사점을 찾고자 한다.

Higher education area)을 설정하기로 합의한 소르본 선언(Sorbonne Joint Declaration)에 기반하고 있다. 소르본 선언은 유럽연합 회원국들이 각국의 학생들과 학자들을 포함한 고급 인력들의 활동과 이동을 유럽연합의 국가들 간에 용이하게 하여 교육기관 간의 협력을 촉진하고 국가 간의 지식 교류를 강화하려는 의지를 표명한 것이라고 할 수 있다(*Trends 6*, 2010). 소르본 선언을 바탕으로 1999년 6월에 이탈리아의 볼로냐에서 29개국의 교육부장관들이 참여한 교육부장관회의에서 유럽대학제도의 "매력"과 "경쟁력"의 향상을 최우선과제로 선정하여 유럽 고등교육 구조와 학습 그리고 학위 연한을 일치시켜 '유럽차원의 고등교육영역'(European Area of Higher Education)을 창설하기로 했고, 이것은 볼로냐 프로세스의 목표로 설정 되었다. 이전에는 유럽 대학들의 학위명이나 수업 연한이 국가마다 서로 달랐기 때문에 상호간에 교류가 제한되어 있었으나, 볼로냐 프로세스의 시행으로 유럽 차원에서 상호 간에 알기 쉽고 비교 가능한 학위 시스템을 공유하고 창조함으로 교류를 활성화하는 초석이 되도록 했다. 그 결과 유럽 차원에서 학사, 석사, 그리고 박사 학위의 세 개의 학위 연한을 공통 틀로 하는 고등교육 차원의 학제 수렴을 이루기 위한 계획이 실행되었는데, 이를 위한 기초적인 작업으로 유럽학점인정제도(ECTS, European Credit Transfer and Accumulation System)[2]도입, 이에 따른 교육의 질 보장, 그리고 학

---

2   1985년에 "고등교육 및 훈련에 참여하고 있거나 완료한 학생들이 다른 참가국의 대학에서 진행되는 훈련에 대한 학점을 받기 위한 수단을 제공하기 위해" 자발적으로 응모한 145개의 대학에서 6년 동안 실험적인 파일럿 프로그램으로써 ECTS제도는 처음으로 실행이 되었다(Council Directive

생의 교류 확대를 결의했다(Europäische Kommission, 2006: 198). 또한, 이를 위해 학부와 대학원의 이원화된 시스템을 골자로 하는 고등교육 구조 개혁에도 뜻을 모았다.

2년 후인 2001년 5월 프라하 회담에서는 33개국의 유럽 고등교육장관이 볼로냐 선언에 대한 후속조치를 위해 만났는데, 이를 위해 유럽 대학 연합(EUA, European University Association)과 유럽 학생 국가 연합(NUE, National Unions of Students in Europe)이 협력하였고, 유럽 집행위원회(European Commission)도 더 적극적으로 볼로냐 프로세스 실행에 조력하기로 결의한다. 특별히 프라하 회의에서는 평생 교육과 학생들의 참여가 강조되었는데, 이는 세계무대에서 유럽 고등교육의 경쟁력을 향상시키기 위한 전략의 일환으로 추진되었다. 그리고 2003년 9월 베를린 회담에서 볼로냐 프로세스 추가 참여국은 러시아를 비롯한 8개국으로 늘어났는데, 이에 향후 2년간 볼로냐 프로세스 실행을 위한 중간 우선순위 세 개를 결의했다. 첫 번째 우선순위는 학제 통합을 위해 공통된 표준과 방법을 발전시키기 위해 필요한 교육의 질에 대한 제고이고 두 번째는 고등교육 영역에서 두 학위 연한으로 수렴시키기 위해 유럽차원에서의 고등교육의 영역에서의 전반적인 자격 체계(qualification framework)의 개발, 마지막으로는 각국의 학위와 학습 기간을 인정하기 위해서 학위 보조자료로써 졸업증 및 학위증을 보충해 주는 증서인 제도 (DS, Diploma Supplement)를 만들어 보급하기로 한다. 또한, 회원국들의

89/48/EEC of 21 December 1988). 또한, 1988년에는 해외 유학을 장려하기 위한 에라스무스 프로그램에서도 사용되었다(Esyutina, et al. 2013: 148).

고등교육장관들은 볼로냐 프로세스의 추진전략에 학부/대학원의 이원화된 제도로 운영되던 학제에 박사 제도를 편입시켜 삼원화하는 것으로 변경하는 것을 동의한다. 이는 유럽에서 고등교육개혁과 경제 전략의 밀접한 결합을 의미하게 되는데, 이는 2000년에 유럽 연합 국가들의 세계무대에서 경쟁력을 높이기 위해 선언된 리스본 협약과 깊은 관련을 맺고 있다(오정은, 2008).

2년 후인 2005년 5월 베르겐 회담에서 우크라이나, 그루지아, 몰도바, 아르케니아, 그리고 아제르바이젠 등 5개의 코카서스 및 중앙아시아 국가들이 볼로냐 프로세스에 새롭게 참여하게 되는데, 이에 참여국들은 유럽 연합 회원국들뿐만 아니라 비회원국들을 포함한 45개국으로 늘어나게 된다. 고등교육 영역에서 학제를 통합시키기 위해 참여국들은 학습 성과에 의한 기술어를 사용한 3원화 된 학위 구조로 고등교육 제도를 변형시키기 시작한다. 또한 베르겐 회담에서 참여국 이외에 EU 집행 위원회에게 투표권을 행사할 수 있는 권한이 처음으로 부여 되었다.

이상 1999년 볼로냐 선언부터 2005년 베르겐 조약(Bergen Declaration)까지 4번에 걸친 회담을 통해 참여국들이 볼로냐 프로세스를 집행하기 위해 상정한 10가지의 추진전략 요약하면 〈표1〉과 같다.

그 후 2007년에 열린 런던 회의에서는 볼로냐 체제의 세계화에 대한 논의가 시작되었다. 이는 아프리카와 남미 등 개발도상국들이 볼로냐 프로세스에 관심을 보이는 사실에 고무되어 볼로냐 프로세스의 소개와 활용에 대한 논의가 중점적으로 이루어졌다(오정은, 2008).

2009년에 벨기에의 루벵-뢰벤에서 열린 유럽 고등교육장관 회

| 표1 | 볼로냐 프로세스 10가지의 추진전략 |

	볼로냐 프로세스의 추진 전략
1	이해와 비교가 용이한 학위 제도의 채택
2	학부와 대학원을 이원화하는 학제 채택
3	학점 제도의 시행
4	학생과 교수의 교류와 이동성 촉진
5	교육의 질 보장 강화
6	유럽 차원의 고등교육 영역 확대
7	평생 교육
8	고등 교육 기관과 학생들의 증대
9	유럽차원의 고등교육 영역의 경쟁력 증대
10	유럽 고등 교육 영역과 유럽 연구 영역을 지식 기반 사회의 두 가지 기둥으로 상정

출처: Bologna Follow-up Group, 2005: 9.

의 역시 볼로냐 프로세스의 연장선상에서 논의되었고, 볼로냐 프로세스의 2020년까지의 추진전략을 발표했다. 1년 후인 2010년 부다페스트-비엔나 장관회담에서 볼로냐 프로세스에 참여한 참여국들의 적극적인 협조로 완성되었다는 중요한 선언(Budapest-Vienna Declaration on the European Higher Education Area)이 이루어 졌다(EUA Bologna Process website). 가장 최근에 볼로냐 프로세스에 연관한 회의로는 2015년 5월 아르메니아의 예레반에서 개최된 회담이 있다.

III. 구공산주의 국가들에서 일어난 볼로냐 프로세스 개혁

1. 러시아

러시아에서 학사 및 석사 제도 개혁을 위한 기반은 마련되었으나 커리큘럼의 내용과 방법론에 대한 개혁은 2010년 현재 아직도 진행 중이며, 박사 과정은 볼로냐 개혁에 영향을 거의 받지 않은 것으로 드러났다. 단지 고등 교육 기관의 일부만이 학사/석사 구조를 가지고 있고, 학생 중심의 교육 보다는 학기와 과정 그리고 전공 별로 시험을 치러야 하는 과도한 평가 제도가 아직까지 존속되고 있다 (*Trends 6*, 2010: 119). 또한 러시아는 소비에트 체제 안에서 대학 교육이 5~6년제였으나, 볼로냐 프로세스에 따른 개혁에 따라 학사 3년제, 석사 2년제 혹은 학사 4년제, 석사 1년제로 제도로 전환되었고, 학생들은 1~2년 정도 대학 교육을 덜 받고도 졸업할 수 있게 되었다.

볼로냐 프로세스의 결과로 새로운 학위를 양산하는 다양한 사립 교육 기관들이 우후죽순으로 생겨났다. 이는 사립 교육 기관의 통계에서 드러나는데, 1993~1994년 78개교였던 사립교육기관의 수가 2004~2005년 409개교로 폭발적으로 증가한 수치에서 확인할 수 있다(Telegina and Schwengel, 2012: 37-49). 볼로냐 프로세스에서 강조하는 대학 내 자율성, 그리고 학습, 평가, 진행에 대한 유연성과 선택의 자유 등으로 인해 결과적으로 러시아 학계는 기업 문화 (academic corporate culture)로 변질되는 부작용이 나타났다. 이에 따라 대학들이 건물들과 땅의 일부를 세 주거나 파는 거래 뿐 아니라 학위와 수료증을 돈을 받고 '파는' 행위까지 용인하는 지경에 이르렀다(Bikbov, 2010: 2).

이런 교육의 상업화 경향은 대학 경쟁력과 효율성을 높이겠다는 본래의 취지와는 다르게, 교육의 질을 낮추고 교원들의 급여를 낮춰 학계의 두뇌 유출만 심화시켰다는 비판도 일고 있다. 이러한 부작용으로 인해, 러시아의 노동부와 교육과학부가 2002년에 볼로냐 프로세스에 의한 학사 학위를 인정하라는 지시를 통과시켰음에도 불구하고 러시아의 기업가들을 포함한 러시아 인들은 개편된 학사 학위를 부정적으로 보게 되었고(Luchinskaya and Ovchynnikova, 2011), 이는 4년제 학사 학위 졸업생들에 대한 부정적인 인상으로 이어졌다. 그 결과 볼로냐 프로세스 개혁이 진행된 2008년까지 단지 대략 9.4 %의 러시아 학생들만이 4년제 학사 학위과정에 입학한 것으로 알려졌다(Luchinskaya and Ovchynnikova, 2011). 4년제 학사 학위를 마친 졸업생들은 기존의 교육제도와 같은 연한을 채우기 위해 석사 학위에 진학해야만 하게 되는 결과를 낳았다(Esyutina, Fearon, and Leatherbarrow, 2013: 145-161).

또한, 볼로냐 프로세스 자체가 러시아에서 고등교육 기관 혹은 교수진들의 자발적인 의사로 시작된 것이 아니라 러시아 정치 엘리트들의 결정으로 시작되고 추진된 상황에서, 교육부와 러시아 정부가 공립 및 사립대학의 행정과 정책 진행의 세부내용까지 규제하려는 경향이 강화되었다(Soltys, 2015). 이는 대학의 교수진들 및 행정 담당자들의 불만으로 이어졌는데, 이미 과도한 업무량에 지쳐 있었던 교수진들에게 볼로냐 프로세스의 개혁은 연구와 지식의 긍정적인 생산이 아닌 새로운 과정과 프로그램을 구성해야 하는 부담만 가중시켰다. 또한 과거 엘리트주의 전통에 젖어 있는 교수진들은 상당히 많은, 동구권 국가들에서 학생들이 러시아로 이미 유학을 하고 있는데, 굳이 자신들이 속한 대학의 경쟁력 향상을 위해 볼로냐 프로세스에 참가할 이유가 있는지에 대해 의문을 제기하면서 우회적으로 볼로냐 프로세스를 비판하기도 했다(Telegina and Schwengel, 2012). 2004년에 푸틴이 대학 총장들을 만난 자리에서 러시아 교육이 이미 매우 우수한 수준인데, 볼로냐 프로세스가 오히려 러시아 고등교육의 질을 낮출 수도 있다고 언급한 것은 유럽과의 협력이 별로 자국의 이익에 도움이 되지 않는다고 판단한 정치권의 압력과 인식에 따라 볼로냐 프로세스 개혁의 방향과 과정이 결정될 수 있다는 사실을 반증한다고 할 수 있다(*Pravda*, 2004).

2. 우크라이나

우크라이나는 2005년 볼로냐 프로세스에 참여한 이후 학제 통합을 위한 광범위한 개혁을 적극적으로 진행하였다. 이를 위해 대학들은 커리큘럼, 학업일정, 학점절차 등에 볼로냐 프로세스 개혁을 적용하기 시작했다. 이 개혁의 가장 큰 영향은 교수중심의 교육에서 학생중심의 교육으로 패러다임이 전환된 것과 교수들에게 연구에 더 많은 노력을 기울이도록 요구한 것이다.

하지만, 볼로냐 프로세스로 인해서 교수들이 처리해야 할 업무만 과중해 졌을 뿐 이를 돕기 위한 실질적인 자원과 행정적 지원은 부족했다. 예컨대, 볼로냐 프로세스에 참여와 함께 중앙정부의 교육담당부서에서 하달된 논문실적 위주의 평가는 연구 성과에 대한 압박으로 작용하여 대학의 교원들이 연구의 질은 고려하지 않고 정량적 기준에 맞추는데 급급하게 되는 결과를 초래했다.

또한 대학들도 보여주기식 행정으로 성과위주의 사업을 전개했다. 이를테면, 독자들을 전혀 확보하지 않은 명목상의 영어 논문집을 펴내는 한편 볼로냐 프로세스에 반(反)하여 자국어로 된 논문집을 펴내 유럽연합과 교류하는데 한계를 가지게 되는 등의 무의미한 성과위주 사업만 늘어났다(Shaw, et al., 2012).

볼로냐 프로세스에 따른 교육 목표와 과정은 물론이고, 실질적인 성과를 위한 여러 가지 학습 기자재에 대한 적절한 훈련도 미비했다(Kovtun and Stick, 2009). 예컨대, 학생들의 자율학습을 위한 컴퓨터나 도서관 자료들은 제대로 구비되지 않은 채 새로운 커리큘럼이 마련되었고, 학생들은 새로운 커리큘럼을 필수적인 기자재 없이 진행해야만 하는 상황에 처하게 되었다. 게다가 제한된 자원으로 학생들을 도와야 하는 대학교원들도 한계가 있을 수밖에 없었다(Shaw, et al., 2012). 이는 구공산주의 국가에서 나타나는 현상과도 밀접하게 관련이 있는데, 과거 공산주의 정권하에서는 공개 성명(public statement)과 내부 기관 구조 및 행동에 불일치가 일어났던 현상과도 무관하지 않다. 예를 들면, 국가에서 하달되는 외부적인 명령과 기관 내부에서 명령에 대해 이루어지는 내부적인 기대 및 행동이 상이하게 이루어지며, 이것은 또한 기관과 개인, 학계에서는 대학과 교수 간의 관계에서 반복되는 경향성을 보였다.

이러한 문화적 영향을 생각해 보았을 때 볼로냐 프로세스에 의해 외부적으로 부여된 연구에 대한 압박이 교원들의 동기와 일상 행동의 변화로 이어지도록 영향력을 미치지 못한 것은 어쩌면 당연한 일이다. 왜냐하면 대부분의 대학들이 교육중점 기관이며 연구는 특별한 기관에 일임하던 소비에트 고등교육 모델이 아직까지도 대학 교원들의 생각과 행동 속에 내재되어 있기 때문이다.

　대학 관리자들도 볼로냐 프로세스에 따라 변화하는 교육인증제도와 커리큘럼에 반대 입장을 표명했는데, 특히 사립대의 관계자들은 외부기관에 의해 이루어지는 평가와 표준화된 입학 절차에 극렬히 반대했다. 이는 볼로냐프로세스로 인한 개혁이 위태로운 사립대학의 등록금 수익을 축소시켜 교육의 질을 저하할 수도 있다는 두려움에서 연유했다고 할 수 있다(Soltys, 2015: 185).

　또한, 우크라이나의 노동 시장은 볼로냐 프로세스로 양산된 3년의 학사 학위를 제대로 인정하지 않았는데, 이는 소비에트 제도 하에서 수십년간 지속된 5년제 전문가 학위(specialist degree)가 여전히 존재하는 것과도 관련이 있다(Kovtun and Stick, 2009). 볼로냐 프로세스의 수용으로 인해 적용된 학사-석사-박사로 3원화된 학위 구조가 제대로 노동시장에 수용되지 않는 상황에서 과거의 소비에트 시스템 하에서 존재했던 전문과 학위가 존재했고, 이는 각기 다른 두 개의 제도 하에서 학위를 받아 일자리를 구하려는 청년들의 혼란만 가중시키는 결과를 초래했다(*Trends 6*, 2010).

　2010년 새로운 대통령이 선출되고 친 러시아 인사가 교육부 장관에 내정된 후 볼로냐 프로세스에 따른 혼란은 오히려 가중되었다. 이는 볼로냐 프로세스에 따른 교육 개혁 정책을 후퇴시킨 결과를 가져 왔다. 예컨대, 새 교육부장관은 볼로냐 프로세스에 따른 개혁으로 3원화된 학위제도를 철회해 버렸고(Kvit, 2012a), 소비에트 모델을 따라 고등교육 분야를 다시 중앙정부가 통제하는 법을 통과시켰다(Kvit, 2012b). 게다가 우크라이나에서 외국학위를 취득한 자국인 교수 및 외국인 교수들의 박사 학위를 인정하지 않고 자국에서 취득한 박사학위만을 인정하는 세계화에 역행하는 정책이 시행되기도 했다(Soltys, 2015: 184).

우크라이나의 사례는 유럽연합과 같은 초국가 기관 혹은 외부의 영향에 의해 유도된 개혁과 정책 집행 및 현지화 과정은 수혜국의 정치적 상황에 밀접한 관계를 지닐 수밖에 없음을 시사한다. 이는 정부의 체계가 교육부를 중심으로 중앙집권적 위계조직이 경직된 나라에서 더욱 명확하게 나타나는데, 이는 교육개혁의 방향과 실행과정이 정치적 압력과 정부 정책의 방향에 따라 급격하게 변화할 수 있다는 위험성을 내포하고 있다.

3. 헝가리

헝가리는 1999년에 볼로냐 선언에 합류하여 급진적인 개혁을 추진하면서 2000년에 고등교육분야의 학제제도 통합을 실행했다(Kozma and Rébay, 2008: 3-8). 이러한 노력은 헝가리가 2004년에 슬로베니아 함께 유럽연합에 가입하는 초석이 되었다. 또한 볼로냐 프로세스를 근간으로 한 현재의 고등교육법(Higher Education Act)을 채택했다.

볼로냐 프로세스가 유럽연합 내에서 가장 급진적으로 도입되어 실행되면서, 3원화 된 학위 구조 도입의 결과는 헝가리에 있는 대학에 많은 변화를 주었는데, 가장 두드러진 변화는 대학에서 기존에 존재했던 많은 전공과목들이 사라졌다는 것이다. 기존 대학의 교원들은 대부분 박사 학위의 취득과 관계없이 임용되었으나, 볼로냐 프로세스에 따른 3원화된 학위 구조 도입은 박사학위가 없는 교원들로 하여금 박사 학위를 급하게 취득할 수밖에 없는 상황으로 내몰았다. 이에 따라 급조된 박사 학위 취득을 돕는 학교들이 생겨나기 시작했고 심지어 대학들이 나서서 교원들에게 박사 학위를 마치도록 격려하는 상황에까지 이르렀다(Pusztai and Szabó, 2008). 이렇게 남발된 박사 학위는 박사 학위에 대한 일반적인 기대수준을 떨어뜨리는 결과를 초래했다.

또한, 학점제도의 표준화를 위해 도입된 유럽학점인정제도(ECTS)에서도 많은 문제가 돌출되었다. 자국의 학점 제도를 계속 이용하고 있던 헝가리 정부는 기존의 학점 제도를 유럽학점인정제도(ECTS)와 호환이 되도록 노력했고, 2010년 현재 88%의 기관들이 학사와 석사 과정의 학점 인증을 위해 ECTS 수준별 단계를 적용했다고 트렌즈 리포트[3]는 보고 했다(Trends 6, 2010: 49). 2007년 트렌즈 5 리포트에서 보고된 66%보다 수치상으로는 대략 22%정도 급등했고, 따라서 통계수치 상으로는 유럽학점인정제도가 정착되고 진전되는 것처럼 보인다. 하지만 현장실사 방문을 해보면, 통계 속에 숨겨져 있는 실제적인 모습들이 허구임이 드러난다. 헝가리에서는 ECTS를 위한 학습량이 교수와 학생들의 실제적인 지도 시간이 아닌 접촉 시간(contact hours)으로 계산되었고, 학습의 양도 합리적으로 측정되고 있지 않고 있었다(Trends 6, 2010: 54). 이와 같이 단순한 수치적인 평가로는 ECTS 학점과 학습 성과의 관련성에 대해 모호한 결과를 가져올 수밖에 없었다. ECTS 학점제도가 볼로냐 프로세스에서 교육의 질을 제고하기 위해 도입된 도구인데도 불구하

3　Trends 리포트는 볼로냐 프로세스의 전반적인 경향과 성취를 알아보는 가장 대표적인 출판물로써, 1999년부터 유럽대학연합(EUA)에 의해 출판되고 있다.

고, 헝가리 대학 입학제도, 교수 임용제도 같은 헝가리 교육제도 내부의 논리에 대한 깊은 이해와 문제의식 없이 도입되었기 때문에 원래의 취지에 반하는 결과를 초래하고 말았던 것이다. 또한 우크라이나의 경우와 마찬가지로 짧아진 학사 학위에 대한 노동시장의 저항으로 새롭게 도입된 학사 학위를 취득한 청년들의 학위가 인정이 되지 않아서 이들이 일자리를 구할 수 없는 상황까지 발생했다(Pusztai and Szabó, 2008: 95).

4. 카자흐스탄

카자흐스탄의 경우에는, '교육 대통령'으로 알려진 누르술탄 나자르바예프(Nursultan Nazarbayev) 대통령이 세계화된 경제구조에서 카자흐스탄이 생존할 수 있는 방법은 교육과 과학기술 분야에 꾸준한 투자를 통한 경쟁력확보에 있다고 강조하고 지식 경제와 교육을 강조하면서, 유럽의 교육제도 도입을 위한 우호적인 환경이 조성되었다(Soltys, 2015: 187). 볼로냐 프로세스를 모델로 카자흐스탄은 2004년 학사/석사/박사의 3원화된 고등교육 학제를 도입하였고, 2005년에 국가 평가 기관(National Accreditation Agency)을 설립하였으며, 2008년에는 국제 교육 질 보증 기관(International Quality Assurance Agency)을 통해 고등교육기관들의 인준 절차를 시행했다. 또한 고등교육담당자들은 2009년 4월에 스위스의 루벵(Leaven)에서 열린 유럽 고등교육장관회의에도 참석하여 볼로냐 모델을 도입을 공식화 하였으며, 내부적으로는 유럽식 교육개혁을 국가정책의 최우선으로 삼아 추진하였다(Emerson, Boonstra, Hasanova,

Laruelle and Peyrouse, 2010: 9).

볼로냐 프로세스의 적극적인 참여로 카자흐스탄은 3원화 학제로 전환하였고, ECTS 학점 교환제도와 상호학위인정을 위한 제도적 틀을 마련하였다. 또한, 볼로냐 프로세스의 지침대로 공과대학, 자연과학 및 IT 대학, 사회과학대학, 경영대학 등에서 커리큘럼 개혁을 우선순위를 삼았으며, 대학의 관리 구조와 학생관련 서비스도 유럽연합의 정책적 방향에 맞추고자 노력했다(Jones, 2010: 9). 이러한 교육개혁의 결과로 카자흐스탄은 2010년 중앙아시아에서 유일하게 볼로냐 프로세스의 회원국으로 인정받았다(Silova, 2011: 11).

하지만 중앙아시아 국가 중에서 볼로냐 프로세스 도입에 가장 적극적이었던 카자흐스탄의 경우, 정부 엘리트의 주도로 이 개혁이 이루어졌기 때문에 일선 현장의 교육자들의 이해도가 현저하게 떨어지는 사례로 알려져 있다. 따라서 카자흐스탄 정부가 발표한『교육발전을 위한 계획 2011-2020(the State Plan for the Development of Education 2011-2010)』에서 설명된 볼로냐 프로세스의 국가 자격 체계(National Qualifications Frameworks)를 보면, 각 학위에서 볼로냐 프로세스에 의해 요구되는 개괄적인 기술 및 교육 지표로 해석되기보다는 구소련 체제 하 분류자(classifiers)로서의 역할에 불과한 모습을 확인할 수 있다(Merrill, Yakubova, and Turlanbekova, 2015: 5).

볼로냐 프로세스의 정착과 집행을 위해서 카자흐스탄의 개별 대학들은 볼로냐 프로세스에 맞게 학제 및 시스템을 도입하면서 커리큘럼을 지속적으로 개편하는 장기적인 개혁의 과정(long-term process)이 필요했다. 하지만 카자흐스탄의 개별 대학들이 볼로냐 프로세스를 형식적인 수준 뿐 아니라 내용적인 면에서도 성공적으로 실행하여 유럽 대학들이 인정할 만큼의 수준 있는 교육의 질을 보장할 수 있을지에 대한 의문과 논란은 현재에도 여전히 진행되고 있다(Mouraviev, 2012).

볼로냐 프로세스를 수용하는 과정에서 가장 문제가 되고 있는 부분은 소비에트로부터 독립한 후에도 카자흐스탄의 고등교육환경에 소비에트 시대의 전통과 구시대적인 인식이 여전히 상존하고 있는 것이다. 예컨대, 소비에트 치하에서 카자흐스탄의 고등교육기관인 대학에서 교수의 업무는 학생들에 대한 교육(강의)에 한정되어 있었고, 연구의 영역은 국립과학원(National Science Academy)과 유관 기관에서 진행하는 것으로 역할이 나누어져 있다는 인식이 강했다. 대학 교원들은 주당 평균 20~30시간을 강의했고, 이를 연간 강의 시간으로 환산하면 연간 평균 600~700시간을 강의해야 했다.

이와 같은 교육(강의) 중심의 대학에 대한 인식은 카자흐스탄이 볼로냐 프로세스를 도입한 후에도 이어졌는데, 이는 학제 개혁의 일환으로 ECTS 학점 제도의 도입과 함께 교육과정에서 중요성이 부각된 실습과 세미나, 개별 연구, 시험, 숙제 등을 이론 강의(교육)만큼 강조하는 것을 어렵게 했다. ECTS 학점제도에 따른 연구 및 실습(practice)이 강의시간으로 대체되었을 뿐 아니라(Yergebekov, and Temirbekova, 2012: 1,473-1,478), 소비에트 치하에서 학기 초에 교과과정을 교수가 미리 결정하는 관례가 독립 후에도 여전히 유지되었다.

볼로냐 프로세스의 개혁에 따른 교과과정의 자유는 학생 스스로 교과과정과 교수를 선택하고 결정하도록 돕게 되어 있는데, 오히려 카자흐스탄에서는 선택 과목이 "반강제적인" 필수과목이 되었고, 학생들 스스로가 원하는 교과과정과 교수를 선택할 수 없는 무의미한 개혁이 되고 말았다(Yergebekov, and Temirbekova, 2012: 1,473-1,478). 결국 본래 볼로냐 프로세스 및 ECTS 학점 제도가 추구하는 가치인 학생들의 선택권 및 자율성 함양은 카자흐스탄에서는 형식상의 절차 및 제도로만 운영되고 있다고 할 수 있다(*ECTS User's Guide*, 2009).

IV. 구공산주의 국가들에서의 볼로냐 프로세스 개혁이 소련형 고등교육 모델의 변용에 주는 시사점

볼로냐 프로세스 개혁이 위에서 언급한 구공산주의 국가들에 적용되는 과정에서 생긴 부작용은 이 국가들의 볼로냐 프로세스 정책결정 참여자가 누구인가를 확인할 때 극명하게 나타난다(성열관, 2010). 러시아, 동유럽, 중앙아시아에 위치한 구공산권 국가들의 고등교육개혁은 대부분 정부의 주도에 의해 진행된다(Kozma, 2008). 다음 표 2는 2012년 기준 구공산권 국가들의 고등교육 통제 구조 및 국립 및 사립 고등교육 기관의 숫자를 보여준다.

　〈표2〉에서 나타난 바와 같이 구공산권 국가에서는 여러 개의 정부 부처 혹은 단일 부처가 고등교육을 통제할 수 있지만, 국립 사립을 가리지 않고 정부가 모든 고등교육 기관을 관장하는 것이 특징이다. 따라서 서류상으로는 유럽대학연합(EUA)와 유럽학생국가연합(NUE, National Unions of Students in Europe)과 같은 기관들이 마치 볼로냐 프로세스를 주도하는 것처럼 되어 있지만, 실상 이들 기관들의 역할은 단지 각국의 정부기관이 추진하는 개혁을 돕는 보조적인 역할에 머물러 있다. 곧, 볼로냐 프로세스에 따른 교육정책

| 표2 | 구공산권 국가들의 고등교육 통제 구조

국가	통제 구조	고등교육기관 (2012)		
		국립	사립	합계
러시아	여러 개 (교육부 외 다른 정부 부처도 대학의 설립과 행정을 관할)	634	446	1,080
우크라이나	단일 (교육부 혼자 대학 설립 및 행정 관할)	661	185	846
헝가리	단일	29	39	68
카자흐스탄	여러 개	73	73	146

출처: Heyneman and Skinner, 2014: 61; EDUCATION POLICY OUTLOOK: HUNGARY © OECD 2015; 〈http://education.stateuniversity.com/pages/632/Hungary-HIGHER-EDUCATION.html; https://www.ksh.hu/docs/eng/xstadat/xstadat_annual/i_zoi007a.html〉.

과 개혁의 추진과 집행의 주체는 결국 각국 정부기관일 수밖에 없다.

특히, 신생국가나 체제 전환기 국가들에서 이러한 현상이 두드러지게 나타나는데, 이들 국가에서는 고등교육에 필요한 전부 혹은 대부분의 재정을 정부가 부담하고 있기 때문이다. 예를 들면, 볼로냐 프로세스를 집행하기 위해 헝가리 정부는 2002년에 "유럽 차원의 고등교육영역에 참여"하기 위한 위원회("Joining the European Higher Education Area" committee)를 구성했으며, 우크라이나 정부는 교육과학성 직속으로 볼로냐 프로세스 후속 조직을 새로 만들었다. 따라서 볼로냐 프로세스의 기본 축인 유럽 차원에서의 고등교육 영역 확장, 학생들의 이동성 향상, 학위구조 3원화 등의 목표를 달성하기 위해 정부 차원에서 고등교육 개혁을 진행하였으며, 이를 실행하기 위한 교육 제도적 도구인 유럽학점인정제도(ECTS), 학위보조제도(Diploma Supplement)도 정부가 직접 도입하고 실행하고 있는 상황이다(Kozma, 2008: 34).

이는 독일, 영국, 프랑스 등 서구 유럽 국가들이 볼로냐 선언을 채택할 때 의도하였던 대학과 학생들의 자치 및 자율을 강화하여 대학과 학생들에 의한 자발적인 개혁을 유도하는 방식을 선호하는 볼로냐 프로세스 개혁의 취지에 반하는 것이다. 오히려 볼로냐 프로세스가 도입됨으로써 구공산권 국가들에서는 소련형 대학 모델의 특성이었던 고등 교육 분야에서 중앙집권적 관료체계가 강화되는 결과를 초래하였다(Kozma, 2008: 7).

또한, 전환기 국가의 대부분의 대학들은 필요한 운영자금을 정부 지원에 전적으로 의존하고 있고, 또한 경제 상황의 악화와 함께 정부 지원 자금이 줄어드는 상황에서, 정부에서 상명 하달 식으로 이루어진 볼로냐 프로세스 개혁은 각 대학이 처한 상황이나 대학의 구성원인 교원들과 학생들의 처지나 생각과는 동떨어진 것으로, 단지 재원을 마련하기 위한 보여주기식 개혁으로 전락할 가능성이 컸다. 결과적으로 정부에서 공립대학뿐만 아니라 사립대학의 구조까지 볼로냐 프로세스에 맞게 변화시키려고 노력하는 반면에, 내부적으로 교수들은 불충분한 시간과 자원 때문에 수준이 높은 연구나 교육을 실행할 수 없다.

따라서 유럽 차원에서 각국 정부에까지 전이된 볼로냐 프로세스가, 대학 행정과 교수 레벨에 가서는 의도하지 않은 부작용을 만들어 내고, 교수들과 학생들의 자율성을 오히려 침해하는 결과를 초래했다(Soltys, 2015: 180).

고등교육 행정 및 조직을 당에서 관리하는 소비에트 대학 모델의 한계는 쉽게 극복되지 않는다. 과거 공산주의 국가들이 가진 전통적인 의사결정 방식인 하향식 관료주의(top-down bureaucracy)는 교육 분야 전반에서의 자율성의 부재를 가져왔고, 이런 오래된 관행으로 인하여 볼로냐 프로세스에 따른 개혁을 진행하는 과정에서도 교육부와 정부가 공립 및 사립대학의 자율성을 침해하고 독립성을 저해하는 경향이 나타났기 때문이다(Soltys, 2015: 180). 볼로냐 프로세스 자체가 러시아, 우크라이나, 헝가리, 카자흐스탄 고등교육 기관과 교원들의 자발적인 의사가 아닌 정치 엘리트들의 결정에 의해 하향(top-down)방식으로 시작되었고, 그 집행 과정에서도 그들에 통제 속에서 진행되었으며 때때로 불필요한 관료주의적 태도가 오히려 확산되는 상황을 양산하기도 했다(Tomusk, 2011: 53-54).

이런 상황이기 때문에 볼로냐 프로세스가 구공산권 국가들에 적용되는 과정을 분석한 크비에크(Kwiek, 2004)는 볼로냐 프로세스 자체가 세계화 및 지식 기반 경제에 이미 깊숙이 진입한 서구 유럽 국가들 위주로 만들어진 정책이기 때문에 아직 교육 분야뿐만 아니라 경제, 정치, 사회 전반에서 안정화조차 이루지 못한 전환기 국가들에게 적용하는 것은 불가능한 일이라고 주장하였다(Kwiek, 2004).

이와 유사하게, 세계은행 보고서도 개발도상국 및 전환기 국가들은 세계화 및 지식 기반 경제의 부상에 의해 '새롭게' 발생한 문제들뿐만 아니라 엘리트 고등교육으로부터 대중화된 고등교육으로 진입하는 단계에 있는 국가들의 상존하는 '오래된' 문제들도 처리해야하는 '두 가지 부담'을 안고 있다고 지적 한다(World Bank, 2004). 이는 또한 볼로냐 프로세스가 본래 추구했던 '보충성의 원칙'에도 위배되는 결과를 초래했다. 유럽 연합이 교육 분야에서 중점을 두고 추진한 원칙은 경제통합(economic integration)과 보충성의 원칙(principle of subsidiarity)이었는데, 이 두 요소는 일반 교육을 다룬

제 126조와 직업 교육에 대한 사항을 다룬 제 127조에서 잘 드러난
다(Ertl, 2006: 10). 유럽 교육 협력에서 '보충성'의 원칙은 "유럽 공
동체는 제안된 행동의 목적을 회원국들이 충분히 성취할 수 없을 경
우에만, 그리고 유럽 공동체에서 더 잘 성취할 수 있는 경우에만 행
동을 취한다"라는 것이다. 이 보충성의 원칙은 유럽공동체 조약에
서 일반 및 직업 교육 협력에 대한 법적 기반을 제공한 제126조 4항
과 제127조 1항인 "교육 제도의 구성과 지도를 위한 내용에 대한 회
원국들의 책임을 충분히 존경하며"라고 적시(摘示)한 부분에서도 잘
드러난다(Ertl, 2006: 11).

크비에크(Kwiek)은 EU 15개국과 그 외의 참여국들의 근본적인
차이에 대해 다음과 같이 표현했다.

> 우리는 근본적으로 [서유럽 사회와는] 전혀 다른 사회와 경제를
> 말하고 있다. 이들 국가들의 국민들은 다른 생활수준을 영위하
> 며, 고등교육제도도 또한 전혀 다른 더 거대한 구조적인 개혁을
> 필요로 하고 있다… 서유럽에서 진행되어야 하는 개혁들은 훨씬
> 더 기능적(fine-tuning)인 반면, 중부 그리고 동부 유럽과 발칸
> 반도의 몇몇 국가들에서 이루어야 지는 개혁들은 훨씬 더 근본적
> 이며 구조적이다(Kiwek, 2004: 766, 768).

이와 같이 볼로냐 프로세스가 구공산권 국가들에 적용되는 과정
에서 의도하지 않게 야기된 문제점들은 소비에트 대학 모델이 구공
산권 국가들의 고등교육 제도 및 문화에서 가지고 있는 광범위하고
뿌리 깊은 영향력을 암시할 뿐만 아니라, 세계화된 지식 경제에 진
입하려고 하는 구공산주의 국가들이 소비에트 대학 모델을 변용함
에 있어서 더 근본적이고 구조적인 교육 개혁이 필요함을 시사한다.

V. 결론

볼로냐 프로세스에 따라 통합 되고 있는 각국의 교육개혁, 곧 유럽 연합의 집행기구인 집행 위원회에서 주도하는 "위로부터의 개혁"의 방향과 내용은 고유한 문화 안에서 각기 상이하게 형성된 각국의 교육 제도와 충돌될 수밖에 없다. 여기에서 다룬 러시아와 우크라이나, 헝가리, 카자흐스탄과 같은 구공산권 전통과 제도를 가진 국가에서 볼로냐 프로세스에 따른 학제 통합 개혁이 적용되고 수용되는 과정에 대한 분석은 소련형 대학 모델의 변용에 의미 있는 시사점을 준다.

첫째로, 구공산권 국가들에서 볼로냐 프로세스와 같은 초국가적인 정책이 전이되는 과정에서 의사 결정 주체는 대부분 정부이며, 따라서 볼로냐 프로세스가 본래 취지는 대학의 자율성 제고 및 증대시키는 목적이었으나 이들 국가에서는 오히려 소련형 대학 모델의 특징인 교육 분야에서 중앙집권적인 관료체계를 강화하고 교수들 및 대학들의 자율을 저해하는 방향으로 진행된다는 것이다.

둘째로, 구공산권 국가들에서 볼로냐 프로세스로 인해 전이된 정책을 실행하는 행위자인 일선 현장의 대학 교수들과 행정가들은 볼로냐 프로세스와 같이 정부에서 외부적으로 부여된 정책과 압박에 대해 보여주기식 개혁으로 반응했고, 이는 교원들의 동기와 일상 행동의 변화로 이어지지 못했다는 것이다. 이는 과거 공산주의 정권하에서 공개 성명과 내부 기관 구조 및 행동에 불일치가 만연했던 사회문화적 영향 때문이라 할 수 있다.

지금까지의 분석에서 알 수 있듯이 구공산주의 국가들의 고등 교육 개혁을 소련형 대학 모델의 변용이라는 관점으로 분석하는 경우, 일선의 교육 관료들의 반응 및 행동과 교육정책 결정의 주체인 중앙 정부의 교육 관료들 간의 괴리에 주목해야 한다. 서유럽과 같은 선진국에서 만들어진 볼로냐 프로세스는 구공산권 국가들에게는 고등교육의 학제 통합이라는 기술적인 개혁뿐만 아니라, '소련형 대학 모델'에 대한 근본적이고 구조적인 개혁을 진행해야 함을 의미했다. 세계화 및 지식 경제에서 경쟁력 제고라는 거시적인 목표를 위해 서유럽에서 시작한 볼로냐 프로세스 개혁이, 서유럽과는 상이한 정치, 경제, 사회, 문화적 토양 및 발전 단계에 있는 구공산주의 국가들을 포함한 체제변환 국가들에 전이되었을 때 발생하는 문제들은 교육 개혁이 결코 쉬운 문제가 아니라는 것을 알려주고 있다.

::참고문헌

김선. 2017. "체제 변환기 중앙아시아 국가들의 유럽연합 교육 정책 수용 연구."『외국학 연구』39, 513-532.

김시흥. 2007. "'볼로냐 프로세스와 이탈리아 교육제도의 유럽화." 『EU연구』21, 45-69.

성열관. 2010. "교육정책전이 및 차용 연구의 종합적 분석틀에 대한 고찰."『비교교육연구』20(2), 1-25.

오정은. 2008. "EU 집행위원회의 볼로냐 프로세스 참여: 유럽고등 교육정책의 유럽화."『유럽연구』26(2), 317-336.

이진희. 2015. "유럽통합과 독일 대학교육 제도 개혁에 관한 연구 - 볼로냐 프로세스 이후 교육 개혁을 중심으로."『독일어문 학』69, 179-199.

정근식·김윤애·임수진. 2017. "북한에서의 소련형 대학의 이식과 희석화."『아시아리뷰』7(1), 109-150.

조상식. 2010. "볼로냐 프로세스"와 독일 고등교육개혁."『교육의 이 론과 실천』15(3), 193-215.

홍종열. 2010. "문화교류로서의 EU 교육정책에 관한 연구."『글로벌 문화콘텐츠』5, 123-148.

Avis, G. 1983. "Access to Higher Education in the Soviet Union." In Tomiak, J. J. (ed.) *Soviet Education in the* 1980s. London: St. Martin's Press.

Avis, G. 1987. "Student Responses to Communist Upbringing in Soviet Higher Education." In Avis, G. (ed.) *The Making of the Soviet Citizen.* London: Croom Helm.

Bereday, G. Z. F., W. W. Brickman and G. H. Read. 1960. *The Changing Soviet School.* Cambridge: The Riverside Press.

Bikbov, A. 2010. *How Russian Universities Became the Future of World Education.* 〈*www.eurozine.com/articles*/2010-07-01-*bikbov-en.html#*〉(2016년 10월 14일 인출).

Bologna Follow-up Group. 2005. *From Berlin to Bergen.* Conference of European Ministers Responsible for Higher Education.

Brunner, J. and A. Tillett. 2007. "Higher Education in Central Asia; The Challenges of Modernization-An Overview." February 4. 〈http://archivos.brunner.cl/jjbrunner/archives/Rev/ Alldoc2c.pdf〉.

Commission of the European Communities. 2008. *Progress towards the Lisbon objectives in education and training: Indicators and Benchmarks* 2008. Commission of European Communities.

Division of International Education, US Dept. of Health, Education and Welfare. 1960. *Education in the USSR.* Washington: US Government Printing Office.

ECTS User's Guide 2009. 〈http://ec.europa.eu/education/lifelong-learning-policy/doc/ects/guide_en.pdf〉.

Elliott, J. and J. Tudge. 2007. "The impact of the west on post-Soviet Russian education: change and resistance to change."

Comparative Education 43(1), 93-112.

Emerson, M., J. Boonstra, N. Hasanova, M. Laruelle and S. Peyrouse. 2010. *Into EurAsia: Monitoring the EU's Central Asia Strategy*. Centre for European Policy Studies (CEPS): Brussels.

Ertl, H. 2006. "European Union policies in education and training: the Lisbon agenda as a turning point?" *Comparative Education* 42(1), 5-27.

Esyutina, M., C. Fearon and N. Leatherbarrow. 2013. "The Bologna Process in Higher Education: An Explanatory Case Study in a Russian Context." *Quality Assurance in Education* 21(2), 145-161.

EUA Bologna Process website. 〈http://www.eua.be/eua-work-and-policy-area/building-the-european-higher-education-area/bologna-basics.aspx〉. (2016년 10월 14일 인출).

Europäische Kommission. 2006. *The history of European cooperation in education and training: Europe in the making-an example*. Office for Official Publ. of the European Communities.

European Commission. 2002. *Towards a European Research Area. Science and Technology and Innovation. Key Figures* 2002. Brussels: European Commission.

Grant, N. 1968. *Soviet Education*. Penguin Books.

Heinze, T. and C. Knill. 2008. "Analysing the differential impact of the Bologna Process: Theoretical considerations on national conditions for international policy convergence." *Higher education* 56(4), 493-510.

Heyneman, S. and B. Skinner. 2014. "The Bologna Process in the Countries of the Former Soviet Union: an Outsider's Perspective." *Journal of the European Higher Education Area* 1, 55-71.

Jones, P. 2010. "The EU-Central Asia Education Initiative." *EU-CAM Working Paper No.* 9.

Kovtun, O. and S. Stick. 2009. "Ukraine and the Bologna Process: A Case Study of the Impact of the Bologna Process on Ukrainian State Institutions." *Higher Education in Europe* 34(1), 91-103.

Kozma, T. 2008. "Political Transformations and Higher Education Reforms." *European Education* 40(2), 29-45.

Kozma, T. and M. Rébay. 2008. "Guest Editors' Introduction." *European Education* 40(2), 3-8.

Kvit, S. 2012. "Draft Higher Education Law Is Retrogressive, Obstructs Integration." *University World News*, January 29. 〈http://www.universityworldnew.com/article.php? story=20120124154939502〉.

Kvit, S. 2012b. "New Dawn for Higher Education in Ukraine?" *University World News*, April 8. 〈http://www.university-worldnews.com/article,php?story=20120405132528872〉. (2016.10.14 인출).

Kwiek, M. 2004. "The Emergent European Educational Policies

under Scrutiny: the Bologna Process from a Central European perspective." *European Educational Research Journal* 3(4), 759-776.

Luchinskaya, D., and O. Ovchynnikova. 2011. "The Bologna Process Policy Implementation in Russia and Ukraine: Similarities and Differences." *European Education Research Journal* 10(1), 21-33.

Merrill, M. C., S. Yakubova and Z. Turlanbekova. 2015. "Internationalizing Quality Assessment in Central Asia." *International Higher Education*, 64 summer.

Mouraviev, N. 2012. "Kazakhstan has Joined the Bologna Process: New Challenges for the Higher Education Policy." *Social Policy and Administration* 39(4), 361-380.

Nóvoa, A. and deJong-Lambert, W. 2003. "The education of Europe: apprehending EU educational policies." In Phillips, D. & Ertl, H. (eds.) *Implementing European Union education and training policy*. A comparative study of issues in four Member States. Dordrecht, Kluwer.

OECD. 2015. *Education Policy Outlook: Hungary*.

Pravda. Anon. 2004. "Paid Education: Russia's prospects," *Pravda.ru*, 28 February. 〈http://english.pravda.ru/russia/politics/28-02-2004/4972- education-0〉.(2016.10.14 인출).

Pusztai, G. and P. S. Szabó. 2008. "The Bologna Process as a Trojan Horse: Restructuring Higher Education in Hungary." *European Education* 40(2), 85-103.

Rodin, S. 2009. "Higher Education Reform in Search of Bologna,"
Politička misao 46(5), 21-38.

Shaw, M. A. et al. 2012. "The impact of the Bologna Process on
academic staff in Ukraine." *Higher Education Manage-
ment and Policy* 23(3), 1-21.

Silova, I. 2011. "Higher Education Reforms and Global Geopoli-
tics: Shifting Cores and Peripheries in Russia, the Bal-
tics, and Central Asia." *Russian Analytical Digest* 97,
May 30.

Soltys, D. 2015. "Similarities, divergence, and incapacity in the
Bologna Process reform implementation by the for-
mer-socialist countries: the self-defeat of state regula-
tions." *Comparative Education* 51(2), 179-195.

Telegina, G. and H. Schwengel. 2012, "The Bologna Process: Per-
spectives and Implications for the Russian University."
European Journal of Education 47(1), 37-49.

Tomusk, V. 2011. "The Geography and Geometry of the Bologna
Process: Central Asian Higher Education in the New
Global Periphery." In Silova, I. (ed.) *Globalization on
the Margins: Education and Post-socialist Transforma-
tions in Central Asia*. IAP.

Trends 6. 2010. "A decade of change in European Higher Educa-
tion." (by Andrée Sursock and Hanne Smidt et al.) EUA
Publications.

Voegtle, E. M., C. Knill. and M. Dobbins. 2011. "To what extent does transnational communication drive cross-national policy convergence? The impact of the bologna-process on domestic higher education policies." *Higher education* 61(1), 77-94.

Wächter, B. 2004. "The Bologna Process: developments and prospects." *European Journal of Education* 39(3), 265-273.

World Bank. 2004. "Constructing Knowledge Societies: new challenges for tertiary education." Washington D. C.

Yergebekov, M. and Z. Temirbekova. 2012. "The Bologna process and problems in higher education system of Kazakhstan." *Procedia-Social and Behavioral Sciences* 47, 1473-1478.

5장

베트남 대학에 대한 소련 영향력의 성쇠

뜨란 띠 푸옹 호아

I. 들어가며

계몽시대 철학자인 몽테스키외(Montesquieue)는 『법의 정신』(1751)에서 교육과 정치제도의 긴밀한 관계를 다음과 같이 언급했다. "교육법제는 정부의 구성원칙들에 따라 달라져야 한다"(Montesquieu, 1751).

베트남에서 교육제도는 몽테스키외의 언명대로 국가형태에 따라 변화되어 왔다. 봉건제, 식민지, 민주주의 그리고 사회주의로 변화했던 베트남의 정치체제는 외부에서 영향을 미친 정치 모델들이었다.

베트남의 고등교육에 관한 최근 연구는 인적 자원 육성, 학교 신축 원조, 전문가 파견 과정에서 베트남에 대한 소련의 지원에 주목하면서 베트남의 대학교에 미친 소련의 영향을 강조하고 있다(Trần, Thị Thu Hương, 2016). 그 영향력은 외국어 정책, 교과과정, 교과서, 교육 체계, 교육계 지도층 등에서 분명히 나타나며, 대학과 연구기관의 개념과 사명이라는 보다 복잡 미묘한 부분에서도 드러난다.

제국주의 프랑스와 미국에 맞서 싸운 전쟁의 한편에서는 노동자와 농민의 국민국가를 건설하기 위한 대규모 캠페인이 조직되었고 교육이 큰 역할을 담당했다. "민족적, 민중적, 과학적" 지향이라는 모토를 바탕으로 대학교육은 1943년 베트남 문화 개요(*Outline of the Vietnam Culture*)를 구상했다.[1] 그 목표는 공산주의 지도부 하에서 인적 자원을 육성시키는 것이었다. 세계 최초의 노동자-농민 국가인 소비에트 연방의 교육 모델이 채택되어 베트남에 적용된 것은 이런 맥락이었다.

이 장에서는 1945년 후반 베트남민주공화국(북베트남)의 첫 대학 설립 시기부터 2010년까지의 베트남 대학에서 소련 영향력의 등장과 성쇠에 관해 고찰하려고 한다.

---

1   베트남 민주공화국 수립 이전에 베트남 공산당은 트루옹 친(Truong Chinh)이 작성한 "베트남 문화 개요"라는 문서를 통해 문화 정책을 준비하고 있었다. Đảng Cộng sản Việt Nam, 2000, *Văn kiện Đảng toàn tập*, Tập 7, Nhà xuất bản Chính trị Quốc gia, 316-321 [베트남 공산당, 2000, "베트남 문화 개요", 『당 문서 전집』, 7, 국립정치출판소] 참고.

II. 현대 베트남 고등교육 수립: 프랑스 모델에서 소비에트 모델로

20세기 베트남의 고등교육 제도는 숱한 부침을 겪었다. 20세기가 시작될 무렵, 프랑스는 베트남인의 정신에서 중국의 영향력을 줄이기 위해 새로운 과목, 언어, 교사, 교재, 시험을 갖춘 새로운 교육제도를 수립했다. 한자와 한문 고전 교육은 교과과정에서 제외되었다. 20세기 중반 베트남은 분단되었다. 북쪽에서는 소련 모델이 프랑스 모델을 대체했고 남쪽에서는 미국 모델이 전파되었다. 1975년 통일과 함께 전국적으로 고등교육은 압도적으로 소련의 영향이 커지게 되었다. 근래에 부분적으로 소련의 영향이 쇠퇴했음에도 불구하고 그 파급효과는 21세기의 첫 10년 동안까지도 이어졌다. 기존 교육 모델에서 완전히 다른 교육 모델로 전환되는 과정이 파괴적이었기 때문에 교육제도와 그 기반이 되는 철학에 깊은 균열이 발생했다.

베트남에서 대학(꿕뜨쟘, 國子監)은 천 년 가까운 전통이 있는 기관이었지만, 1906년 하노이에 설립된 프랑스의 신식 대학은 과거의 교육기관과는 아무런 관련이 없었다. 새롭게 설립된 인도차이나 대학(Indochinese University)에서 가장 중요한 학부는 의과대학, 법정대학, 토목대학, 교육대학, 상업대학이었다. 각 학부의 학생 수의 변화를 나타낸 것이 〈그림1〉이다.

새 대학의 특징 중 하나는 전통적 학문인 사회과학과 인문학이 배제되었다는 점이었다. 새 대학은 보다 실용적 목적을 띠고 있었다. 이는 1) 식민정부를 위한 우수한 행정인력 육성(법과대학), 2) 현지 질병에 대한 실험 연구 수행(의과대학), 3)식민지 경제 프로그램을 수행할 우수한 기술자 육성이었다.

그림 1   하노이 대학 입학생 추이 (1913-1944)

프랑스는 일본의 베트남 점령기인 1940년에서 1945년까지도 하노이 대학의 운영을 담당했다. 그러다가 1차 인도차이나 전쟁 (1945-1954) 동안 사회주의 세력이 등장하면서 소련의 영향을 크게 받은 새로운 고등교육연구 기반이 마련되었다.

III. 1945-1954년간 베트남 민주공화국(DRV, 북베트남)의 새로운 대학들

1945~1954년 동안 베트남의 심각한 국가적 분열 상황 속에서 두 개의 서로 다른 고등교육 제도가 존재했다. 베트남 민주공화국(DRV) 정부가 수립한 새 대학들과 기존 프랑스 대학들이 그것이었다. 베트남 역사상 첫 공화국인 베트남 민주공화국은 1945년 9월 2일 수립

되었으며 아주 짧은 기간 동안 통합된 국가로 존재하였다. 대학 제도도 마찬가지였다. 베트남민주공화국은 의학대학, 약학대학, 과학대학, 순수예술 및 응용예술대학, 토목대학 등 기존 프랑스 대학 체제를 유지하려 했다(1945년 10월 8일 법령). 1945년 10월 10일, 호치민은 이에 더하여 문과대학 설립을 위한 법령에 서명했다. 이 대학은 철학, 베트남어문학, 역사학, 지리학을 포함한 사회과학과 인문학 교사 육성을 목적으로 했다. 교수들은 인도차이나 대학 혹은 프랑스 대학 졸업자 중에서 선발했다. 베트남 민주공화국의 첫 대학 개교기념식은 1945년 11월 15일에 열렸다. 이 대학은 의과대학, 자연과학대학, 인문대학, 정치사회대학, 예술대학의 다섯 단과대로 구성되었다.

그러나 1946년 12월 일어난 인도차이나 전쟁으로 인해 베트남은 다시 한 번 나뉘어졌다. 남부 지방은 영국과 프랑스에 점령되었고, 북부는 1946년 말까지 베트남 민주공화국이 장악하였다. 1947년 초, 전국은 베트남 민주공화국이 장악한 농촌과 산촌의 자유구역과, 프랑스 지배가 관철되는 도시구역으로 나뉘었다. 이 두 지역은 서로 중복되고 뒤엉키기도 했다.

베트남 민주공화국 신정부는 수립 직후 새 국민국가에 걸맞은 새 교육제도를 세우기 위한 정치 운동을 개시했다. 그러나 나라가 분단되면서 중앙집권적 교육제도는 충분히 발전할 수 없었다. 북부에서는 베트남 민주공화국 정부를 지지하는 학자들이 북부 산악지대인 베트박(Viet Bac)으로 피난했다. 교육과 학습 활동은 고된 전시 상황에서도 이어졌다. 교사와 학생들은 진흙, 대나무, 인근에서 구한 재료들로 손수 대학 건물을 지었다. 건물과 인력이 부족했기 때문에 교육에는 여전히 프랑스의 영향이 남았다. 교사 대부분은 프랑

스 교육을 받은 사람들이었고 옛날 교과서가 그대로 쓰였다. 교육차
관이자 마르크스주의 교육자-이론가였던 응우옌 깐 또안(Nguyen
KhanhToan, 재임 1946~1960)[2]은 "교과 과정에서나 구조에서나 교
육제도는 여전히 과거 식민시대 교육의 잔재를 안고 있다"고 인식했
다(Nguyen Khanh Toan, 1950: 70-71). 그는 당시의 베트남 교육제
도를 "프랑스 교육 제도의 복사판"(NguyễnKhánhToàn, 1972: 591)
이라고 생각했다. 베트남 민주공화국 초기 교육부 장관으로 프랑스
에서 교육받은 학자들을 받아들인 점에서 호치민이 프랑스식 교육
을 존중했음을 알 수 있다. 하지만 그것은 전문가 부족에 따른 임시
방편일 뿐이었다. 응우옌 깐 또안은 교사들을 새롭게 양성할 필요성
을 강조하면서 교육의 정치적 역할을 천명했다. "교육은 사회 체제
와 떼어놓고 생각할 수 없"으며, "교육은 국방과 건설의 필요에 헌신
해야 한다"(Nguyen Khanh Toan, 1950: 69). 대학은 "새로운 민주국
가의 토대"로 인식되었고, 따라서 "민주공화국의 원칙에 따라 사회
과학이든 공학이든, 예술이든, 체육이든 상관없이 정치화되어야 한
다"고 여겨졌다(Nguyen Khanh Toan, 1950: 105).

1950년에 "정치화를 위한 최초의 교육운동인 "렌깐친코(인력양
성, 조직개혁)"가 군대에서 시작되어 학교를 포함한 모든 사회조직
에 확산 실시되었다. 이 운동의 주목적은 "생각의 틀을 바꾸고 노동

---

2   응우옌 칸 또안(Nguyen Khanh Toan)은 1921년 코민테른이 조직한
동방 노동자 공산주의 대학(Communist University of the Toilers of the
East)에서 공부한 마르크스주의 학자였다. 그는 여기에서 역사학 박사학위
를 받았다. 베트남으로 귀국 후, 그는 교육 연구 기관에서 여러 고위직에 올
랐다(교육부 차관, 베트남 과학연구원 부원장, 베트남사회과학원 부원장).

양식을 재편하는" 것이었다"(Nguyen Khanh Toan, 1950: 157). 그
럼으로써 대학은 "사회주의 대학"(Nguyen Khanh Toan, 1972)으로
서 지식인, 노동자, 농민, 그리고 그 밖의 사회계층 간의 긴밀한 관계
를 촉진하는 기관이 되어야 했다.

1950년대 초에 이르러 사회주의 체제가 자리를 잡으면서 베트남
고등교육이 직접적인 영향을 받았다. 1949년 중국 공산당이 권력을
장악하면서 중국은 베트남의 근린 동지국가가 되었다. 1950년 소련
은 베트남 민주공화국과 국교를 맺으면서 세계 최초로 베트남 민주
공화국을 승인한 국가가 되었다.

1950년 9월 소련은 모스크바에 실무 방문한 베트남 학생 대표단
을 영접했다(Nguyen Khanh Toan, 1972: 408). 1년 후에는 공업, 광
업, 의학, 약학, 경제, 금융, 야금, 건설 등의 연수를 위해 베트남에서
온 21명의 첫 연수단을 맞이했다.[3] 1953년에는 50명의 베트남 학생
들이 소련을 찾았고 중국으로도 149명의 학생들이 파견되었다. 특
히 1951년에는 베트남과 중국 정부의 협력 하에 중국 남 닌(Nam
Ninh)에서 고등교육 캠퍼스가 개설되었다. 시설은 중국이 지원했고,
교사와 학생은 베트남에서 충원했다. 1951년부터 1958년까지 약
4,000명의 베트남 학생들이 이 학원단지에서 연수를 받았다. 다른
통계자료에 따르면. 1951년부터 1954년까지 베트남에서 700명의
학생들이 소련과 중국으로 파견되었다고 한다(Ngo Van Ha, 2010).

한편 프랑스가 통제하고 있던 도시 지역에서도 자체적으로 대학

---

3   러시아 국립 사회정치사 문서고, 고등교육장관 스톨레토프(Stoletov)
가 소련 대학에 베트남 전문가 입학 허가를 위해 소련 공산당 중앙위 외교
부 국장인 그리고리안(Grigorian)에게 보낸 서한(1951년 6월 25일).

교육이 재개되었다. 의학대학, 법학대학, 과학대학, 인문대학이 각각 1947, 1948, 1950년에 하노이에서 다시 강좌를 개설했다. 그러나 다수의 교사들이 베트남 민주공화국 정부를 따라 피난한 상태였기 때문에 심각한 교원 부족 사태를 겪었다. 프랑스는 대학을 남부 베트남으로 이전하기 시작했고 이 지역에 강력한 군사정치 캠퍼스를 세웠다. 1948년 의학대학과 법학대학이 하노이 캠퍼스의 분교로 사이공에 열렸다. 1948년에는 토목대학이 사이공으로, 건축대학은 달라트로 이전했다. 1954년 7월, 제네바 회담으로 베트남에서의 인도차이나 전쟁은 종식되었고 프랑스는 하노이 대학의 교직원과 시설을 모두 사이공으로 옮기면서 "사이공 대학"으로 개명했다. 이로써 베트남 북부에서 프랑스가 운영하는 대학은 사라졌다.

IV. 1954-1975년간 베트남 북부의 대학 – 소련의 강력한 영향

1. 공산주의 이념을 대학의 사명으로

대학가에서 공산주의와 프롤레타리아 이념을 세우고 "자본주의" 요소를 제거하는 운동이 1950년대 베트남 대학에서 벌어졌다. 정치화 운동은 모든 대학, 그 중에서도 사회과학대학과 인문대학을 휩쓸었다. 이것은 모든 대학 활동이 공산당 지도부의 지시 하에 놓이게 된다는 뜻이었다. 교육과 연구는 모두 엄중한 감독을 받게 되었고, 대학 회의에서는 공산당이 세운 정치 규범으로부터의 일탈에 대한 비판과 자아비판이 정기적으로 벌어졌다.

소련은 연구와 교육 분야에서 특히 큰 영향력을 행사했다. 대학

교육에 관한 마르크스주의 원리가 공산당 문서에서 다음과 같이 언급되기도 했다.

"우리는 반드시 짧은 시간 안에 과학, 기술, 경제 운영을 할 수 있는, 크고 강력한 전문가 집단을 만들어내야 한다. 자연과 사회 법칙을 잘 이해하고 있을 뿐만 아니라 훌륭한 전문 기술과 정치 성향을 띠고 당과 노동계급에 충성스러워야 한다." (Nghiquyet 142/ NQ-TU, 1966- Resolution 142/NQ-TU, 1966). 대중과 교감하고 노동계급의 교육 필요를 충족시킬 수 있는 사회주의 고등교육 건설이 베트남의 정치 과제였다. 그것은 공산주의 시각을 갖춘 과학, 기술, 경영 인력을 양성하는 것이었다.

우리 사회주의 지식인 계급은 소련의 사회주의 지식인 계급과 마찬가지로 과학적 유능함과 공산주의 덕목을 필수조건으로 갖추어야 한다(Van Kien, 1967).

2. 베트남 고등 교육과 연구 조직에 대한 소련의 실질적 지원

베트남의 고등교육 조직은 중앙집권적 구조, 당과 교원의 통일, 대학에서 마르크스주의 교육 의무화, 외국어로 러시아어 교육, 러시아 교과서 베트남어 번역본 사용, 학생 및 교사 소련 연수 파견, 베트남 대학 교수 연수를 위한 소련 전문가 초빙, 건물 및 시설 신축, 번역, 교재 출판을 위한 소련 자금 지원 등의 측면에서 소련의 모델을 따른 것이었다.

1956년 초, 베트남에 초빙된 소련 전문가 대표단은 교육부를 도와 "베트남 고등교육 및 직업교육 개발 계획"을 작성했다. 이 계획에 따르면, 베트남 민주공화국의 새로운 대학제도는 1956년 공식적으로 수립되었으며 여기에는 6개 학부로 구성된 하노이 대학과 함께 사범대학, 9개 학부의 폴리테크닉 대학, 농림대학, 의약학대학이 포함되었다.

1957년 2월 소련과 베트남은 양국 간 고등교육 협력의 전체적인 틀을 마련하는 문화협력 협정을 체결했다. 이 협정은 1974년에 갱신되면서 소련의 협력을 받는 분야가 확대되었다. 이 협정은 베트남 대학의 프로그램 구성과 교수 자료 설계, 베트남 학부 및 대학원생의 소련 연수와 과학자 교환방문 등에서 소련이 베트남을 지원할 수 있는 법적 근거가 되었다. 또한 베트남 대학에서 러시아어, 역사, 지리를 가르치고 반대로 소련 교육기관에서 베트남 언어, 역사, 지리를 가르치는 데에 필요한 자금 제공의 바탕이 되었다(Foreign Affairs Publisher, 1983). 그러나 실제로 협력은 일방적이었다. 러시아어, 소련문학을 베트남의 학교와 대학에서 가르쳤지만 베트남어는 소련 학교에서 가르치지 않았다.

각급 학교에서 베트남어를 사용하는 정책은 1951년 베트남 공산당 2차 당대회에서 확정되었다. 베트남 민주공화국의 첫 교육개혁 과정에서 이 문서는 교육의 세 가지 전반적 목표를 "민족화, 과학화, 인민화"로 설정하였다. 당시 모든 대학의 중요한 과제는 러시아 원서 교재를 베트남어로 번역하는 일이었다. 여기에는 공학, 화학, 물리학, 마르크스주의 철학, 소련 문학 서적이 포함되었다.

1945~1954년 기간 9년 동안의 전쟁으로 인하여 베트남 학자들이 베트남어로 된 교과서를 편찬할 수 없었을 때 프랑스 서적을 대신할 수 있는 유일한 대안이 소련 서적이었기 때문에, 베트남 교사들은 주요 참고 자료로 소련 서적을 사용했다. 1970년대 중반에 베

트남에서 사요된 90% 이상의 외국 서적은 소련 원서였고 나머지도 다른 사회주의 국가의 책들이었다(Tran Phuong Hoa, 1998).

사회주의 국가에서 중공업을 최우선 순위에 두는 정책은 기술 교육 강조를 통해 실현되었다. 자연과학과 공학 교육 영역에서 베트남-소련 우호관계의 대표적 사례는 하노이 공과 대학(Hanoi Polytechnic Institute)의 건설이었다. 첫 학부로 기계-전기공학, 탄광-야금학, 건축학, 화학-식품공학이 설치되었다. 소련의 교과과정을 모방한 이 대학에서 베트남 학생들은 여러 과정을 이수해야 했는데, 특히 자신의 세부 전공 이외에도 수학, 물리학, 화학과 같은 기초 과학을 공부해야 했다.

사회과학과 인문학 교육에서 소련 전문가들은 베트남 연구자들과 긴밀히 협력하면서 베트남 윤리의 기원을 탐구하고 베트남 문화와 문명을 통해 베트남 국가의 정체성을 나타내고자 했다. 이를 통해 현대적인 베트남 역사 연구의 기초가 놓였다.

〈표1〉은 1963~1964년 기간에 해외 유학생으로 파견된 베트남

표1 베트남 정부 파견 유학생 목적지, 1963-1964

전공	학생수	소련	중국	독일
	150	140	8	2
어문학	8	2	4	2
역사-철학	6	2	4	
지리-지질학	24	24		
수학	20	20		
기계공학-물리학	30	30		
화학	30	30		
생물학	32	32		

출처: 해외 유학생 실태에 관한 교육부 공식문서 *No485/KH*(1962년 6월 13일).

학생들의 숫자를 보여준다. 전체 150명 중에서 소련으로 간 학생들이 140명으로, 전체 학생 수의 97%를 차지하였다. 대부분 기계공학-물리학, 화학, 지리-지질학 전공이었다.

베트남 정부는 고등교육 중점 분야를 다음과 같이 제시했다.

> 교육은 과학, 기술, 경제 운영에 초점을 맞추어야 한다. 이 분야의 작업은 대규모로 진행되어야 하며 경제와 문화 건설보다 한 걸음 앞서나가야 한다. 대규모 교육은 전문영역 전체를 아우르는 포괄적 계획에 따라야 한다.[4]

계획된 목표에 따르면 생산 부문의 공학자-기술자-노동자 비율은 1960년 1:20:1,000에서 1965년에는 13:40:1,000으로 변화되었다. 농업에서는 집단농장의 공학자 수가 1960년 0명이었으나 1965년에는 공학자 6, 기술자 12, 농장 노동자 1,000명의 비율로 증가할 것으로 예상되었다(Tran Phuong Hoa, 1998: 138).

첫 5개년 계획 기간의 마지막 해인 1964~1965년 산업 전문분야

---

4   Đảng Cộng sản Việt Nam, "Chỉ thị của Ban Bí thư khoá III, số 102-CT/TW, ngày 3-7-1965 về việc tăng cường công tác giáo dục tư tưởng và chính trị đối với cán bộ giảng dạy và sinh viên, học sinh", *Một số văn kiện của Đảng CS Việt Nam về công tác khoa giáo (Giáo dục-Đào tạo)*, Chính trị Quốc gia, 2006 [Vietnam Communist Party, "Directive of the Secretariat Board Round III, No102-CT/TW, 3rd July 1965 on promoting the traing ideology and politics for the teaching staff and students", *Some documents of the Vietnam Communist Party on Education and Science*, Publisher of National Politics, 2006.

표2   북베트남 전공별 대학생 숫자, 1960-1965

학년도	학생수	전공						
		기초 과학	산업	농림학	경제 금융	교육학 및 외국어	의약학	문화 예술
1960-61	11,158	975	3,753	1,402	748	2,763	1,458	59
1961-62	15,908	1,223	5,571	2,049	1,436	3,502	1,950	159
1962-63	18,845	1,249	6,591	2,674	1,578	1,448	2,236	69
1963-64	20,611	1,349	6,659	2,958	2,044	5,120	2,294	187
1964-65	22,374	1,294	7,648	3,433	2,119	4,398	2,721	61

출처: Tran, 1998.

의 학생 숫자는 1960~1961년보다 두 배 증가했다(표2).

사회주의 대학의 특징 중 하나는 학습과 노동의 긴밀한 결합이었다. 한편으로 지식인들은 노동자 및 농민들과 가깝게 협력하면서 상아탑에서 나와 노동계급의 삶에 동참해야 했고, 다른 한편으로 노동자와 농민들은 지식인 계급과 일체가 될 수 있도록 대학에서 우선적으로 교육받을 기회가 주어졌다. 전쟁 기간 동안 토목공학 학생들은 교량과 도로 건설, 파손된 공장 복구 및 운영에 참여했고 의대생들은 전방으로 나가 군 막사 내에 세운 진료소에서 일했다.

노동자들은 야학이나 원거리 교육 같은 비공식적인 방법으로라도 대학 교육을 받을 것을 권장 받았다. 현직에 있으면서 공부하는 학생 수는 1964년 5,700명에서 1968년 13,497명으로 늘었다(Nien giam thong ke, 1975).

미국과의 전쟁이 북부에서 격화되면서 1965년 고등교육부는 입학시험을 일시적으로 중단하기로 결정했다. 그 대신 적용된 선발 기준은 대체로 지원자의 출신지와 정치 성향이었고 이를 통해 지식인 계급에서 "프롤레타리아트"들이 차지하는 비중이 늘어나게 되었다. 이런 방식은 해외 유학 파견 선발에도 적용되었다. 소련에 파견된 베트남 학부생 숫자는 1954년 100명에서 1968년 1,466명으로, 대학원생 수는 15명에서 309명으로 늘었다(Nien giam thong ke, 1975).

3. 베트남 대학에서 강조된 정치 교육

정치 교육은 대학 교과 과정에서 중추적인 부분이다. 이는 공산당 지령을 충실히 반영한 결과다.

> "사회주의 교육기관은 프롤레타리아 독재의 도구가 되어야 한다. 계급과 혁명적 속성을 반영해야 하며, 사회주의 학교는 교육, 학습, 노동에서 모범이 되어야 하고, 투쟁에 동참하고 봉사할 준비가 되어 있어야 한다. 이를 위해서는 교사와 학생의 이념적, 정치적 교육을 최우선시해야 한다. 이는 학교의 모든 다른 활동에 결정적인 영향을 줄 것이다."[5]

사회과학이든 공학이든 무관하게 모든 대학에는 마르크스주의 이론과 정치경제학이 개설되었다. 이들은 또 마르크스-레닌주의 철학이라는 이름으로도 만들어졌다. 이 학과에는 마르크스주의 철학,

---

5 Đảng Cộng sản Việt Nam, 2006, "Chỉ thị của Ban Bí thư khoá III, số 102-CT/TW, ngày 3-7-1965 về việc tăng cường công tác giáo dục tư tưởng và chính trị đối với cán bộ giảng dạy và sinh viên, học sinh", Một số văn kiện của Đảng CS Việt Nam về công tác khoa giáo (Giáo dục-Đào tạo), Chính trị Quốc gia [베트남 공산당, 2006, "서기국 3차 지령, No102-CT/TW, 19654년 7월 3일, 교원과 학생의 이념 및 정치 교육 촉진에 관하여", 교육과학에 관한 베트남 공산당 문서 중 일부, 국립정치출판소].

마르크스주의 정치경제학, 베트남 공산당사(史)의 세 가지 주요 분과가 있었다. 베트남 공산당사를 제외하고 나머지 두 과목의 교과서는 대부분 러시아어 번역본이었다.

1954년에서 1975년 사이의 기간에 소련의 대(對) 베트남 원조가 증가했는데 특히 경제와 교육개발에 집중되었다.[6] 레반띤(Le Văn Thinh)에 따르면 소련의 원조 덕분에 "사회주의" 지식인 집단이 형성되었고 "소련 방식" 혹은 "소련 모델"이 베트남에서 더욱 인기를 끌게 되었다(Le Van Thinh, 2016).

V. 1975-1991년 베트남 고등교육과 연구: 북부와 남부 지식인 통합 노력에서의 소련의 영향

1975년 4월, 베트남은 통일되었다. 두 개로 나뉘었던 나라의 서로 다른 교육 제도 또한 통일되어야 했다. 사이공 해방 직후, 북 베트남의 고등교육 및 직업교육부의 대표단이 사이공에 도착해 교육 시설

---

6   1954-1974년간 소련의 대베트남 원조 총액은 2,176,051루블이었다. Le VănThinh, 2016, "Sự chi viện, giúpđỡcủaLiênXôvớiViệt Nam trongcuộckhángchiếnchốngMỹ, cứunước(1954-1975) ["항미 과정에서 베트남에 대한 소련의 원조와 지원, 1954-1975; 국제회의 의사록, 2009, "베트남과 독일의 건설과 통일, 1500-2000", 국립하노이대학교, 149-157, 참고. http://lichsu.tnus.edu.vn/chi-tiet/695-SU-CHI-VIEN-GIUP-DO-CUA-LIEN-XO-VOI-VIET-NAM-TRONG-CUOC-KHANG-CHIEN-CHONG-MY-CUU-NUOC-1954-1975.

을 접수했다. 인문사회과학센터(현재 인문사회과학원)의 대표단 또한 새 연구소를 설립하기 위해 당도했다. 이들의 최우선 과제는 기존의 미국식 교육을 "북부 모델"로 대체하는 것이었다. 최초의 활동은 새 교과서 출판과 새 교과과정 적용이었다. 1977년, 18개월 수업인 "과학적 사회주의"가 개설되어 구 정권에서 일했던 모든 지식인들이 재교육을 받았다. 당시 이들이 배웠던 칸트, 헤겔, 슘페터 등의 모든 철학자들은 마르크스-레닌주의 이론가들로 교체되었다. 한 교수는 "예전에는 마르크스주의를 과학으로 읽었다면 지금은 신조로 받아들여야 한다"고 한탄했다.[7] 어문학과에서도 비슷한 상황이 일어났다. "자본주의 작가"들은 교과과정에서 제외되었고, 소련이나 친공산 작가들이 그 자리를 차지했다.

미국이 베트남에 대한 군사 개입을 중단한 1973년부터 소련은 베트남에 고급 전문가와 기술자 교육에 대한 원조를 늘렸다. 1973년 양국이 맺은 숙련노동자 교육에 관한 소련의 대(對)베트남 원조 협정으로 1973~1976년 사이에 8,000명의 베트남 노동자들이 소련에서 훈련을 받게 되었다. 소련 정부는 전체 비용인 3,500만 달러를 부담했다. 더불어 1978년에는 또 다른 협정이 체결되어 베트남에서 600명 규모의 기술교사학교와 500~600명 규모의 직업학교 2개, 그리고 석유 기술자를 양성하는 직업학교 건설에 소련이 원조를 제공하기로 했다. 이 해에 소련과 베트남 정부는 베트남과 소련의 학위를 동등하게 인정하는 협약에도 조인했다.

1979년에 베트남은 교육개혁을 단행하면서 전국에 걸쳐 중앙집

---

7   "Intellectual in the South after 1975", see 〈http://www.gocnhinalan. com/bai-cua-khach/tr-thc-min-nam-sau-75.html〉.

연도	전체 인원	소련 유학생
1976	662	405
1980	907	605
1984	803	518
1985	756	485
1986	725	464
	3,853	2,477

출처: 베트남 통계청, 1985.

권화된 교육 체제를 수립했다. 당시 베트남의 교육부 장관이었던 음응우엔 티 빈(Mme Nguyen ThiBinh)은 소련 교육부 장관에게 서한을 보내어 개혁 프로그램 설계에 관한 도움을 청했다.[8] 1976년부터 1986년까지(소련, 동유럽, 쿠바 등) 해외 유학에 파견된 베트남 학생의 전체 숫자는 3,853명이었는데, 그 중 64%인 2,477명이 소련에서 유학했다(표3).

그러나 1980년대 후반부터 소련의 대(對)베트남 원조가 감소하면서 결과적으로 양국 고등교육 기관과 연구기관 교류도 줄었고 뒤이어 소련이 붕괴되었다.

베트남 고등교육에 외국이 미친 영향을 검토한 2014년 연구에서 저자들은 도이모이 이후 국제 학계에 통합되기 위해 "정책 차

---

8 러시아연방 국가 문서고, 베트남 교육부 장관 응우엔 티 빈(Nguyen Thi Binh)이 베트남 중등교육 개혁 문제 논의를 위해 소련에 베트남 대표단을 파견하는 실무 프로그램에 관해 소련의 교육부 장관 프라코페프(Prakophev)에게 보낸 서한(1979년 8월 15일).

용"이라는 개념을 제시한 베트남의 계획을 강조한다.[9] 1995년 베트남-미국 국교 정상화 이래, 베트남 정부는 미국, 영국, 네덜란드, 독일, 일본을 포함한 서방 국가들의 교육 모델을 배우고 "빌리는" 것을 매우 중요하게 여겼다. 서방 국가들 역시 "자국 정책을 베트남 고등 교육에 이전하는 데에 큰 관심을 보였다"(Thảo ThịPhương Vũ, Simon Marginson, 2014: 160). 통일 후의 경향과는 반대로 세계은행(World Bank)이나 국제연합 교육과학문화기구 (UNESCO)와 같은 국제기구들 또한 베트남 고등교육 개혁에 자금을 내놓았다. 국가 예산이나 민간 자금 연구를 위해 수천 명의 학생들이 이제는 서구 국가로 파견되었다.

이러한 개혁은 국가 차원에서 교육 운영의 혁신으로 이어졌다. 학교 운영의 책임이 교육부에서 각 대학으로 이전되면서 대학들은 더 많은 자치권을 누리게 되었다. 하노이 국립대와 같은 일부 대학들은 교육부에서 완전히 독립하면서 재정, 행정, 교육활동에 대한 운영권을 얻었다. 그렇지만 이 독립 대학들 역시 교육부가 공표하는 전체적인 틀을 준수하고 있는데, 마르크스-레닌주의와 공산당사(史) 교육이 여전히 의무인 것이 그 대표적인 예이다. 베트남 대학과 외국 대학의 몇몇 협력 프로젝트는 실패로 돌아갔는데 이는 베트남의 고등교육과 서구 고등교육의 제도와 철학이 여전히 불일치하는

---

9   도이모이 정책은 1986년 베트남 공산당이 사회주의 블록에만 제한되지 않고 세계 모든 국가와 협력하겠다는 새로운 방향을 제시하기 위해 채택했다. Thảo Thị Phương Vũ, Simon Marginson, 2014, "Policy borrowing", in *Higher Education in Vietnam: Flexibility, Mobility and Practicality in the Global Knowledge Economy*, Palgrave Macmillan, 152 참조.

면이 있기 때문이다.

베트남 고등교육과 연구를 "국제화"하려는 베트남 정부와 교육 기관들의 노력에도 불구하고 결과는 기대에 미치지 못하고 있다. 과학기술부장관인 추 응곡 안(Chu Ngoc Anh)은 베트남 공산당 당보(黨報) 『공산잡지』(雜誌共産)를 통해 베트남의 기존 과학기술 교육의 허점을 지적했다. 그는 "베트남의 전반적인 과학기술 수준은 세계적 수준과는 말할 것도 없고 아세안(ASEAN) 지역의 선발국가군에 비해서도 한참 뒤쳐진다"면서 과학단체, 연구기관, 대학의 낮은 수준을 비판했다.

고등교육 및 연구 개선을 위해 베트남 공산당 중앙위원회는 결의안 29-NQ / TW 호를 통해 "사회주의적 성향을 띠고 국제적으로 통합된 시장이라는 조건 하에서 산업화와 근대화의 요구에 부응하는 기초적이며 포괄적인 교육 훈련 제도를 갱신"할 것을 천명했다(Đảng Cộng sản Việt Nam, 2013). 이처럼 고등교육 개혁이 채택되기는 했지만, 베트남 대학의 경쟁력을 지역 수준에서나 국제 수준에서 어떻게 끌어올릴 수 있을지는 여전히 논쟁거리다. 정치교육 의무제의 유지는 대학 교육 자유화와 학점제 교육과정 필요 증가라는 도전에 직면하고 있다.[10] 한 교육관료가 최근 언급한 것처럼, 대학에 개설되어 있는 일부 과목은 쓸모가 없다고 여겨지고, 학생들이 외면하고 있는 실정이다.[11]

---

10   교육부, 2015, "대학 정치교육 수준의 향상을 위하여", 국립 호치민 시 대학교, 발표 자료 참고. 〈http://vnu20.vnuhcm.edu.vn/home/ngaynhagiao/kyyeuhoithao.pdf〉.

11   "교육과 시대" 잡지와의 인터뷰에서 국립대학교의 한 관료는 대학

소련식의 엄격한 중앙집중화, 정치화된 교육제도는 세계화의 맥락에서 점점 시대에 뒤떨어지고 있다. 베트남 대학에서 마르크스주의 정치교육이 여전히 유지되고 있는 현실은 정책결정자와 교육자들에게 이 문제가 큰 난제이며, 동시에 교육-정치 관계의 복잡성을 보여주는 사례다.

VI. 결론

소련-베트남 국교가 수립된 1950년부터 1991년까지 베트남 교육과 연구에 대한 소련의 영향은 두드러졌다. 학부생과 대학원생, 기술자 교육에 대한 자금지원, 교과과정 설계를 위한 소련 전문가의 베트남 파견, 교재와 교수법 제공, 러시아어 교육, 신규 대학 및 학교 건설에 대한 자금 지원, 교육과 연구를 위한 시설 제공 등 수많은 방식으로 그 영향은 강화되었다. 특히 소련의 도움은 과학적 가치를 정치적으로 우선시하도록 하는 관념과 관점을 형성했다.

1991년 소련 붕괴 이후로 베트남은 교육 개혁의 길에 접어들었다. 대학과 연구기관은 더 이상 소련의 원조를 받지 못하게 되었고 과학 협력과 사회주의 교류도 10년 간 중단되었다. 하지만 베트남-미국 관계 정상화는 교육 협력의 새 길을 열었다. 고등교육과 연구에 대한 새로운 관점이 형성되면서 베트남 대학과 연구기관들은 국

과정을 단축시킬 수 있도록 쓸모없는 과목을 버려야 한다고 주장했다. 〈http://giaoduc.net.vn/Giao-duc-24h/Sinh-vien-Viet-Nam-tut-hau-vi-nhung-mon-hoc-vo-bo-post165681.gd〉 참고.

제 학계에 더 깊숙이 편입되고 있다. 교육 변혁의 과정은 시작되었지만 여전히 대학은 정치 지도자들의 통제 하에 있다. 베트남과 러시아의 관계는 새로운 형태를 띠게 되었지만 마르크스주의 교리의 뿌리는 여전히 베트남 지도부의 통치 스타일 속에 자리 잡고 있으며, 교육 운영을 포함한 모든 통치 양식에서 중요한 역할을 하고 있다.

::참고문헌

Chu Ngoc Anh. 2016. "Improving national scientific and technology potentials in the context of accelerated industrialization, modernization and deeper international integration." *Communist Review.* 〈http://english. tapchicongsan.org.vn/Home/Vietnam-on-the-way-of-renovation/2016/539/Improving-national-scientific-and-technology-potentials-in-the-context-of-accelerated-industrialization.aspx〉.

Đảng Cộng sản Việt Nam. 2000. "Đề cương văn hóa Việt nam." *Văn kiện Đảng toàn tập.* Tập 7. Nhà xuất bản Chính trị Quốc gia, 316-321. [베트남 공산당. 2000. "베트남 문화 개요." 당 문서 전집 7, 국립정치출판소].

Đảng Cộng sản Việt Nam. 2006. "Chỉ thị của Ban Bí thư khoá III, số 102-CT/TW. ngày 3-7-1965 về việc tăng cường công tác giáo dục tư tưởng và chính trị đối với cán bộ giảng dạy và sinh viên, học sinh." *Một số văn kiện của Đảng CS Việt Nam về công tác khoa giáo (Giáo dục-Đào tạo),* Chính trị Quốc gia. [베트남 공산당. 2006. "서기국 3차 지령, No102-CT/TW. 1965년 7월 3일, 교원과 학생의 이념 및 정치 교육 촉진에 관하여." 교육과학에 관한 베트남 공산당 문서 중 일부, 국립정치출판소].

Đảng Cộng sản Việt Nam. 1966. Nghị quyết của Bộ Chính trị khóa III. số 142-NQ/TW, 28-6-1966 về việc đào tạo và bồi dưỡng cán bộ khoa học, kỹ thuật và cán bộ quản lý kinh tế. [베트남 공산당. 1966. "과학, 기술, 경제 운영 인력 훈련에 관하여." 정치국 결의안 Ⅲ. No 142-NQ/Tw. 6.28]. ⟨http://dangcongsan.vn/tu-lieu-van-kien/tu-lieu-ve-dang/sach-chinh-tri/books-310520152513656/index-1105201542255628.html⟩.

Đảng Cộng sản Việt Nam. 2013. *Nghị quyết Trung Ương số 29 về đổi mới toàn diện giáo dục Việt Nam*, ["공산당 결의안 9호, "베트남 교육의 총체적 개혁에 관하여"]. ⟨http://vanban.chinhphu.vn/portal/page/portal/chinhphu/hethongvanban?class_id=509&mode=detail&document_id=174363⟩.

Gocnhinalan. "Intellectual in the South after 1975." ⟨http://www.gocnhinalan.com/bai-cua-khach/tr-thc-min-nam-sau-75.html⟩.

Kỷ yếu Hội thảo khoa học Quốc gia. 2015. "Nâng cao chất lượng giảng dạy, học tập các môn lý luận chính trị trong các trường đại học." cao đẳng, Thành phố Hồ Chí Minh. [학술회의 "대학 정치교육 수준의 향상을 위하여." 교육부, 국립 호치민 시 대학교 2015]. ⟨http://vnu20.vnuhcm.edu.vn/home/ngaynhagiao/kyyeuhoithao.pdf⟩.

Le VănThinh. 2016. "Sự chi viện, giúp đỡ của Liên Xô với Việt Nam trong cuộc kháng chiến chống Mỹ, cứu nước (1954-1975). ["항미 과정에서 베트남에 대한 소련의 원조와 지원, 1954-1975." 국제회의 의사록. 2009.『베트남

과 독일의 건설과 통일, 1500-2000.』 국립하노이대학교,
149-157] 〈http://lichsu.tnus.edu.vn/chi-tiet/695-SU-
CHI-VIEN-GIUP-DO-CUA-LIEN-XO-VOI-VIET-
NAM-TRONG-CUOC-KHANG-CHIEN-CHONG-
MY-CUU-NUOC-1954-1975〉.

Montesquieu, Charles de Secondat. 1751. *The Spirit of Laws*, Book
4: That the Laws of Education Ought to Be in Relation
to the Principles of Government.

Ngô Văn Hà. 2016. "Đặc điểm giáo dục đại học miền Bắc thời kỳ
1954-1975." *Nghiên cứu lịch sử* ["1954-1975년간 북부
에서 고등교육 훈련의 특성." 역사연구저널], N11, 2016,
38-46.

Ngo Van Ha. 2010. "*Giáo dục đại học ở miền Bắc thời kỳ 1954-
1975.*" Chính trị Quốc gia. ["북부의 고등교육, 1954-
1975." 국립정치출판소].

Nguyen Khanh Toan. 1950. "*Những vấn đề về giáo dục.*" Hanoi,
Bộ Quốc gia giáo dục. ["교육문제." 교육부].

Nguyễn Khánh Toàn. 1972. "*Xung quanh một số vấn đề về văn
học và giáo dục.*" [문학과 교육에 관한 여러 문제에 관하
여]. Khoa học xã hội, HàNội, Social Sciences Publisher,
Hanoi.

Nien giam thong ke[Annual statistics]. 1975.

Thảo Thị Phương Vũ, Simon Marginson. 2014. "Policy borrow-
ing." in *Higher Education in Vietnam- Flexibility, Mobil-
ity and Practicality in the Global Knowledge Economy*,

Palgrave Macmillan. 152.

The Russian State Archives of Social and Political History, Resolution of politburo of the Central Committee Soviet Union Communist Party dated on Septembre 8th 1950 about "receiving 20 Vietnamese students for acquantance with the life of the Soviet youth". [러시아 국립 사회정치사 문서고. 1950. "소련공산당 중앙위원회 정치국 결의." "소비에트 청년 생활 체험을 위한 20명의 베트남 학생 수용에 대하여." 9.8.].

The Russian State Archives of Social and Political History, Letter sent by Minister of High Education Stoletov to the foreign department manager of the Central Committee Soviet Union Communist Party Grigorian on accepting Vietnamese experts for study in the SU universities (June 25th, 1951). [러시아 국립 사회정치사 문서고, 고등교육 장관 스톨레토프(Stoletov)가 소련 대학에 베트남 전문가 입학 허가를 위해 소련 공산당 중앙위 외교부 국장인 그리고리안(Grigorian)에게 보낸 서한(1951년 6월 25일)].

The State Archives of the Russian Federation, Letter sent by the Vietnamese Minister of Education Nguyen Thi Binh to the USSR Minister of Education Prakophev on the working program of the Vietnamese delegation in USSR in order to discuss the issues relating to reform in the middle education in Vietnam(August 15th 1979). [러

시아연방 국가 문서고, 베트남 교육부 장관 응우옌 티 빈 (Nguyen Thi Binh)이 베트남 중등교육 개혁 문제 논의를 위해 소련에 베트남 대표단을 파견하는 실무 프로그램에 관해 소련의 교육부 장관 프라코페프 (Prakophev)에게 보낸 서한 (1979년 8월 15일)].

Tổng cục Thống kê. 1975. *Niên giám thống kê*, [통계연감].

Trần Phương Hoa. 1998. "Vietnamese Higher Education at the Intersection of French and Soviet Influences." Ph.D. Dissertation, State University of New York at Buffalo.

Trần, Thị Thu Hương. 2016. "Công tác đào tạo đội ngũ cán bộ của miền Bắc Việt Nam ở nước ngoài thời kỳ 1954-1975", *Nghiên cứu Lịch sử*, N11, 31-37 ["1954-1975 년간 베트남 북부 해외 인적 자원 훈련", 『역사연구저널』].

Việt nam-Liênxô 30 năm quan hệ [베트남-소련 관계 30년]. 1983. Hanoi. Foreign Affairs Publisher. Moscow: Progress Publisher.

6장

중국에서 소련형 대학모델의
이식과 탈피

채미화

I. 들어가며

대학모델이라는 것은 대학의 특정한 제도적 존재방식이며 대학이 현실가운데서 객관적으로 존재하는 외부환경에 대한 모방이고 제도적인 배치이다. 보다 구체적으로 말한다면, 대학의 제도, 대학의 역량, 대학 관리기제, 전공과 커리큘럼 설치, 인재 양성 등 형식적인 "도구"와 이러한 표상 가운데 심층적으로 존재하는 대학의 이념과 대학의 정신으로 구성된다.

중국에서 고등교육은 세계적으로 오래된 전통을 가지고 있지만, 현대적인 의미에서의 중국의 대학교육은 19세기 말부터 20세기 초

엽에 시작된 것으로 백여 년 남짓한 역사적인 발전과정에서 지속적으로 외국의 대학모델을 거울로 삼으면서 자국의 대학을 발전시켜 왔다. 근대적인 고등교육에 있어서 중국은 후발국가로서 경험이 부족한 상황에서 선진국의 대학모델을 이식하는 것은 자국의 고등교육을 신속하게 발전시킬 수 있는 효과적인 방법이었다. 중국의 근대 대학은 일본, 독일, 미국의 영향을 많이 받았고, 1949년 이후에는 소련의 영향을 많이 받았다.

여기에서는 1949년 중화인민공화국이 성립된 후, 중국에서 소련형 대학모델이 어떻게 이식되었으며, 근래에 여기로부터 어떻게 탈피하여 갔는가를 분석함으로써, 중국 고등교육제도의 특징과 발전 전망에 대하여 살펴보려는 것이다.

II. 중국 고등교육의 형성과 소련형 대학모델의 이식

중국의 근대교육사에서 최초의 대학교육은 1862년, 양무운동 가운데서 건립된 신식학당인 "경사동문관(京師同文館)"의 설립으로부터 시작되었다. "경사동문관"은 영어, 프랑스어, 독일어 등 언어학 과목의 개설로부터 시작하여 천문(天文), 수학(算學), 지리(地理), 전기학(電學), 국제공법(公法) 등 자연과학과 기타 응용학문 과목을 설치하고 교과 과정을 개설하였으며 과학기술을 습득하는 신형의 인재를 양성함으로써 중국 고등교육의 근대화에 커다란 기여를 하였다.

1895년 갑오전쟁 이후 중국의 고등교육은 외국의 고등교육 모델을 본격적으로 도입하였다. 1896년 7월, "경사대학당(京師大學堂)"의 설립은 일본 대학제도의 모델을 고등교육에 도입한 최초의 시도였다. 경사대학당은 "전인인재육성"을 목표로 삼고 서양의 선진적인 과학기술 뿐만 아니라 서양의 사회, 정치, 경제, 법률, 관리 등 다방면의 지식을 학생들에게 전수하였다. 경사대학당에서는 1910년 경과(經科), 법과(法科), 문과(文科), 이과(理科), 농과(農科), 공과(工科), 상과(商科) 등 학과들을 설치하였다. 이로써 사서오경(四書五經) "일괄"의 봉건적인 학술적 형태로부터 분과적 학문이 형성된 근대적인 학술형태로의 전격적인 변혁을 이루었으며 대학 학과체계의 초보적인 형성을 이루었다. 경사대학당은 명실공히 근대적 형태의 대학인 북경대학으로 부상하였는데 이러한 변화는 차이웬페이(蔡元培)선생이 독일 경전대학의 이념을 본보기로 주도한 교육개혁에서 비롯되었다. 그는 학술지상주의와 학술자유정신, 대학자치정신을 고취하고 학생들의 "건전한 인격과 개성의 배양"을 교육사상으로 제기하였다. 또한 교수치교(治敎)를 실행하고 학생들이 자기의 흥미와 관심에 따라 지식을 배울 수 있도록 하게 하였다.

1920년대부터 중국의 고등교육은 독일의 대학 모델을 따르던 것에서 미국을 따르는 모델로 전환하였다. 1921년 국립동남대학의 제1임 교장인 궈빙원(郭秉文)은 미국 콜롬비아대학 모델을 도입하여 교장의 리더십아래 3회제를 도입하고, 이사회를 증설하고 학생자치회 제도를 실시하며, 대학의 종합성과 사회 복무역량을 강조하는 등 새로운 교육 시스템을 실행하였다. 미국유학생들이 교사진의 주체를 담당하였던 동남대학은 중국의 고등교육에 거대한 영향력을 미쳤다.

서구적 대학모델의 이식은 중국의 근대고등교육의 신속한 발전을 추동하였으나, 다른 한편으로 전통교육의 정화인 서원정신을 상실하게 만들었다. 말하자면, 선생이 학생을 가르치는 교학의 장이며 사림(士林)들이 학문을 연구하고 문화를 전승하며 교화를 실시하는 중요한 기지로서 서원(書院)이 추구하는 인문정신[1]과 비판정신이 대학의 교육에서 제외된 것이다.

1949년, 중화인민공화국의 성립을 계기로 중국의 고등교육은 새로운 역사적 시기로 들어서게 되었다. 중국공산당이 집권한 후 사회주의제도가 실시되는 상황에서 소련의 경험을 배우는 것은 당시의 정치적 특성에 부합되는 선택이었다. 국가 정무원에서 1949년 12월에 공포한 「중국인민대학 설립에 관한 결정」(이하 「결정」)과 1950년 4월에 제정한 「하얼빈 공업대학 개진계획」은 중국의 고등교육이 전면적으로 소련을 학습하는 서막이 된다. 「결정」에서는 해방구의 기존대학들인 화북대학교, 화북인민혁명대학교, 정법간부학교를 기초로 하고 소련의 대학을 모델로 하는 새로운 정규적 대학인 중국인민대학교를 설립할 것을 결정하였다.

중국인민대학교의 목표는 소련의 경험을 배워 신 중국건설의 여러 분야에서 필요로 하는 다양한 엘리트들을 계획적으로 양성하는 것이었다. 중국인민대학교는 설립 초기, 소련의 전문가 98명을 초빙하고 그들의 구체적인 지도 하에서 소련의 문리대학의 시스템을 도입하며, 교무부, 연구부, 행정사업부와 도서관 등 4개 부문을 건립하였다. 대학의 산하에 8개 학과(系)를 두었는데, 8개 학과는 11개 전공(專修科)으로 구성되었다. 또한 36개의 연구실(敎硏室)을 신설하였다.

---

1 인문정신이란 인격의 발전과 완벽을 추구하고 인간의 가치와 수요를 강조하며 "생활세계"의 존재와 의미에 대해 주목하고 현실생활 가운데서 이러한 가치와 수요 및 정신을 실천하기에 노력하는 자세를 말한다.

소련형 대학모델의 이식은 다음과 같은 몇 가지 점에서 구체적으로 드러났다. 먼저 전국적인 학과조정은 소련의 고등교육모델을 전반적으로 도입하는 전범이 되었다. 1950년 6월에 개최한 전국고등교육회의에서 한 소련 전문가는 "고등교육 개혁의 목적은 '추상적이고 광범위한' 학부(學府)를 구체적이고 특성있는 학과를 갖춘 학부로 개혁하는 것"이라고 지적하였다(【日】大 88豐, 1998: 91). 1950년과 1951년 소규모 범위 내에서 진행된 커리큘럼 조정은 1952년 이후 전국적인 범위에서 본격적으로 진행된 커리큘럼 조정을 위한 토대가 되었다. 1952년 5월, 교육부에서는 「전국 고등학원 및 대학 조정계획(초안)」을 제정하였다. 여기에서는 "산업건설을 위한 인재와 학교의 교사양성을 중점으로 삼고 전문학원의 발전과 종합대학의 정돈 및 강화"를 조정의 주요방침으로 정하였다.

북경과 천진 지역에서부터 시작된 학과조정은 곧 전국 각 행정지역의 고등학교에서도 계획적이고 순차적으로 신중하게 진행되었다. 이와 같은 학과조정에 의하여 기존의 중국의 종합대학은 소련식의 문리종합대학으로 전변되었다. 기존 종합대학교에서 공과대학을 분리하고, 사범학원과 대학을 분리시켜 통합하고, 농림, 의학과 의약, 재정경제, 정법, 예술, 체육 등 전문학원이나 대학을 분리시켜 새롭게 전문대학으로 개편하였다. 기존의 다양한 학과가 병존했던 종합대학교는 넓은 의미에서의 문과(文科)와 이과(理科) 두 개의 학과만 남게 되었다.

또한 소련의 모델에 따라 여러 개의 학과를 가진 공업대학이 건설되었다. 남경공학원, 중경대학교, 하얼빈공업대학교 등은 바로 이 시기에 설립된 것이다. 즉 단과성격을 지닌 전문대학이 커다란 발전을 이룩하게 되었다. 이러한 전문대학은 기존의 종합대학교에서 분리되어 나온 것, 여러 개 대학의 학부를 해체한 후 함께 통합하여 설립한 것, 새롭게 건립된 것 등 세 개 유형으로 나눌 수 있다.

1953년까지 전국적인 학과조정을 거쳐 중국의 고등학교는 201개로부터 182개로 감소되었다. 그 중 종합대학교가 14개, 사범대학이 31개, 공업대학이 38개, 농림대학이 29개, 재경대학이 6개, 의약대학이 29개, 어문학대학이 8개, 정법대학이 4개, 체육대학이 4개, 예술대학이 15개, 소수민족대학이 3개, 기타 대학이 1개였다(劉光, 1990: 58-59). 학과조정을 거쳐 중국의 고등교육체계는 성격이 단순하고 목적이 명확한 종합성대학교, 많은 분과적 공업대학, 단과성(單科性) 전문대학의 분포로 형성되었다.

둘째, 소련의 대학을 모델로 고등교육운영체제를 개혁하였다. 소련형 모델을 도입하기 이전 중국의 고등교육은 공립대학과 사립대학이 공존하는 다양한 운영체제로 실행되고 있었다. 공립대학으로는 중앙정부가 주체가 되어 운영하는 국립대학과 지방정부가 주체가 되어 운영하는 성급대학(省級大學)이 있었고, 사립대학으로는 중국인이 자체적으로 운영하는 대학 혹은 외국의 교회단체의 지원을 받는 사립고등학교, 교회대학이 있었다. 이러한 운영구조는 국가 정무원에서 1950년 7월에 통과한 「고등학교 영도관계에 관한 결정(关于高等学校领导关系的决定)」(이하 「결정」)에 의해 철폐되었다. 이 「결정」에 따라 모든 사립대학과 교회학교는 공립대학으로 개편되거나 전부 국가 운영체제로 전환되었다. 고등교육의 국유화개조가 완성된 이후 국가가 투자하여 운영하고 국가에서 대학을 관리하는 단일한 중국의 고등교육체제가 확립된 것이다.

셋째, 소련적 특색을 지닌 부문관리 체제가 도입되었다. 1953년, 정무원에서 공포한 「고등학교 영도관계를 수정할 데에 관한 결정에서 고등교육부서와 중앙정부의 각 업무부서는 서로 밀접하게 협력하여 전국의 고등학교에 대해 통일적이고 집중된 영도를 실시할 것을 규정하였다. 사실상 이것은 중앙 고등교육부와 중앙 관련 부서의 공조를 통하여 전국의 고등교육을 책임지고 관리하는 지도체제를 확립한 것이었다. 이로써 소련의 고도로 집중되고 계획적이며 통일적인 관리방식과 중앙정부와 지방정부가 지역을 나누어 분할 관리하는 체제를 철저하게 도입한 것이다.

넷째, 소련 고등교육의 전공(專業)체계를 이식하였다. 기존 중국 대학의 기본적인 행정체계는 종합대학에 몇 개의 학원(學院)이 있고, 그 아래에 다시 학과(系)는 두는 것이다. 하지만 학과 조정을 거치면서 대학의 행정체계는 중간 단계에 해당하는 학원이 없어지고 대학이 직접적으로 학과를 관리하는 이원(二元)관리 체계로 전환되었다. 그리고 소련의 전공설치의 모델을 이식하여 학과를 몇 개의 전공으로 나누었다. 과거의 전인교육이 새로운 "전공교육(專業敎育)"으로 전환된 것이다. 그 결과 국가에서 직접 고등학교 전공을 계획적으로 작성하고 전국의 고등학교에 215개의 전공을 설치하였다.

1957년 학과 조정이 끝난 이후, 전국 대학의 전공은 323개로 확대되었는데 그것은 문과(文科) 26개, 이과(理科) 21개, 공과(工科) 183개, 농과(農科) 18개, 임과(林科) 9개, 의약과(醫藥科) 7개, 사범(師範) 21개, 재경(財經) 12개, 정법(政法) 2개, 체육 2개, 예술 2개였다(敎育部計劃財務司, 1985: 53).

전공의 교육목표에 근거하여 국가에서는 일괄적으로 낡은 교육과정을 개조하고 소련의 대학 모델대로 전공의 커리큘럼을 제정하였다. 전국의 대학들에서는 공통적인 교학계획과 커리큘럼에 의해 교학활동을 진행하였다.

III. 소련형 교육모델 이식에 대한 반성과 정리

새 중국이 건립된 후, 서구 열강들이 중국을 봉쇄하고 적대시하는 국제적인 환경에서 중국 정부는 불가피하게 소련적 모델을 도입하고 소련의 지원 하에 국내 고등교육의 발전을 추진하여야만 했다. 소련형 고등교육 모델을 전반적으로 모방하고 도입하면서 중국은 계획적이고 순차적으로 학과조정을 실행하였고, 반식민지, 반봉건적 성격으로부터 탈피하여 계획경제 체제하에서의 사회주의 고등교육체계를 빠른 시간 내에 초보적으로 건립할 수 있었다. 아울러 국민경제의 회복과 발전을 도모하는데 시급히 요구되는 인재를 육성하였을 뿐만 아니라 고등교육의 발전을 위하여 기초를 마련하였다.

소련형 대학모델의 전반적인 이식은 중국 고등교육의 발전에 큰 영향을 미쳤다. 무엇보다도 고등학교의 운영 과정에 권력의지가 지배적인 힘으로 작용하게 됨으로써 대학 자체의 성장과 발전 법칙은 거의 사라지게 되었다. 이러한 폐단은 대학제도, 대학조직구도, 대학경영사상과 대학의 교수강의, 교재와 교수방법에 이르기까지 폭넓게 나타났으며, 전통적인 서원(書院)정신인 인문정신과 비판정신이 대학문화에서 단절되었을 뿐만 아니라, 20세기 초 서방국가의 성공한 고등교육의 경험의 수용 역시 철저하게 배제되었다. 집중된 중앙집권제와 지역을 분할하여 통일적으로 관리하는 고등교육 관리체제, 단과성(單科性)을 견지하고 이공(理工)과를 분리하는 대학의 구조배치, 전인인재(通才)의 육성을 소홀히 하고 인재의 전문성만을 강조하는 전공설치, 교육의 정치성과 도구성을 내세우는 교육이념이 자리 잡게 되었다. 이로써 종합대학교와 전문대학 사이의 연결 고리가 단절되고 지식의 상호적인 영역은 심각하게 분리되었다. 대학의 주요 목적과 역할은 사회주의 건설을 위해 헌신할 수 있는 전문형 인력을 배출하는 것으로 되어버렸다.

그러나 중소관계가 악화되면서 소련정부는 중국에 파견하였던 소련의 전문가들을 모두 철수시키고 중요한 설비들에 대한 공급과 고등교육을 비롯한 모든 분야의 지원을 일방적으로 중단하였다. 1956년, 중국공산당 제8차 대표대회의 소집은 소련형 대학모델에 대한 반성을 촉구하고 중국 자체의 고등교육 발전경로를 모색하는 변화의 서막을 열었다. 1957년 2월, 마오저뚱(毛澤東) 주석은 「인민내부의 모순을 정확히 처리하는 것에 관하여」란 보고문에서 과학기술 교육을 위주로 하는 소련형 고등교육의 모델을 비판하고 고등교육에서 사상정치교육을 강화할 것을 제안하였다.

이의 주요 내용은 "목전 우리에게 있어서 사상정치사업에 대한 강화가 요구된다. 지식인, 청년 학생들은 모두 전공 공부뿐만 아니라 사상적으로 진보해야 하며 정치적으로도 진보해야 한다. 따라서 사상정치에 대한 학습이 요구된다"는 것이었다. 이 보고에서 마오저뚱은 "우리의 교육방침은 교육받는 자들로 하여금 지(知), 덕(德), 체(體) 등 몇 개 방면에서 모두 능력이 개발되며 사회주의적 신념이 있고 문화가 있는 노동자로 육성하도록 하여야 한다"고 명확히 지적하였다.

1958년, "확대 중앙사업회의에서의 강화"에서 "자력갱생을 위주로 하면서 외국의 지원을 부차적으로 쟁취하여야 한다"는 마오저뚱 주석의 전략방침이 제기되었다. 같은 해 9월, 중공중앙과 국무원이 공동으로 반포한 「교육사업에 관한 지시」에서 50년대 초반에 소련형 대학모델을 그대로 답습했던 것과는 구별되는 새로운 교육방침과 교육노선을 제시하였다. 즉 소련형 대학모델의 이식으로 형성된 중국의 고등교육제도를 전면적으로 개혁할 것에 관한 정책을 명시하고 중국 자체의 고등교육 발전경로와 체제에 대한 탐색을 시도한 것이었다.

문건에서는 다음과 같은 사항을 특별히 강조하였다. 먼저 학생들에게 과학문화지식을 습득하도록 인도해야 할뿐더러 학생들에 대한 사상정치교육에 역점을 주어야 한다. "학생들의 성적에 대한 평가에서도 반드시 정치사상 신념에 대한 표준을 선차적인 순위에 놓아야 한다." 다음으로 생산노동을 대학교의 정규 학과목으로 한다. "모든 학교에서는 반드시 생산노동을 정규 학과목으로 설정하여 각 학생들이 학교의 규정에 따라 일정한 시간의 노동에 참여하여야 한다." 마지막으로 대중의 의견에 따라 학교를 운영하며 교학내용을 개혁하여야 한다. "오직 전문가만이 학교를 운영할 수 있고 대중은 교육을 알지 못한다는 관점과 학생이 선생님을 평가해서는 안 된다는 견해는 시대착오적인 것이다." "고등학교의 교재(教材)는 반드시 당위원회의 지도하에서 당위원회와 교수, 학생의 '3자 결합' 방법을 견지해야 하며 논쟁과 변론을 통하여 진실되게 수정하여야 한다."

「교육사업에 관한 지시」 문건에서는 마르크스주의와 마오저뚱 교육사상을 지침으로 삼아 소련형 대학모델을 맹목적으로 추종했던 역사적인 교훈을 분석하고 마무리하면서, 향후 교육이 사회주의 건설과 공산주의사회의 실현을 위해 복무하여야 한다는 새로운 교육노선을 보여주었다.

상술한 새로운 교육노선에 의하여 1958~1960년의 "교육대혁명"이 개시되었다. "교육대혁명"은 우선 고등교육 관리체제에 대한 전면적인 개혁을 추진하였다. 대학의 운영체제에서 일부 대학과 중등전문학교를 중앙에서 직접 관리하는 이외에 기타 대학과 중등전문학교를 모두 각 성, 시, 자치구에서 관리하도록 권한을 이양하였다. 1958년 권한이양이 실시된 후 교육부와 중앙의 기타부서에서 직접 관리하던 대학은 100개로부터 37개로 줄어들었고 지방에서 관리하는 대학 수는 127개에서 190개로 증가하였다.

당시 고등교육사업발전에 대한 총괄적인 계획 및 대학교 설립 표준과 법령, 그리고 그에 상응한 규정 및 제도가 불명확하였기 때문에 각 지방에서는 나름대로 학교 수와 신입생의 모집규모를 확대하였다. 고등학교는 1958년 총 227개로부터 1960년 1,289개로 증가하였는데, 그 증가폭은 462.85%에 달한다. 대학생은 1957년 4,410,000명으로부터 1960년에는 9,620,000명으로 증가되었는데, 이는 118.1%가 증가한 것이다(劉一凡, 1991: 44).

"교육대혁명"은 국가에서 일괄적으로 신입생을 모집하고 일괄적으로 졸업생들을 직장에 배치하던 기존의 신입생 모집제도와 졸업생 배치제도를 개혁하여 각 대학에서 자주적으로 신입생을 모집할 수 있게 하였으며 시험 응시시간도 자의적으로 조절하도록 하였다. 그러나 "교육이 생산노동과 결합되어야 한다"는 교육 이념 하에 대학운영의 대중성과 실천성을 고집하였기에 고등교육의 질서가 파괴되고 교육수준은 크게 저하되었다.

교육질서가 혼란해진 국면에 직면하여 1960년 12월 중국공산당 중앙위원회(中共中央)에서는 "조정(調整), 공고(鞏固), 충실(充實), 제고(提高)"라는 팔자(八字) 방침을 제기하였다. 8자(八字)방침에 근거하여 전국의 대학교를 새롭게 통폐합하고 전국의 여러 대학에 이미 설치된 전공을 다시 조정하였으며, 대학교의 교수와 직원들을 정리하였다. 1961년 이후 2차의 통폐합을 거쳐 대학교 수는 1,251개에서 406개로 축소되었다. 대학에 설치된 전공도 두 차례의 조정을 거쳐 549개로 감소되었다. 교수와 학생의 비율은 1:6.5~7.0로 규정되고 수만 명의 교직원이 감소되었다.

8자(八字)방침에 의한 대학의 조정은 고등교육의 전공구조, 특히 전공의 구분과 전공의 분포를 새롭게 조절함으로써 전공의 중복 설치에 의해 나타난 일련의 문제와 대학운영에서 제기되는 일부 문제들을 해결할 수 있었다. 그러나 대학의 통폐합 과정에서 지역적 분포문제는 간과되었고, 전공의 설치와 구분에서도 전공영역이 협소하다는 문제를 해결하지는 못하였다.

중국역사의 특수성 때문에 중국의 고등교육은 순조로운 발전을 이룩할 수 없었다. 1966년부터 1976년까지 10년간 지속된 무산계급 "문화대혁명"시기는 중국의 고등교육이 참혹하게 파괴당한 재난의 시기였다. 대학시험 제도와 대학원생 제도가 폐지되었고, 유학생 파견도 중단되었다. 이 시기에는 "공장노동자, 농부, 병사(工農兵)"를 받아들이는 학생모집제도와 "문을 열고 대학을 경영하는 (開門辦學)" 대학운영방식이 실시되었다. 1976년 10월, "문화대혁명"의 혼란이 수습되고 1984년까지의 정비과정을 거친 후 1985년 이후부터 중국의 고등교육은 새로운 변혁기에 들어섰다.

IV. 중국 고등교육의 개혁발전과 소련형 대학모형의 탈피

1978년 결정된 개혁개방 정책에 따라 중국은 경제영역에서 외국의 자금과 설비, 기술을 도입하였을 뿐만 아니라 고등교육 영역에서 서양의 발달한 교육개혁의 경험을 받아들였다. 특히 미국 대학 모델이 큰 영향을 미쳤다. 20세기 중엽 이후로부터 미국대학은 세계대학의 주요 모델이 되었다(王洪才, 2011). 유럽의 대학 모델을 기초로 하여 자국의 고등교육을 성공적으로 발전시킨 미국은 대학의 역할을 인재양성과 과학연구 그리고 사회복무 등의 영역으로 발전시켰다. 아울러 전통적인 대학체제를 대학원 체제와 예과 체제가 공존하는 것으로 확장하였으며, 여러 단계와 다양한 유형의 고등교육 조직이 각기 독자적인 기능을 수행하면서도 서로 간에 원활한 소통이 이루어지는 고등교육체계를 구축하였다.

중국에서 개혁개방을 실시한 이후 미국의 대학은 중국 고등교육의 모델이자 이식의 대상이 되었다. 중국은 미국을 중심으로 한 서구의 고등교육발전의 경험을 다각적으로 받아들이면서 고등교육의 새로운 발전경로를 탐색하였다. 반세기동안 중국의 고등교육이 이룩한 성과는 미국을 위주로 한 서구의 선진적인 대학의 경험을 거울로 삼고, 소련형 대학모델의 영향에서 점차적으로 탈피해 나간 탐구와 개혁의 결과였다.

1985년 5월, 「교육체제를 개혁하는 것에 관한 중국공산당중앙위원회 결정」(이하 「결정」)은 새로운 역사적인 시기에 중국에서 고등교육 개혁을 실시함에 있어서 이정표적인 의의를 지닌 문헌으로서 중국 고등교육개혁의 서막을 열어놓았다. 「결정」에서는 우선 중국의 고등교육 관리체제에 존재하는 폐단에 대하여 예리하게 지적하였다. 정부 관련 부서에서 고등교육에 대해 절대적인 통제와 관리를 실시함으로써 대학이 자체의 활력을 찾지 못하고 있는 현상에 대해 "근본적으로 이러한 상황을 개혁해야 하는데 관리체제에 대한 개혁을 통하여 거시적인 관리를 강화하는 동시에 '행정의 간소화와 권한위임(簡政放權)'을 철저히 실행하여 대학의 운영자주권을 확장하여야 한다."고 지적하였다(中共中央關於教育體制改革的決定, 1985). 「결정」의 정신에 의거하여 1985년부터 1991년 사이 중국의 고등교육은 운영체제, 관리체제, 투자체제, 고등학교의 학생 모집과 학비 수

납 및 졸업생 취업제도, 고등학교 내부의 관리체제를 중심으로 전면적인 개혁을 실행하였다(程恩慶, 張全芬, 2012: 22-26). 이상의 다섯 가지 방안의 체제에 대한 조정을 거쳐 고등교육의 체제, 교육구조, 교육내용과 방법이 사회주의 시장경제의 발전과 요구에 어울리도록 개혁하였다. 이로써 낡은 교육내용과 방법을 과감하게 폐기하고, 교육의 대외개방을 더욱 발전시켜 국제적 교류와 협력을 강화하고, 세계의 발전된 교육모델의 경험을 받아들였다.

1985~1991년의 고등교육의 5대 체제에 대한 1차적인 개혁을 토대로 1993년, 중국공산당중앙위원회와 국무원에서는 연합으로 「중국 교육개혁과 발전강요(綱要)」(이하 「강요」)를 반포함으로써 중국 고등교육체제 개혁의 심화를 촉구하였다. 「강요」(綱要)에서는 덩샤오핑(鄧小平)의 남방시찰 시기에 발표한 강화와 중공 제14차 대표대회 정신을 지침으로 삼고, 21세기를 향한 중국 고등교육개혁의 방향과 목표 및 전략방침을 제기하였다. 이 「강요」의 반포는 중국의 고등교육 개혁이 새로운 역사적 시기에 들어섰으며 이 시기의 교육체제 개혁은 "전면적인 심화발전"에 역점을 두고 중점적인 문제와 난제를 공략하는 것임을 시사하고 있다.

요컨대, 1993년 이후부터 현재까지 중국의 고등교육 개혁은 "사회주의 시장경제체제"에 적응하고 정치와 과학기술제도의 완성에 일조하면서 운영체제의 개혁, 투자체제의 개혁, 학생모집과 학비수납 및 졸업생 취업제도의 개혁을 더욱 깊이 있게 진행하고자 하는 새로운 탐색이었다. 동시에 이 시기 고등교육 개혁은 "공건(共建), 조정(調整), 합병(合併), 합작(合作) 운영과 참여 운영"을 주요한 접근방식으로 하면서 관리체제에 대한 개혁에 있어서 중요한 돌파구를 이룩하였다.

법제에 의거하여 자주적으로 학교를 운영하고 민주관리 제도를 실행하는 것은 현대 대학제도의 중요한 특징이다. 1998년 8월, 제9기 전국인민대표대회 상무위원회 제4차 회의에서는 「중화인민공화국 고등교육법」을 통과시키고 1999년 1월부터 정식으로 실시하였다. 「고등교육법」은 고등학교의 권리와 의무를 명시하고, 사회에서 자주적으로 학교를 운영할 수 있는 법인실체로 확정되었다. 아울러 고등학교의 자주적 운영권리를 확대하고 고등교육의 중앙, 성(자치구, 직할시), 중심도시 등 3급 운영체제를 규정하였다.

고등교육개혁이 점차 깊이 있게 추진되면서 사회적으로 고등교육의 운영에 참가하는 연합운영도 허가되었을 뿐더러 민간운영의 단일한 방식도 허용되었다. 2016년 5월 30일까지의 통계에 의하면 중국에는 도합 2,879개의 고등교육기관이 있는데 그 중 사립대학이 734개(독립학원 266개를 포함함), 성인고등학교가 284개가 있다.[2]

또한 고등교육 관리체제에 대한 개혁이 추진되었다. 관리체제의 개혁은 대학의 운영권이 확대에서 집중적으로 나타났다. 1985년에 반포된 「결정」에서 대학은 6개 분야에서 자주권을 향유할 수 있다고 명확히 규정하였다. 즉 대학은 국가의 정책과 법령 및 계획에 대한 집행을 전제로 하여 계획 이외의 위탁교육 학생과 자비교육생(自費生)을 모집할 수 있으며, 전공의 방향을 조정하고 교학계획(教學計劃)과 교학대강(教學大綱)을 제정하여 교과서를 자체로 선택하고 편찬할 수 있으며, 사회의 위탁을 받거나 사회와 협력하여 과학연구와 기술개발에 종사하고, 교학과 과학연구, 생산연합체를 건립할 수 있으며, 부총장 및 그 이하의 간부 임명을 자체로 할 수 있으며, 국

---

2 이에 관해서는 다음을 참조. ⟨http://www.moe.gov.cn/jyb_sjzl⟩.

가에서 발급한 건축투자와 경비를 자주적으로 배정할 수 있으며, 자체로 경비를 모금하고 국제적인 교육과 학교간의 교류를 전개할 수 있다는 것 등이다. 이를 계기로 국가의 통일적인 계획에 의하여 신입생 모집과 졸업생을 전부 국가에서 도맡아 배치하던 제도가 개혁되어 지방정부 자체의 학생모집이 허용되었으며 학생들이 학비를 자부담하는 제도가 실시되었다.

1990~2002년에 "공건(共建), 조정(調整), 합작(合作), 합병(合倂)"을 취지로 진행된 고등교육 관리체제개혁은 또 한 차례의 "학과조정"을 가져왔다. 1980년대 중반 국내외 전문가들이 중국의 고등교육규모에 대해 실증적인 조사와 분석을 진행한 결과에 따르면, 중국의 고등교육의 규모는 학생당 교육비와 자원이용률(資源利用率)에 미치는 중요한 요인이라고 지적하였다. 일정한 범위 내에서 학교 규모의 확대는 학생당 비용을 낮추고 대신 자원이용률(資源利用率)을 제고시킨다. 그러나 반대로 학교규모가 매우 작거나 전공이 협소하게 설치되면 학교의 학과설치가 원활하지 못하게 되므로 학생들이 선택할 수 있는 교육과정도 제한을 받게 되고 고등교육의 사회경제적 효과도 낮아진다. 이와 같은 결론은 고등학교의 대규모적인 합병이 보다 적극적으로 추진될 수 있는 근거를 제공해주었으며, 길림대학교, 절강대학교와 같은 "종합형 대형대학(多元化巨型大學)"의 형성을 가능케 하였다.

대형 종합대학교는 고등교육의 대중화와 함께 형성되었다. 1998년 11월, 아시아 개발은행 북경주재 수석전문가 탕민은 "중국경제를 위한 방식인 학생모집 확대"를 하였다. 보고문에서 그는 당시 중국의 대학생 수는 중국과 동등한 발전수준에 있는 기타 국가에 비해 훨씬 적며, 1998년도에는 국가기업의 개혁으로 노동시장에 밀

려든 대량의 노동자들과 젊은이들이 함께 취업 경쟁에 참여하게 된다는 것, 국민들의 절실한 요구는 교육으로서 그것은 경제적 효과의 증가에도 긍정적 영향을 미친다는 것, 교사와 학생비율이 1:7이기 때문에 중국의 고등교육은 학생규모의 확장을 감당해 낼 수 있다는 것, 고등교육의 발전은 중화민족의 부흥에서 가장 중요한 사업이라는 것 등의 문제들을 제기하였다.

중국 교육부는 그의 합당한 제안을 받아들여 1998년도의 대학생 모집수를 108만 명(진학률 8%)으로부터 159만 명으로 확대할 것을 결정하였다. 1999년 1월, 국무원에서 비준한 교육부의 「21세기를 향한 교육진흥행동계획」에서는 처음으로 2010년에 가서 대학교의 "입학진학률을 15%에 도달하게 한다"는 전략적 목표를 제시하고 고등교육 대중화를 슬로건으로 내걸었다. 1999년부터 중국의 고등학교에서는 해마다 신입생모집 확대사업을 가속화함으로써 2002년에 고등교육의 대중화를 앞당겨 실현하게 되었다. 고등교육 대중화의 발전모형은 많은 대학들의 무분별한 확장을 초래하였으며 학생이 3만 명 이상을 초과하는 대형 종합형대학들이 출현하게 되는 사태도 나타나게 되었다. 물론 이와 같은 맹목적인 확장으로 말미암아 중국의 고등교육에는 일련의 문제가 나타나기도 하였다.

둘째, 고등교육의 구조를 개혁하고 중점대학의 질적 수준을 제고하였다. 고등교육구조란 일반적으로 한 개 국가 혹은 지역에서의 각 급별 교육의 분포와 비례에 관한 문제를 가리키는 것이다. 교육구조는 거시적으로 국가의 교육정책, 교육경향과 교육가치관을 반영하고 있으므로 국가가 자체의 교육발전을 조정하는 주요한 경로가 될 뿐 아니라 국가의 교육발전의 수준을 평가하는 중요한 표준으로도 된다(孫琳 謝璨, 2010: 7-8).

사회주의 교육체제가 확립된 이후 중국의 고등교육은 이론을 중시하고 실천을 홀시하며 연구를 중시하고 응용적인 것을 경시하며 전통적인 학과를 중시하고 신흥학과에 대해 경시하는 경향이 강했다. 학과설치 및 인재양성규모가 사회의 인재수요구조와 맞지 않고, 양성되는 인재 유형의 비례가 균형을 잃게 되어 경제사회 발전이 요구하는 첨단산업 인재, 기업과 업종 그리고 사회 고위경영 인재가 심각할 정도로 부족하였다. 이러한 형편에 근거하여 1985년 5월, 「교육체제를 개혁하는데 관한 중국공산당중앙위원회 결정」에서 고등교육의 구조조정의 목표를 명확히 제기하였다. 즉 중등전문학교와 대학교 비례의 비합리적인 국면을 바로잡고 고등전문교육의 발전을 추진하며, 단순하게 전공 설치가 되어있는 폐단을 개혁하고, 교학 내용과 방법, 제도를 개혁하여 교학의 질적 수준을 제고할 것을 요구하였다. 「결정」의 정신에 근거하여 점진적으로 재경(財經), 정법(政法), 관리(管理) 등 취약한 학과와 전공을 발전시키고 신흥 학제와 학과의 성장을 지지하였으며 고등직업교육과 성인교육의 발전을 통하여 고등교육 구조의 다양화를 추진하였다. 그 결과로 2014년 중국의 고등 교육기관 수는 2,529개가 되었는데, 그 중 4년제 대학이 1,202개, 3년제 전문대학이 1,327개로 구성되었다.[3] 같은 해 전국의 전문대학 학생 모집수가 증가되고 일반대학교와 대학원의 학생모집수가 감소되었다. 전문대학과 4년제 대학, 대학원생 모집 비율은 41.9:50.1:8.0에서 43.1:48.9:7.9로 조정되었다.

특히 전공 목록에 대한 검토와 수정사업은 교육구조 개혁의 가장

---

3   이에 관해서는 다음을 참조. 중국의 교육현황 교육부. ⟨http://www.moe.gov.cn/jyb_sjzl⟩.

핵심적인 과제였다. 1987년, 국가교육위원회에서는 본과 전공 목록을 전면적으로 수정하여 기존의 1400여 개의 전공을 800여 개로 축소시켰다. 1993년에 재차 전공 목록을 수정하고 전공 구조를 조정하였다.

1997년, 국가교육행정부서에서는 제3차로 전공 목록 수정사업을 추진하였다. 1997년 수정사업은 과학성, 적응성, 규범성을 원칙으로 삼아, 중국의 현실과 고등교육의 개혁발전을 결부시키면서, 외국의 선진적인 경험을 거울로 삼아 깊이 있는 조사연구와 반복적인 논증을 진행하였다(中和人民共和國教育部教育司, 1999: 9-13). 1년간의 수정과정을 거쳐 전공목록은 249개로 줄어들었으며 전공의 지식체계가 크게 확장되었다. 학점제와 대학평가제도도 개혁의 중요한 항목이었다. 학점제는 "교육평등"을 추진하고 평생 교육형 사회를 구축하기 위한 하나의 강력한 조치로 된다(朱雪波, 2015: 113-118). 사실 1978~1979년 학기부터 난징대학교, 우한대학교, 하얼빈공업대학 등 일부 중점대학에서 학점제를 실행하였다. 1985년의 「교육체제를 개혁하기 위한 중국공산당중앙위원회 결정」에서 처음으로 학점제의 실행을 공식적으로 인정한 것에 이어 1993년, 「전국고등교육개혁발전강요(全國高等教育改革和發展綱要)」에서 전국의 고등교육기관에서 점차적으로 학점제를 실행할 것을 결정하였다. 현재 학점제는 중국 고등학교에서의 교육과 교학관리의 핵심이 되고 있다. 그러나 중국의 학점제는 미국의 학점제를 그대로 이식한 것은 아니다. 미국의 학점제는 국민 소질(素質)을 제고하기 위하여 본과생(本科生)들에 대한 전인교육의 형식을 취하였지만, 중국의 학점제는 전문인재 양성과 전인교육의 방식을 접목시키면서도 보다 더 전문성에 대한 교육을 중시한다. 현재 각 고등교육기관들에서는 자체의 실정에 따라 학년 학점제, 완전 학점제, 계획 학점제 및 복합형 학점제 등 중국적 특색을 띤 다양한 형식의 학점제를 실행하고 있다 (徐華·郭炳心, 2014).

또한 미국 전인교육의 이념을 참조하여 소질교육을 실시하였다. 오랫동안 중국의 고등교육은 소련대학의 모형대로 전공교육을 중시하고 전공에 따라 인재를 양성하였다. 1980년대부터 중국의 고등교육은 피상적인 과학주의교육과 협소한 전공교육에서의 탈피를 시도하여 전공교육으로부터 전인교육으로의 전환을 시행하였다. 많은 대학에서 자체의 실정에 따라, 학생들의 전면적인 발전을 중시하는 소질교육으로 방향을 바꾸고 전통적인 지식교육모형, 지식과 능력 교육의 모형으로부터 소질과 지식, 능력을 포함한 전면발전의 소질 교육모형으로 전환하였다.

1998년 10월, 국가교육위원회의 주관으로 「고등학교 문화소질교육 지도위원회」가 설립되었는데 이는 중국의 교육담당부서에서 추진한 "소질교육공정(素質教育工程)"건설의 첫 단계라고 할 수 있다.

1999년 「교육개혁을 심화시키고 소질교육을 전면적으로 추진하기 위한 중국공산당중앙위원회 국무원의 결정」에서는 다음과 같이 명확히 지적하였다. "전 당과 전 사회는 우리나라 사회주의 사업의 창성과 중화인민공화국의 부흥을 위하여 덩샤오핑(鄧小平)이론을 지침으로 삼고, 제15차 당 대표대회의 정신을 전면적으로 관철하고 실천에 옮기도록 해야 한다. 교육개혁을 심화하고 소질교육을 전면적으로 추진하여 생명력이 있고 중국 특색이 있는 교육체계를 구축해야 하며 과학과 교육을 통해 나라를 부흥시키는 전략을 위해 인재와 지식토대를 튼튼히 마련해야 한다."

소질교육에 대한 중국 정부의 전략방침은 정당한 것이었다. 그러나 "문화소질교육"과 일반교육(通識敎育)의 개념이 엇바뀌면서 사용되기도 하고 또 "창신(創新)교육"의 충격을 받으면서 대학의 교수들은 오리무중에 빠지지 않을 수 없었다. 허다한 경우에 소질교육을 일반교육과 동일시하면서 과학연구와 교육연구를 진행하였는데 그것은 교육과정설치에서 집중적으로 표현되었다.

사실 문화소질교육 학과목은 학생들이 무조건적으로 학습해야 할 필수과목이지만 중국에서는 주로 공통과목 중의 선택과목으로 지정되었고 일반적으로 인문, 사회, 자연 세 개 기본 단위와 이 기본 단위에서 확대된 과목으로 구성되었다. 학생들은 학교에서 내놓은 백여 개의 선택과목(公選課) 가운데서 임의로 몇 개 과목을 선택하고 시간표에 따라 자신이 선택한 몇 개 과목의 수업에 참가하면 해당된 학점을 취득할 수 있었다. 공통선택과목은 수강인원수가 제한되어 있으므로 시스템의 접속이 늦어지면 자신이 수강하고 싶은 과목을 선택할 수 없었다.

이와 같은 공통선택과목의 "자조식(自助式)"선택은 체계 없이 산만하게 흩어진 수강내용일 뿐 학생들의 문화소양지식의 계통적인 형성에 큰 도움을 줄 수 없었다. 현재의 중국 고등교육기관의 소질교육을 올바르게 실행하려면, 소질교육에 대한 이념과 인식에서 근본적인 전환을 가져오지 않으면 안된다. 즉 소질교육을 기능양성을 위한 才藝교육이라고 간단하게 이해하는 인식을 극복해야 할뿐 아니라 소질교육을 눈앞의 성과만 챙기는 도구적인 교육이라고 생각하는 그릇된 견해도 극복해야 할 것이다(蘇君陽, 2008: 29-35).

셋째, "세계일류대학과 세계일류학과의 건설"전략을 실행하였다. 발달한 국가의 경험으로부터 볼 때 고등교육의 질적 향상은 중진국의 함정을 성공적으로 뛰어넘는 데 있어서 중요한 역할을 담당한다.

21세기에 들어와서 눈부신 성과를 이룩한 중국의 경제사회발전은 그에 걸맞는 고등교육의 새로운 도약을 요구하였다. 2010년 7월, 국무원에서 하달한 「국가 중장기 교육개혁과 발전계획 강요(綱要)」는 중국의 고등교육발전의 설계도라고 할 수 있다. 이 「강요」에서는 중국이 교육대국으로부터 교육강대국으로 도약하며 인력자원의 대국으로부터 인력자원의 강대국 건설을 향해 나간다는 새로운 목표를 명확히 제기하였다.

1998년 5월, 장쩌민(江澤民) 주석은 중국의 고등교육은 반드시 "세계일류대학 건설"을 위해 분투해야 한다고 제기하였다. "세계일류대학의 건설"은 중국의 고등교육이 자주적인 발전의 길을 탐색하고, 교육의 세계적인 강대국 도약을 위한 하나의 중대한 전략적 시책으로서 "높은 수준의 대학을 건설"하려는 목표와 내적인 연관을 가진다. 장쩌민(江澤民) 주석이 "세계일류대학" 개념을 제기한 이후 당시 교육부 장관을 맡고 있었던 웬구이런(袁貴仁)은 일류대학에 대한 해석에서 이는 당과 국가가 내놓은 과학흥국(科學興國)의 전략과 내적인 연관성이 있는바 건설성(建設性), 과정성(過程性), 총체성(總體性), 정신성(精神性) 등 네 개 차면을 포함한 개념이라고 지적하였다(袁貴仁, 2002). 다시 말해, "높은 수준의 대학건설"을 소수의 중점대학에만 국한시켰던 기존의 폐쇄적인 개념을 다양한 층위의 대학들에서도 함께 추구하는 개방적인 개념으로 전환시킨 것이다. 이로써 "세계일류대학"과 "높은 수준의 대학건설"의 의미가 이론적으로 승화되었으며 이 또한 고등교육의 전면적인 발전을 한층 더 촉진시켰다.

사실 1993부터 실시된 '211 공정(工程)'[4], '985 공정(工程)'[5] 은 교육 강대국의 건설을 위한 건설프로젝트이다. 국가에서는 우수한 대학과 대학원, 그리고 중점학과 건설사업에 경비를 집중적으로 투자하여 창신(創新)형 인재의 양성과 과학기술의 창조적인 발전을 강력히 촉진하며 비교적 짧은 기간 내에 중국 대학의 학술적 수준을 세계적인 수준으로 끌어올리는 데 주력하였다. 두 개 '공정(工程)'은 핵심적인 건설에 참여한 대학교들의 종합적인 실력과 국제적인 영향력을 뚜렷하게 증진시켰다. 그리고 중국 고등교육의 총체적인 수준을 끌어올림으로써 경제사회의 발전에 있어서 적극적인 공헌을 하였다. 물론 두 개「공정(工程)」을 통하여 중국의 고등교육은 고등교육 강대국과의 거리를 좁혀가기는 했지만 전체적인 수준의 격차는 완연히 존재하는 것이다.

중국의 고등교육수준과 고등교육기관의 창신 능력을 가일층 제고하고 과학흥국(科學興國)과 인재강국(人才強國)의 전략을 보다 더 깊이 있게 관철하면서 2011년에 국가에서는 "2011계획"[6]을 개시

---

4   1995년 11월, 국무원의 비준을 거쳐 원 국가계획위원회와 국가교육위원회와 재정부의 연합으로「'211공정' 종합건설계획」을 하달하였다. 21세기에 백 개 대학을 중점적으로 건설한다는 의미에서 "211공정"이라고 명명하였다. 2008년까지 총 115개 대학이 "211공정"에 들어갔다.

5   1998년 5월 4일, 강택민 주석은 북경대학 설립 100주년경축대회 연설에서 "현대화의 실현을 위하여 세계일류 수준의 대학을 건설"하여야 한다고 선포하였다. 1999년, "985공정"을 정식으로 개시하였는데 중국의 핵심적인 대학으로서 총 36개의 대학이 선정되었다.

6   "2011계획"의 명칭은 그 당시 국가주석인 호금도 동지가 2011년 4월,

하였다. "2011계획"의 목표와 임무는 바로 고등교육기관의 다학과(多學科), 다기능(多工能)의 우위를 발휘하여 국내외의 우수한 연구자원을 규합하고, 이들이 협력하여 협동창신(協同創新)의 새로운 모형과 기제를 건립하고 "2011협동창신센터를 창설하는 것이다. "2011협동창신센터는 첨단적인 창조형 인재들을 취합하고 양성하여 중대한 과학연구성과를 창출함으로써 국제사회에 영향력이 있는 학술적 고지(高地)로, 산업과 산업 일반기술의 연구발명기지로, 지역사회의 창의적 발전을 인도하는 진지(陣地)로, 문화를 전승하는 주력 진영(陣營)으로서의 역할을 담당하는 것이다. 현재까지 국가급 "2011협동창신센터"는 38개가 선정되었는데 2020년까지 도합 80개의 국가급 협동창신센터를 건설할 계획이다.

"2011계획"은 협동창신센터의 건설을 통하여 국가가 현실적으로 시급히 요구하는 인재를 양성하고 최첨단기술과 경제사회발전을 강력하게 추진하는 응용과학 연구성과를 창출하는데 의의를 두고 있다. 따라서 자연과학 분야가 더욱 중요시되고 있으며 문화전승분야에서도 국가의 영토와 주권문제, 국제관계문제 등이 보다 선차적인 위치에 있다. 그러나 "2011계획"은 기초연구분야가 상대적으로 경시되고 있으며 세계일류대학의 건설 전략의 실시에서 어느 정도 미흡한 부분이 있다는 지적도 받고 있다.

2014년 5월 4일, 시진핑(習近平) 주석은 북경대학 교수와 학생들과의 좌담회 석상에서 세계일류대학건설을 반드시 지속적으로 추진해야 한다고 명확히 지시하였다. 국가교육체제개혁 운영위원회에

칭화대학 건교 100주년 경축대회 "協同創新하여 고등교육의 질적수준을 제고" 연설에서 유래된 것이다.

서는 기존의 교육개혁과 일류대학건설의 경험을 분석하고 마무리하면서 국제일류대학의 발전추세를 분석한 토대 위에서 세계일류대학건설방안을 제기하였다. 개혁지도소조 제15차 회의에서 「세계일류대학과 일류학과 건설을 통일적으로 추진하기 위한 종합방안」을 심의, 통과시키고 국무원의 명의로 「종합방안」을 전국에 발표하였다.

「종합방안」에서 제기된 "쌍일류(雙一流)"(세계일류대학과 일류학과 건설의 약칭)건설의 전략적 목표는 고등교육의 개혁체계와 개혁능력의 발전을 촉진하고, 고등교육기관의 인재양성, 과학연구, 사회복무와 문화전승의 창신 수준을 제고하여 이러한 대학들을 지식발견과 과학연구의 중요한 거점으로 키우는 것이다. 중국의 "쌍일류(雙一流)" 건설은 학과의 발전에 초점을 두고 특색학과, 핵심학과의 시범역할과 선도적인 역할에 중점을 둔다. 이것은 중국의 고등교육발전 이념의 중대한 혁신이며 중국적인 특색을 가진 세계일류대학발전모형을 탐색하는 중요한 선색으로도 된다(靳諾, 2016: 3-8).

"쌍일류(雙一流)"건설은 세 단계로 나누어 진행한다. 첫 번째 단계는 2020년까지 일부대학과 학과들이 세계일류의 행렬에 들어서고 일부학과가 세계일류학과의 선두에 서는 것이다. 두 번째 단계는 2030년까지 더 많은 대학과 학과가 세계일류의 행렬에 들어서고 일부대학이 세계일류의 선두에 서며, 더 많은 학과가 세계일류학과의 앞자리에 서게 됨으로써 고등교육의 전체적인 실력이 크게 제고되는 것이다. 세 번째 단계는 21세기 중기에 이르러 일류대학과 일류학과의 양과 수준이 세계의 선두에 도달하며 고등교육의 강대국을 건설한다는 것이다. "쌍일류(雙一流)"건설의 기본적인 임무는 일류수준의 교수진을 확보하고 첨단수준의 창신형(創新型) 인재를 양성하며 과학연구수준을 제고하고 우수한 문화를 전승하고 과학연구성과를 적극적으로 생산실천에 투입시키는 데 있다.

현재 중국의 여러 대학들에서는 "2011계획"과 "쌍일류(雙一流)" 건설 전략을 각 학교의 실정에 맞게 구체화하는데 힘을 쏟고 있다. 길림성 경내의 몇 개 대학만 보더라도 길림대학과 동북사범대학은 일류대학의 건설을 목표로 노력을 경주하고 있으며, 연변대학교, 장춘공업대학교, 길림농업대학교 등 성급대학(省級大學)들에서는 주로 일류학과 건설에 주력하면서 자체의 장점과 특색을 발휘하여 "2011협동창신센터를 설립하였다. 예를 들면 연변대학교의 "조선반도협동창신센터", 장춘공업대학교의 "공간격광통신기술중대수구(空間激光通信技術重大需求)협동창신센터", 길림농업대학교의 "국가상품량기지중대수구(國家商品糧基地重大需求)협동창신센터" 등이 설립되고 활발한 연구활동을 추진하고 있다. 아울러 이러한 대학들에서는 자기 대학의 장점과 특색을 집중적으로 구현한 학과를 선정하여 일류학과 건설을 위하여 자원과 노력을 투입하고 있다.

V. 맺음말

해방 이후의 중국의 고등교육은 평탄하지 않은 발전역사를 걸어왔다. 소련형 대학모형에 대한 이식이 남겨놓은 폐단은 아직도 고등교육의 체제와 구조, 교과과정과 교수방식 등에 흔적이 남아있다. 또한 소련형 모형의 탈피를 추구하면서 "구부러진 것을 바로잡으려다 정도를 지나치는 문제가 나타나기도 하였다. 과도한 학생 모집과 "대형 종합형 대학"의 출현은 고등교육의 내적인 발전에 유리한 방식이라고는 볼 수 없다. 이는 눈앞의 결과를 중요하게 생각하면서 지표(指標)로 제시된 것만 추구하고 내적인 발전을 소홀히 하는 경향, 그리고 교육개혁에서 전승성과 연관성이 결핍되어 있는 현상이 초래되는 것이다. 기초교육의 착실한 발전이 경시되고 지표로 제시된 논문발표의 지표를 추구하는 경향 역시 상당히 중요시되고 있다.

요컨대, 고등교육의 현대적 발전은 전통과 현대, 자국의 발전경험과 외국의 발전경험이 부단히 충돌하고 마찰하고 융합하면서 변화하고 발전하는 과정이다. 오직 교육발전의 내재적 법칙을 존중하면서 과학적이고 미래지향적인 관점으로 자체의 발전경로를 선택하였을 때에 미로에 빠지지 않게 된다. 소련형 대학의 모델이식과 그 탈피과정에 추진한 교육개혁의 경험은 중국의 고등교육의 발전에 있어서 좋은 거울이 될 것이다.

::참고문헌

김태연. 2011. "1950년대 중국 대학의 中文系 체제개편과 문학담론의 변화." 『中國語文學誌』 37, 487-510.

程恩慶·張全芬. 2012. "中俄兩國高等教育改革對比及合作一體化問題初談." 『河北大學學報(社會科學哲學版)』, 2012. 3, 22-26.

陳磊. 2015. "論新中國成立後的高等教育改革." 『高等教育研究』, 2015. 8, 28-35.

大冢豐(日本), 黃福濤 譯. 1998. 『現代中國高等教育的形成』, 北京師範大學出版社.

黃成亮. 2010. "中國大學模式探析." 『高等教育研究』, 2010. 12, 16-23.

黃福濤. 2002. "蘇聯高等教育模式形成的曆史考察." 『清華大學教育研究』, 2002. 5, 57- 64.

教育部計劃財務司. 1985. 『中國教育成就統計資料(1949~1983)』. 北京人民教育出版社.

焦德杰. 2010. "拿來主義的狂歡與落幕." 『河南社會科學報』, 2010. 9, 183-184.

靳諾. 2016. "世界一流大學一流學科建設的"形"與"魂"." 『國家教育行政學院學報』, 2016. 6, 3-8.

劉一凡. 1991. 『中國當代高等教育史略』. 武漢華中理工大學出版社.

劉光. 1990. 『新中國高等教育大事記(1924~1987)』. 東北師範大學出版社.

李均. 2015. "中國高等教育政策65年: 嬗變與分析." 『大學教育科學』, 2015. 2, 79-87.

李學麗. 2014. "中國大學模式移植研究——歷史的視角." 山東師範大

學 博士學位論文.

陸道坤. 2013. "短暫的體制與長存的精神." 『大學教育科學』, 2013. 5, 77-83.

孫琳‧謝璨. 2010. "淺析我國高等教育結構的調整." 『科教導刊』, 2010. 1, 7-8.

蘇君陽. 2008. "素質教育認識論的誤區及其超越." 『北京師範大學學報(社會科學版)』, 2008. 6, 29-35.

吳立保. 2013. "中國大學的文化困境與文化創新." 『中國高教研究』, 2013. 6, 43-47.

王建華. 2016. "中國大學的文化性格: 歷史省思與理性建構." 『高校教育管理』, 2016. 1, 6-10.

王洪才. 2011. "現代大學制度: 世紀的話題." 『復旦教育論壇』, 2011. 3, 24-34.

徐華‧郭炳心. 2014. "國內外高校學分制發展歷史綜述." 『中國科教創新導刊』, 2014. 1, 11-21.

袁貴仁. 2002. "建設社會主義高水平大學的動員令: 學習江澤民同志關於建設一流大學的論述." 『求實雜誌』7, 51-54.

中華人民共和國教育部教育司. 1999. "中國高等教育20年." 『人大報刊復印資料(高等教育)』, 1999. 1, 9-13.

張萌. 2016. "從模式移植到本國模式." 『現代教育科學』, 2016. 2, 5-26.

張繼明. 2012. "大學模式問題研究綜述." 『教育考試』, 2012. 5, 53-56.

朱雪波. 2015. "高校實施完全學分制的困境與對策研究." 『高等工程教育研究』, 2015. 1, 113-118.

7장

북한에서 소련형 대학모델의 이식과 희석화[1]

정근식 · 김윤애 · 임수진

I. 문제 제기

2016년은 남북한의 수위 대학인 서울대학교와 김일성종합대학이 설립 70주년을 맞는 해였다. 서울대학교의 역사에서 가장 큰 논란거리가 일제강점기하에서 설립 운영되던 경성제국대학과의 연속성 여부라고 한다면, 김일성종합대학의 역사에서 가장 큰 논란거리는 무엇일까? 북한의 대학을 연구할 때 가장 흔하게 제기되는 문제의 하나는 김일성종합대학의 설립에 관한 것이다. 이 대학이 설립될 당시

---

1   이 글은 『아시아리뷰』 7권 1호(2017)에 실린 논문을 수정한 것이다.

에 평양의학전문학교나 대동공업전문학교와 같은 일제강점기에 설립된 고등교육기관의 유산을 전혀 활용하지 않은 것은 아니지만, 비교적 널리 알려진 초기의 교수진용 때문에 새롭게 설립된 것으로 인식되어왔다. 그러나 대학 설립 과정에 일본의 제국대학 모델이 어떤 영향을 미쳤는지, 또는 소련군이 가져왔음직한 소련형 대학 모델이 어떻게 적용되었는지를 질문한다면, 그제서야 우리는 북한의 대학에 관하여 별로 진지하게 검토한 적이 없다는 사실을 깨닫고 놀라게 된다.

북한의 고등교육과 연구의 중심은 김일성종합대학과 김책공업종합대학을 정점으로 하는 '중앙' 대학들과 과학원, 사회과학원 등의 학술기관이라고 할 수 있다. 북한 대학의 역사는 주지하다시피 1946년 10월에 김일성종합대학이 설립되면서 시작되었는데, 우리는 이런 단순한 사실로부터, 당시에는 김일성이 북한의 최고 지도자로 부상하기는 했지만, 명백히 최고 지도자로서의 권위나 권력을 가지고 있지 않은 상태였고, 또한 어떤 학술적 권위도 갖지 않은 지도자였는데, 어떻게 최초이자 최고의 고등교육기관을 설립하면서 '김일성'이라는 명칭을 사용할 수 있었을까라는 질문을 이끌어낼 수 있다. 당시 소련에서도 최고의 국립대학의 명칭에서 레닌이나 스탈린을 차용하지는 않았다는 점을 감안하면, 이런 질문은 매우 도전적인 질문에 속한다.

이와 함께 우리는 거의 주목되지 않은 질문, 즉 김일성종합대학이 설립된 지 2년 만인 1948년 의과대학과 공과대학이 별도의 대학으로 분리되었는데, 왜 그런 변화가 발생했으며, 1946년과 1948년의 김일성종합대학은 어떤 차이가 있을까라는 질문을 제기할 수 있다. 이 질문 또한 북한의 고등교육사에서 아직 충분히 해명되지 못한, 소련 군정의 역할과 이들이 참조한 대학 모델을 검토하도록 유도한다.

　세계적으로 볼 때, 제2차 세계대전의 종전과 함께 소련군이 점령한 지역에서는 소련의 정치적 영향력이 컸을 뿐 아니라 소련이 성취한 근대성이 널리 인정되었다. 이태준의 『소련기행』(1947) 등에서 알 수 있듯이 한국의 지식인들 사이에서도 소련적 근대성이 널리 인정되었고, 사회의 각 분야에서 소련식 모델의 이식이 이루어졌다. 이런 현상은 교육 분야에서도 널리 나타났으며, 북한에서 초기 대학의 설립과 대학 교육내용에 소련의 영향력이 상당했다(김동규, 1990; 김선호, 1990; 신효숙, 1998). 그러나 소련형 대학 모델에 대한 명확한 정의를 내리면서 그것이 북한의 대학교육에 어떻게 관철되었는지를 분석한 연구는 많지 않다(Kuraev, 2014). 이 글은 이런 상황을 염두에 두고, 일차적으로 소련의 고등교육, 즉 대학·연구기관의 '소련형' 모델에 관한 기존의 논의를 살펴보고, 북한의 대학 설립과 그 변화 과정에서 나타나는 특징들을 소련형 대학 모델의 형성과 해체라는 맥락에서 살펴보려고 한다.

1. 소련형 대학 모델

원래 소련의 대학은 유럽에서 발전한 대학 모델에 기초하고 있지만, 볼셰비키 정부 수립 이후 사회주의 대학의 모습을 드러냈고, 이는 특히 스탈린이 채택한 고등교육정책으로 많은 변화를 겪었다. 볼셰비키는 권력 장악 이후 사회주의 혁명 이상에 입각한 교육정책의 개혁을 단행했다. 혁명 초기의 교육정책은 부르주아 계급의 타파와 공산주의적 인재 양성을 지향한 것으로, 노동자와 농민을 중심으로 한 기술전문가 육성을 목표로 했다. 그러나 높은 수쥰의 학문적 전통의 쇠퇴를 우려한 많은 지식인이 집단적으로 반발하면서, 적지 않은 마찰이 있었다. 레닌은 비교적 중도적인 입장에서 고등교육정책을 펼치고자 한 것으로 보이지만(박원용, 1999), 정치적 불안정성과 함께 초기 러시아의 교육정책은 유동적이고 불안정했다.

소련의 교육정책이 뚜렷하게 변화하기 시작한 것은 스탈린이 권력을 장악한 1920년대 후반부터라고 볼 수 있다. 사회주의 체제 발전을 위하여 교육은 매우 중요한 것이었다. 스탈린은 기술교육과 전인교육을 교육의 목표로 삼았고, 중앙집권적 교육정책을 통해 공산주의의 사상교육을 집중적으로 실시했으며, 노동자 예비학교 등을 신설해 계급적 고려를 고등교육에 반영했다. 1930년대 초반에 고등교육에서의 정치사상화 뿐 아니라, '전인적 기술자' 양성을 위한 고등교육 구조가 어느 정도 확립되었다. 1939년 대학교육 내 혼재되었던 외국식 교육, 특히 미국식 교육을 완전 제거하고, 이른바 '소련형 대학 모델'을 확립했다(김동규, 1989). 제정 러시아의 교육제도로부터 완전한 개혁을 도모한 소련의 고등교육제도는 귀족 또는 부르주아 계급에만 한정되었던 대학교육을 완전 개방했고, 대학을 증설했다. 김동규(1989)에 따르면, 1929~1940년 사이에 대학이 148개에서 817개로 증가했다. 1940년 이후 소련의 고등교육제도는 큰 변화 없이 이어졌다. 또한 제2차 세계대전의 승리를 계기로, 소련형 대학 모델이 소련군 점령지역을 중심으로 확산되었다.

'소련 대학'의 특징 또는 '소련형 대학 모델'로서 거론될 수 있는 요소들은 무엇인가. 맥클랜드(McClelland, 1980)는 과학기술과 맑스주의의 강조, 생산현장과 교육의 연계 등을 소련식 대학의 특징으로 지적했다. 팀버레이크(Timberlake, 1980)는 공장의 기술학교 관리, 단과대학별 단일 대학화, 교직원들의 계급적 구성제한(부르주아 계급 축출) 등을 그 특징으로 지적했다. 에트라마 등(Etrama, *et al.*, 2014)은 소련식 대학의 특징으로 교육기관과 연구기관의 분리, 수업내용에서 변증법적 유물론과 당 역사 교육, 러시아어의 필수화, 고등교육 기관 내 학생구성의 통제(노동자계층과 농민계층 우대), 입학 당시 당 조직원 또는 노동조합원의 추천서 제출의 필수화 등을 대표적인 특징으로 제시했다. 박원용(2012)은 소련식 교육의 특징으로 노동현장과 교육과의 밀접한 연결, 고등교육기관의 프롤레타리아트화, 교육의 정치화, 노동자 예비학부의 설치 등을 들었다.

이런 논의들을 종합해볼 때, 소련형 대학 모델(또는 소련형 고등교육 모델)은 크게 다섯 가지 요소로 정리할 수 있다. 첫째, 고등교육기관 내 교육기관과 연구기관의 분리, 둘째, 일반대학과 국가 및 당 간부를 양성하는 특수대학의 병존, 근로자들을 위한 기능별 대학의 분리 설립, 셋째, 대학기관을 당 산하에 조직하고, 학교와 생산현장을 연계하여 운영하는 것, 넷째, 인적 구성에서 교직원과 학생의 '성분'에 따라 구성비율을 통제·제한하는 것, 다섯째, 교육내용에서 변증법적 유물론과 맑스–레닌주의 철학교육의 의무화, 그리고 러시아어 교육의 강조다.

이런 소련형 대학이라는 이념형적 정의는 제도적 틀과 교육의 컨텐츠를 결합한 것이어서 이들이 서로 결합되거나 분리되어 가는 변동과정을 설명할 때, 어려움이 발생할 수 있다. 또한 소련형 대학 모델을 유럽의 대학 모델과 비교하고, 나아가 제2차 세계대전 이후 확산된 미국형 대학 모델과 비교함으로써 좀 더 구체적으로 그 특징을 정식화할 수 있겠지만, 이는 이 글의 범위를 벗어난다.

2. 시각과 자료

남한에서 북한의 대학에 관한 연구를 경험적 자료의 기초 위에서 발전시킨다는 것은 쉽지 않다. 북한이 출판한 공식적인 자료 외에 좀더 구체적이고 경험적인 접근이 어렵기 때문이다. 우리는 이러한 어려움에도 불구하고, 남북 대학 간의 교류와 협력을 위해서 보다 적극적으로 북한 대학의 구조와 교육과정을 탐구할 필요가 있다. 그래서 필자는 2015년부터 북한의 대학에 대한 기초자료를 수집하고, 북한 대학과의 교류와 협력 경험이 있는 학내외의 연구자들로부터 각 분야별로 이루어진 성과를 점검하는 작업을 시작했다. 여기에는 수위대학인 김일성종합대학을 비롯한 북한 대학들의 위계적 편성 외에 공과대학, 농업대학, 의과대학, 사범대학 등 분야별로 북한의 대학 현실을 파악하는 작업이 포함되었다(정근식 편, 2017). 이 과정에서 북한 대학의 설립과 그 변화를 세계적인 맥락에서 다시 바라보는 것이 중요하다고 인식하게 되었으며, 소련형 대학의 이식과 해체라는 관점을 통해 이를 비교 연구하는 방법을 채택했다. 여기에는 독일과 중국, 베트남의 사례가 포함되었다.

필자가 1995년 7월 카자흐스탄 알마타를 방문했을 때, 1946~1947년에 김일성대학에서 일했던 박일 선생을 만나 인터뷰를 한 적이 있다. 박일은 당시 김일성대학 초대 총장인 김두봉의 통역 겸 부총장을 역임했다고 증언했다.[2] 1992년 박일 선생을 인터뷰했던 서정목(1992)은 왜 그가 북한에 파견되어 김일성대학에서 일하게 되었는가를 언급하면서, 소련군 사령관이던 스티코프 중장의 부인이 레닌

---

2   이와 관련된 녹음자료는 서울대 아시아연구소 사회과학자료원에 소장되어 있다.

그라드 사범대학을 졸업했는데, 박일의 부인이 이 대학에서 함께 수학했기 때문에 그녀가 스티코프에게 박일을 소개했으며, 박일은 국립 모스크바대학을 모델로 하여 북한에서 대학을 설립했다고 증언했다고 한다.

남한에서 그동안 북한 대학에 관한 연구들은 주로 교육학 분야에서 진행되어왔는데, 그중에서도 북한의 대학을 바라보는 의미 있는 관점의 하나는 남북한의 수위대학인 서울대학교와 김일성종합대학을 쌍둥이로 보는 것이었다(김기석, 2001).[3] 특히 남한의 학계에서는 김일성종합대학 창설기의 교원 구성에 관심이 많았는데, 이들 중 상당수가 서울대학교 교원이거나 졸업생이었기 때문이다. 그뿐만 아니라 남북한의 초기 국가 형성 과정과 최고 대학의 형성을 매우 긴밀하게 연결시켜 사고해왔다. 그러나 남북한 최고대학의 형성 과정은 이런 국가 형성의 맥락과 함께 서로 다른 이념적 지향과 지식체제를 가진 미국과 소련의 영향을 크게 받았으며, 남한의 대학이 식민지 시기의 일본형 제국대학 모델로부터 미국형 대학 모델로 전환해갔듯이(馬越徹, 2001), 북한의 대학은 그 형성기부터 소련의 모델에 바탕을 두고 주조된 측면이 강했다. 따라서 북한 대학의 창설과 변화를 세계적인 맥락에서 다시 바라본다면, 원형으로서의 소련형 대학에 대한 이론적 탐구와 함께, 1945년 이후 1950년대에 소련형 대학 모델을 받아들인 국가들의 대학의 변화를 비교연구의 관점에서 파악할 필요가 있다.

오늘날 북한 연구에서 부딪치는 한 가지 난점은 북한에서 출간된

---

3   그러나 오늘날의 북한의 대학 교수들은 이런 쌍둥이 대학론에 대해 언급하기를 꺼리고 있다.

공식 자료들의 타당성이다. 1960년대 주체사상의 확립 이후 출간된 자료들에는 역사적 사실과 거리가 있는 내용이 많이 담겨 있기 때문에 이를 넘어서기 위해서는 주체사상 확립 전후의 자료들을 엄밀하게 대조해야 하고, 또한 대학을 다닌 경험이 있는 사람들의 인터뷰를 통해 현실을 재구성해야 한다. 이 연구에서는 북한에서의 소련형 대학체제의 이식에 관한 자료로 김일성종합대학과 과학원의 초기 역사, 즉 북한에서 주체사상이 자리잡기 이전에 출간되어 비교적 역사적 사실에 가깝게 서술된『김일성종합대학 10년사』(1956)와『조선민주주의인민공화국 과학원의 연혁(1953~1957)』(1957), 그리고 근래에 출판된『조선로동당 인테리정책의 빛나는 력사』(2005)를 비교 검토하고, 다른 한편으로는 러시아 대외정책 문서자료(박종효 편역, 2010)를 활용하였다. 또한 북한의 대학을 경험하고 남한으로 이주한 사람들과의 심층 인터뷰를 통하여 소련형 대학교육의 변화를 파악하려고 했다. 이에 따라 2016년 8월부터 10월까지 북한 출신 엘리트 14명을 인터뷰했고, 2017년에는 김일성종합대학에서 교원으로 일한 경력이 있는 사례를 집중적으로 인터뷰하여 내용을 보완했다.

II. 북한 고등교육 및 연구체제의 형성

1. 북한의 대학 설립과 소련의 영향

북한에서 최초로 설립된 대학일 뿐만 아니라, 창설 이래 현재까지 북한 최고의 대학으로 인정받고 있는 김일성종합대학은 북한의 대학 역사를 대변할 뿐만 아니라 소련형 모델의 이식과 해체라는 명제를 검토할 수 있는 대표적 사례다. 우리는 김일성종합대학의 역사에서 1946년의 창설과 1948년의 변화에 주목할 필요가 있고, 아울러 이에 관한 북한의 공식적 설명의 변화를 주목할 필요가 있다.

일제강점기하에서 대학이 존재하지 않았던 북한에서 해방과 함께 대학을 설립하려는 움직임은 비교적 일찍 나타났다. 근래의 공식적 역사 서술에 따르면, 1945년 11월 3일, 김일성은 모란봉공설운동장에서 광주학생운동 16돐 기념집회를 앞두고 교육 부문 일군들과 가진 간담회에서 '종합대학을 창설할 데 대하여'라는 담화를 했고, 여기에서 종합대학을 먼저 창설할 것을 제안했다고 밝히고 있다(차용현·서광웅, 2005: 110). 김일성은 1946년 초 평양에 종합대학을 세우기 위해 대학건설기성회를 조직하고 자신이 직접 고문을 맡았으며, '북조선임시인민위원회'가 수립되었을 때 교육국과 종합대학창립준비위원회를 조직했고, "우리 인민은...김일성동지의 존함을 종합대학에 모실 것을 정중히 제의했으며, 북조선림시인민위원회는 그것을 결정으로 채택했다"고 밝혔다(차용현·서광웅, 2005: 114-115). 남한에서 국립대학 창설안이 발표되자 김일성은 경성대학의 교수들에게 김일성대학 교원위촉장을 8월 16일자로 발송하기 시작했다. 1946년 8월, 종합대학 학생으로 총 응시자 2,000명 중 1,000여 명을 선발했고, 9월에는 계급적 측면을 고려해 "16살부터 25살까지의 혁명가 유자녀들과 근로인민의 아들딸 200명으로 예비과"를 꾸렸다(차용현·서광웅, 2005: 121). 이러한 과정을 거쳐, 1946년 9월 15일 김일성종합대학이 개교했다. 이후 북한 당국은 1947년 김일성종합대학 창설 1주년 기념대회에서 이 대학을 "근로인민의 아들딸들을 민족간부로 길러내는 대학"이라고 규정하면서 대학의 설립 목적을 명확히 밝혔다(차용현·서광웅, 2005: 119-120).

김일성종합대학이 개교하던 시기에 평양사범대학과 청진교원대학도 개교했다. 북한에서 김일성종합대학과 교원 양성을 목적으로 하는 사범대학과 교원대학이 함께 설립되었다는 점은 이들이 민족국가 형성의 일부라는 점을 시사한다. 이와 관련해 김기석(2001)은 국립서울대학교와 김일성종합대학이 광복 후 남한과 북한에서 각각 민족국가 건설을 기치로 설립된 "일란성 쌍생아"라고 보았다. 김기석은 김일성종합대학이 소련군정하에서 '자체적'으로 조직된 조선인 자치조직인 '북조선임시인민위원회'를 통해 건설되었으며, 교수는 대부분 남한 교수를 초빙해 충원했고, 학제와 학문은 민족주의적 기치 하에서 구축되었다고 주장한다. 김일성종합대학 설립 당시 북한 내에서 고등교육을 받은 인재는 많이 부족했으므로, 1946년부터 1948년 초까지 남한, 특히 서울대학교에서 교수요원을 초빙하려고 노력했다. 이 기간에 김일성종합대학에 초빙된 교수는 약 20여 명에 이르렀다. 북한은 이 기간에 북한 내 인재양성을 위해 1946년 봄 '중견간부훈련소'를 설립했는데, 이는 북한 인구 중 일정 인구를 뽑아 2개월간 자연과학과 외국어를 가르친 후 선발시험을 거쳐 유학을 보내기 위한 기구였다. 이들의 성적이 좋지 못하여 차질을 빚었지만, 이후에도 두 차례에 걸쳐 420여 명의 유학생을 보냈다(차용현·서광웅, 2005: 129; 윤여령, 2013).

이처럼 근래의 공식적인 서술에서 소련군정의 역할은 상대적으로 축소되어 있거나 누락되어 있는데, 과연 김일성종합대학 설립 과정에서 소련군정의 역할은 무엇이었는가? 신효숙(1998)은 북한 교육체제의 형성 과정에서 소련의 영향력을 1945년 11월 발표된 〈북조선 학교교육임시조치요강〉[4]과 소련군정보고서를 통해서 확인하

---

4 "… 조선 인민의 복리 증진과 문화 향상을 기할 수 있는 교육을 실시하

면서, 김일성종합대학의 창립 결정에 대한 내용이 한 달 전 소련군 정보고서의 내용과 거의 일치함을 들어 소련이 초기 김일성종합대학의 조직구성과 학생 선발에 막대한 영향을 미쳤다고 보았다. 전현수(1995)는 1990년대 초에 비밀 해제된 소련군 문서 연구를 통해 초기 김일성종합대학의 형성 과정에서 소련군의 역할이 매우 컸다는 사실에 주목한다. 이에 따르면, 가장 많은 영향력을 행사한 이는 소련군 교육고문 막심츄크(Максимчук)다. 그는 소련군 교육고문으로서, 대학이 설립된 1946년 당시 매일 김일성종합대학에 나와 대학 운영사업 및 교직원 운영 등에 대한 내용을 자문하고, 자신의 경험에 비추어 소개했다(김일성종합대학, 1956a). 앞서 언급한 바와 같이 북한은 인재 부족으로 인해 많은 교수진을 남한에서 활동하는 교수를 초빙해 충당했지만, 이 외에도 소련계 한인들의 도움을 받았다.

> ... 스탈린이 조선이 해방되었으니 나라를 일궈세워라 해서 1946년도에 소련계 한인들을 보냈는데, ... 36명으로 북한에 들어올 때 남일, 방학세 등 유명한 사람들이 있었고, 박일이 거기에 섞여서 나왔어요. ... (제가 중학교 다닐 때) ... 담임선생도 소련 여자였고, 교사들 여러 명이 소련 사람이었어요. 조선말로 하지만 소련교원들이 거의 다 내용을 채웠다고....[5]

여 ... 반제 교육에 주력할 것과 쏘련에 관한 지식을 풍부화시키는 동시에 ..."(조선민주주의인민공화국 교육성 편, 1955: 15. 신효숙, 1998: 199 재인용).

5   인민경제대학 졸업생, 2016.6.22. 인터뷰.

실제로 소련에서 파견된 한인들은 어떤 영역에서 어떤 활동을 했을까? 1945년 9월부터 11월 사이에 128명의 소련국적 한인들이 북한에 입국하였는데, 이들은 모두 군대에 파견되었다(션즈화, 2017: 166). '소련국적 고려인'들에게 북한이 훈장을 수여하기 위해 소련 정부에 동의를 요청한 자료(박종효 편역, 2010a: 495~500)에 따르면, 1945년 67명, 1946년 35명, 1947년 14명, 1948년 11명, 1949년 1명 등 총 128명이 명단에 포함되었는데, 이 중에서 교육성과 여러 대학으로 파견된 인원은 16명이었다. 교육성에는 부상 박영빈을 비롯하여 고등교육국장 김동윤, 출판국장 전태선, 초등교육국장 박덕환 등이 파견되었고, 평양교육대학장 허익, 김일성종합대학 러시아언어문학대학장 명월봉, 신의주교육대학장 김하연, 원산교육대학 부학장 리증원, 원산교육대학 러시아어 교수 정정문, 원산농업대학 부학장 김영수 등도 여기에 포함되었다. 종합기술대학에는 부학장 장남익과 자연과학과장 전동인, 러시아어과장 최일을 비롯한 전승철, 리영화 등이 파견되었다. 특히 1945년에 파견된 박영빈, 허익, 명월봉, 장남익, 박형식 등의 역할이 중요했을 것이다. 이들 16명 외에 중앙간부학교 교장 박형식, 중앙당학교에 교육과장 장주익을 비롯한 5명이 이념교육을 위하여 파견되었다. 소련에서 파견한 고려인들은 교육계뿐 아니라 당·정·군에서 다양하게 활동했다.

1950년 2월에 이르면, 1945년 해방 이후 소련 정부가 조선에 파견한 고려인 174명에 대한 '조선 공민' 자격 취득조치가 이루어졌는데, 여기에는 교육성 부상 남일과 고등교육국장 장익환, 출판국장 전태선과 송진화, 김일성대 부총장 김승화, 김일성대 교수 김동윤, 김철수, 명월봉, 심수철, 전승철, 정동인, 정율 등이 포함되었다. 이들 외에 종합기술대학, 함흥산업대학, 평양정치대학, 평양러시아어대학, 원산교육대학, 신의주교육대학, 개성교육대학, 청진교육대학, 평양교육대학, 평양의과대학, 함흥의과대학의 교수들과 정치경제과학 아카데미의 교수들이 포함되었다(박종효 편역, 2010a: 229-453).

막심츄크를 필두로 소련 민정청을 통해 북한의 교육과 문화의 형성 초기에 소련의 영향력은 막대했던 것으로 보인다.[6] 북한의 교육정책과 학교교육의 개편안 역시 소련 민정청을 통해 자문과 지도를 통해 수립·정착되었다(신효숙, 1998). 『김일성종합대학 10년사』 역시 "소련군 사령부를 통하여 쏘련 각 대학의 과정안 교과서, 교재 교수 요강 등을 대학에 제공하여 줌으로써 막대한 도움을 주었다"고 기록함으로써, 초기 북한대학 내 소련의 원조와 영향력을 명확하게 나타내고 있다(김일성종합대학, 1956a: 30). 이에 관한 구체적 근거의 하나로, "김일성과 슈티코프의 요청에 따라, 1948년 2월 18일 소련 고등교육부는 조선에 대한 교학 및 과학 연구분야 원조에 관한 결의문과 협정문 초안을 작성하였다. 구체적 실행방안으로 1948년 조선의 대학에 현금 150만 루블과 실험 기자재 및 교통수단을 제공하고 23개 전문 분야에 걸쳐 교수 31명과 11명의 통역을 조선의 대학에 파견하도록 하였다."(션즈화, 2014: 146-147)

소련식 제도가 북한에 이식되는 또 하나의 통로는 소련에 파견되어 훈련을 받은 교수와 유학생들이었다. 1946년부터 청년들이 소

---

6 "김일성종합대학은 우리나라를 해방시킨 위대한 쏘련 군대와 쏘련 인민의 직접적 방조하에서 창설되었으며 쏘련과 중국을 비롯한 형제적 우방들과의 광범한 문화적 협조와 원조 밑에서 발전되어 왔다." 김일성종합대학, 1956, 『김일성종합대학 10년사』, 평양: 김일성종합대학.

련의 대학과 기술학교에서 학습하기 시작하였고, 1947년 1회 4개월 과정의 훈련반 30명의 대학교수들이 모스크바에서 교육을 받았다 (션즈화, 2017: 175). 1950년까지 소련의 각 대학에서 수학하는 대학생과 대학원생들은 702명에 달하였다(션즈화, 2017: 175).

1945년에서 1948년까지 단독정부의 수립을 통한 민족국가 건설 과정에서 김일성종합대학은 민족대학의 건설 구호를 전면에 내세우며 대학 수립 과정을 거쳤지만, 남한의 국립대학이 지명을 따른 '국립서울대학교'인 데 반해, 북한은 최고지도자의 이름을 따라 대학명을 '김일성종합대학'으로 결정한 데 대해 다시 한 번 생각해볼 필요가 있다. 누가 대학의 명칭을 결정했는지에 관한 정확한 자료는 없지만 평양 소재 전문학교인 평양의전과 평양공전을 모태로 형성한 김일성종합대학의 초기 명칭은 '김일성대학'으로서, 1946년 7월 8일 북조선임시인민위원회의 결정 제40호 〈북조선에 종합대학을 설치할 데 관한 결정〉을 통해 공포되었다. 이에 관해, 소련군정이 북한을 소비에트화하고 김일성의 권력 장악이 소련의 결정과 후원에 의한 것이라는 서대숙(2000)의 주장이 있다. 또한 소련이 북한에서 최종 결정권을 행사했을 것이라는 스칼라피노와 이정식(1986)의 추정에 따르면, 북한의 최초 대학에 '김일성' 명칭을 붙인 것도 소련군일 것이라는 추측을 가능케 한다(서재진, 2003).

우리는 김일성대학의 설립시기에 도입된 대학의 이념과 조직의 특성을 언급할 필요가 있다. 김일성대학은 설립 당시에 "민주주의 조국 건설과 우리 민족의 륭성발전을 위하여 헌신적으로 투쟁할 우수한 민족 간부를 양성"하는 것을 목표로 내세웠다. 또한 노동자 농민들의 자녀를 입학시키기 위하여 3년제의 예비과를 두었다. 1947년 6월 북조선인민위원회 제40차 회의에서 전문학교와 대학에 "근로인민의 자녀들이 들어가 공부하도록" 하는 결정을 하였다. 예비과의 설치와 인민위원회의 결정은 계급적 고려가 북한 대학의 제도화에 중요하였음을 보여준다. 이의 연장선상에서 1946년 설립 당시 학생들의 50%가 장학금을 받았고, 1948년에는 80%가 장학금을 받았다고 한다.

또한 대학의 조직 원리로 학부제와 강좌제를 채택하였다. 학부는 몇 개의 학과로 구성된다. 강좌제는 1947년 소련의 사절단에 의해 채택되었고, 러시아어로 '까뻬뜨리아제'로 불린다. 강좌제는 1949년에 발표된 내각결정 190호에 제도화되었는데, 이에 따르면, "강좌는 대학 학업조직의 기본으로 수업과 과학연구를 시행"하는 기본 단위이다. 강좌는 3인 이상의 교원으로 구성되며, 교수나 부교수의 학직을 가진 강좌장이 지도한다. 강좌장은 교원들의 강의 뿐 아니라 세미나, 학생 교육과 연구생의 연구를 지도하는 권한을 가지고 있다.[7] 대체로 주 1회 강좌 토론회가 열린다.

2. 북한 정부 수립과 소련의 영향력 확대

1948년 9월, 남북에서 각각의 정부가 수립되면서 김일성대학은 중요한 변화를 겪었다. 이때의 변화에서 주목할 부분은 소련의 대학들과 마찬가지로 종합대학이 아닌 단과대학이 대거 설립되었다는 점이다. 김일성의 지시 하에 김일성종합대학의 공학부와 운수공학부가 분리되어 평양공업대학이 설립되었고,[8] 같은 해, 역시 김일성종

---

7   2017년 10월에 이루어진 김일성대학 교원 출신의 증언.

8   평양공업대학은 1951년 김책공업대학으로 명칭이 변경되는데, 이는 현재까지 북한 최고의 과학기술 교육기구로서 자리하고 있다.

합대학 농업부가 분리되어 원산농업대학,[9] 의학부가 분리되어 평양의학대학이 각각 설립되었다(김동규·김형찬 편, 2000). '종합대학'의 명칭을 유지했다고 하더라도 의학부와 공학부, 그리고 농학부가 포함되어 있는 것과 그렇지 않은 것은 매우 다르다. 즉 1946년의 김일성종합대학과 1948년 이후의 그것은 다른 대학 모델이라고 보아야 하는 것은 아닌가? 1948~1949년 사이에 주요 단과대학들이 계속 설립되었다. 이와 관련하여 1949년까지 설립된 북한 대학의 창립일은 〈표1〉과 같다.

　북한에서 독자적인 정부가 수립되면서, 김일성은 즉시 소련연방과 경제, 군사, 아카데미의 파트너십을 약속하는 11개 조항에 동의하는 협정을 체결했다(Kuraev, 2014: 149-152). 이는 1948년 북한 정부의 공식 출범 직후 북한·소련 지도부가 외교관계를 정식으로 수립하고 군사, 경제, 문화 전반에 관한 원조를 받는 것을 약속하는 것이었다. 이에 따라 1949년 3월 5일 김일성을 단장으로 하는 대표단이 소련을 방문했고, 스탈린과 회담을 하였는데, 이 자리에서 김일성은 "대학에서 강의할 소련의 학자를 파견해주고 조선의 학생을 소련에 유학시켜 전문가들을 소련에서 연수시킬 수 있도록 해달라. 소련의 교육프로그램과 도서를 조선에 제공하고 문화예술인의 교류 확대를 해달라"는 요청을 하였다(박종효 편역, 2010: 310). 이 회담의 성과로 양국의 경제 및 문화 협력에 관한 협정을 체결한 이후, 많은 양의 소련 문서가 북한에 제공되었을 뿐만 아니라, 소련 학자들

9　원산농업대학은 평양과 거리가 멀리 떨어져 있어서 사리원 농업대학이 1959년 별도로 설치되었다. 사리원농업대학은 1990년 계응상농업대학으로 명칭이 변경되었다가 최근에 김일성종합대학으로 편입되었다.

표1　북한의 초기 15개 대학 일람표(1949)

대학 유형	대학명	창립일
종합대학	김일성종합대학	1946.10.1
공업대학	평양공업대학	1948.9.27
	흥남공업대학	1947.9.15
농업대학	원산농업대학	1948.9.1
의학대학	평양의학대학	1948.9.28
	함흥의과대학	1946.10.15
	청진의과대학	1948.9.1
사범대학 교원대학	평양사범대학	1946.10.1
	청진교원대학	1946.10.1
	신의주교원대학	1947.10.10
	해주교원대학	1948.10.5
	원산교원대학	1949.10.15
외국어대학	평양로어대학	1949.11.15
예능대학	국립음악학교	1949.3.01
	국립미술학교	1949.9.16

출처: 김동규·김형찬 편, 2000: 124-125.

도 김일성종합대학의 고문으로 초빙되었다. 이를 계기로 북한 학술
계 인사들의 대외 인적교류는 소련을 중심으로 좀 더 활발하게 이루
어졌다. 1950년 4월에는 김일성종합대학에서 소련 외무성에 국제
관계대학 교과과정 자료를 요청하여 모스크바 국립 국제관계대학의
자료를 받았다(박종효 편역, 2010a: 467).

맑스-레닌주의와 같은 철학교육을 위해 소련에서 직접 고문
이 북한에 파견되어 변증법적 유물론 등을 가르치는 한편, 소련과
의 교류를 고려하여 러시아어 교육을 집중 실시했다.[10] 『김일성종

10　『김일성종합대학 10년사』에 따르면, 1947년 전체 교원 중 러시아어

합대학 10년사』는 당시 소련에서 츄뿌로브, 빵끄라또브(맑스-레닌주의), 레베제브(변증법적 유물론), 뤼샤꼬브(러시아어), 챠스뚜힌(세계사), 오사지꼬(정치경제학), 꺄텐쓰까야(지리학), 뜨라후긴(화학), 자마라예브, 비노그라도브(생물·동물학), 씨부힌, 따라쏘브, 싸노브(물리 수학) 등의 학자를 파견하였다고 상세히 기록하고 있다 (1956a: 59-63). 그러나 1949년 북한으로 파견된 김일성종합대학의 소련고문들은 6·25 전쟁이 발발하자 곧바로 소련으로 돌아갔다. 전쟁 이후 김일성종합대학에 계속해서 머무른 소련 및 중국 교수들은 불과 9명밖에 없었다.

과학 부문과 관련해서도, 소련에서 몇 개 그룹의 과학자가 북한에 파견되었고, 북한은 다수의 유학생을 소련연방의 대학으로 파견

표2 　김일성종합대학 외국인 초빙 교수(1949~1950)

No	이름	학과목
1	이고리 네스도로비취 아베르꼬-안또노비취	무기화학
2	도보로쩐	수리물리
3	깜네브 이완 옐밀리야노비취	다윈주의기본
4	루다쉐브스끼 쎄몬 예브계니비취	인체 및 동물 생리학
5	데멘쩨브	자연지리원론·지형학 및 지리학사
6	자위도비취	인민경제 계획화
7	베스빠릐	상품학
8	황보청	중국 문학사

출처: 김일성종합대학, 1956: 135-136.

구사자가 30%에 불과한 반면, 1949년에 이르러 전체 교원의 90% 이상이 러시아어를 읽고 쓸 줄 알게 되었다고 주장한다(김일성종합대학, 1956a: 46).

하여 선진교육을 수학하도록 했다. 이는 실제 수치상의 기록에서도 나타나는데, 1950년 170명을 비롯하여(박종효 편역, 2010a: 445), 1950년에서 1953년까지 소련연방의 과학기술 중심 고등교육기관으로 북한유학생 500명 이상이 파견되었다(Okorokov, 2008). 이를 제1차 유학생 파견으로 볼 수 있는데, 이는 탈북자들의 증언을 통해서도 확인된다.

> 해방 후 대학교를 세웠는데 교수들이 모자라니까 러시아에서 활동하던 고려인들을 몇 명 데리고 오고, 서울에서 많이 데리고 가고, ... 혼잡을 이루다가 1950년도에 소련에 유학생을 보내고 그들이 대거 돌아와서 대학을 만들어갔는데, 소련 것을 그대로 모방했어요. ...소련 뿐 아니라 1950년대 동구권 사회주의 나라, 즉 체코, 동독 등에 유학생을 보냈는데, 주로 공대는 동독과 체코, 러시아 이렇게 갔어요. 내가 배운 선생들은 레닌그라드 출신도 있고, 모스크바종합대학 출신도 있고, ...[11]

소련에 파견했던 1차 소련 유학생들이 귀국하고, 6·25전쟁 과정에서 월북한 남한 학자 다수가 김일성종합대학 교수진에 편입되면서 대학의 규모가 확대되었다(김일성종합대학, 1956a).[12] 그중 많은

---

11   김책공대 졸업생, 2016.8.10. 인터뷰.

12   남한에서 월북하여 김일성종합대학이나 그 밖의 주요 대학에서 교원으로 재직한 사람들은 정치 군사 영역에서 활동한 사람들에 비해 '숙청'이라는 고통을 덜 당한 것으로 보인다. 김일성종합대학 수학부의 경우, 리재곤(해석수학), 조주경(확률 및 통계), 류충호(기하학), 김지정 교수들은 1980년대 초반까지도 교원으로 활동하였다.

비중을 차지했던 젊은 유학파 교수들은 당시로서는 소련에서 습득한 최신 분야의 강의를 담당하고 교육내용의 질을 높이는 데 기여했는데, 그만큼 소련형 대학 모델은 강화되었다.[13]

북한은 광복 후뿐만 아니라 6·25전쟁이 진행되는 동안 소련의 당학교 교육 프로그램을 받았으며(박종효 편역, 2010a: 543-544), 전후에도 소련과 사회주의 국가들에서 많은 도서를 기증받았다. 이 도서들은 대부분 소련적인 지식을 전달하는 핵심 통로였다. 소련의 발전된 과학기술을 이해·발전시키기 위하여 교원뿐 아니라 대학생들의 러시아어 공부가 필수적인 것이 되었다. 1954~1955학년도부터 러시아어 원서를 교재로 선택하고 러시아어의 구조와 조선어를 대비 연구하며, 대학생들이 이해하기 쉬운 설명과 교수방법을 도입하기 시작했다(김일성종합대학, 1956a).

북한은 간부 양성을 위해 소련을 비롯한 사회주의권 국가들에 유학생들을 대거 파견하기 시작했다. 소련과 동유럽, 중공, 쿠바 등에서 교육받은 7,000명 외에도 약 25만 명이 중학교와 기술학교 및 고등기술학교를 졸업한 것으로 전해졌다(김형수, 2015). 소련과 쿠바로 정치학을 공부하기 위해 파견된 몇몇을 제외하고는 이들 졸업생 대부분은 다양한 분야의 기술을 교육받았다(김정원, 1992). 김일성종합대학 설립 이후 여기에서 공부한 외국인 유학생들로는 중국, 루마니아 및 몽골에서 온 유학생 9명이 있었으며, 한국전쟁이 끝난 후 1956년 9월 말 중국 10명, 루마니아 4명, 몽골 7명, 소련 대학에서

---

13 대표적인 사례가 황장엽이다. 그는 1949년 10월, 김일성종합대학 연구원 1학년 때 평양을 떠나 소련으로 유학을 떠났고, 1955년에 귀환하였다. 그로부터 10년 후인 1965년에 김일성대학 총장이 되었다.

온 장기 실습생 1명, 그중 12명은 어문학부에서, 5명은 역사학부에서 수업을 받았다.

이와 함께 중요한 사실은 전후 김일성종합대학에서 자연과학, 특히 물리학부에 국가적 투자를 집중하고 일찍부터 원자력 연구에 박차를 가하기 시작했다는 것이다. 1956년에는 북한의 핵종합연구소의 김현복 등 3명이 소련에 파견되었다. 이것은 이후 북한의 "주체" 노선이 형성되기 시작한 1950년대 중반 이후의 정책으로 계승되었다.

1950년대 북한의 대학들에서 나타난 가장 중요한 변화는 전쟁에 참전했거나 군대에 오랫동안 복무했던 군인들에 대한 우대정책일 것이다. 한국전쟁이 발발하자 북한의 대학생들은 대부분 인민군에 입대하여 참전하였고, 김일성은 휴전이 이루어지기 전인 1951년부터 전선이 어느 정도 고착되자 대학에 재학했던 군인들을 대학으로 복귀시키기 시작하였다. 대학 입학생들 중에서 군인 출신이 차지하는 비중이 매우 커졌으며, 대학 학생들의 조직이 군대식 조직원리에 따라 편제되기 시작하였다. 휴전 후에 이런 현상은 일반화되었고, 학생들의 조직에서 지휘자의 역할은 당원 자격을 가진 군 제대자들에게 맡겨졌다. 고등중학교를 졸업하고 바로 대학에 입학하는 '직통생'들은 이들의 지휘와 감독을 받아야 했다.

3. 과학원 설립

소련형 지식체제의 도입은 김일성종합대학과 같은 교육기구뿐 아니라 최고 연구기관으로서의 과학원 설립을 통해 좀 더 공고화된다. 북한의 과학원은 전쟁이 끝나기 전인 1952년 설립되었다. 1952년 4월 열린 〈과학자대회〉에서 김일성은 체계적이고 조직적인 연구를 가능하게 하는 중앙기관으로서 과학원 조직을 제시했다. 당시 과학원 조직에 대한 약간의 논란은 있었으나, 12월 1일 과학원 설립이 최종적으로 선포되었다(차용현·서광웅, 2005: 184). 김일성은 1952 년 12월 과학원 개원식에서 과학원은 "과학, 문화의 연구 사업을 한 층 더 조직적으로 강화하며 쏘베트 동맹을 위시한 인류의 선진 과학 을 섭취하는 사업을 종합적으로 지도할 기관"으로서 기관의 목적을 명확하게 명시했다(과학원, 1957).

원래 북한에서 과학원의 모체로 1947년 설립된 북조선중앙연구 소가 있었으나, 인력과 물자, 자원 등의 부족으로 김일성종합대학으 로 편입되었고(강호제, 2001), 소련의 지원으로 비로소 안정적인 기 관으로서 과학원이 설립될 수 있었다. 과학원 설립에 있어 소련과의 많은 학술적이며 재정적인 지원이 있었음을 확인할 수 있으나, 초기 과학원에 임명된 학자 25명(원사 10명, 후보원사 15)의 명단을 보 면, 전쟁 이후 남한에서 대규모로 월북한 과학자들로 인해 과학원 설립이 가능했음을 확인할 수 있다. 1952년 당시 과학기술계 원사로 선출된 학자는 최삼열, 김지정, 리승기, 도상록, 최명학, 계응상 등 6 명이었는데, 이들 중에서 최명학을 제외한 5명은 남한 출신의 월북 학자였다(김용섭, 2005).

과학원은 자연기술과학, 농학 및 의학, 사회과학의 세 부분으로 나누어 조직되었는데, 자연기술과학 부문에는 물리수학연구소, 화 학연구소, 공학연구소가 산하에 조직되었고, 농학 및 의학 부문에는 농학연구소와 의학연구소를 산하에 설치했다. 사회과학 부문은 경 제를 복구하고, 정권을 강화하는 동시에 민족문화의 전통을 계승· 발전시키기 위한 목적으로 경제법학연구소, 역사학연구소, 조선언 어문학연구소가 설치되었다. 각 연구소는 평양에 밀집되어 있는 것 이 아니라, 중앙부서들만 평양에 유지하고 평남 순천, 평양 지구, 평북 피현, 의주, 정주 지구, 평북 청수 지구 등으로 분산 설치하고, 본부는 평양 모란봉 국립중앙박물관의 지하 사무실을 사용했다(과학원, 1957: 18-19). 도서와 같은 기반 자료는 소련, 중국, 헝가리, 알바니아와 같은 사회주의 국가들에서 조달받았다.

과학원의 발전에 있어 해외 선진기술을 보유한 국가들과의 연계는 매우 중요했는데, 6·25전쟁 이후 중국과의 관계가 호전됨에 따라, 소련뿐 아니라 중국과도 활발한 교류가 이루어졌음을 확인할 수 있다. 북한의 과학원에서 발행한 『조선민주주의인민공화국 과학원의 연혁(1953~1957)』에는 이에 관한 언급이 있다.

> 과학원은 창립 이후 쏘련 및 중화인민공화국을 비롯한 형제 국가들과 과학적 및 문화적 련계를 확대 공고히 할 데 대한 사업을 자기 활동의 중요한 고리의 하나로 인정하고 일련의 사업들을 적지 않게 조직 전개했다. 특히 이 사업은 조선에서 정전이 달성된 후 전후 인민 경제 복구 건설 시기에 들어서면서 더욱 활기를 띠기 시작했다. 정전 직후인 1953년도 3.4분기만 하여도 평양과 북경에서 중화 인민 공화국 과학원 및 과학자들과의 련계가 2차에 걸쳐 진행되었다.(과학원, 1957: 57-59)

특히 1953년 12월 16일부터 1954년 4월 14일까지 소련연방의 과학원들에 대표단을 파견하여, 소련 과학원 및 헝가리 과학원 등을 방문·견학하는 사업을 진행했다. 이후 1955년에는 독일 과학원에도 대표단을 파견하여 3개월간 독일의 과학연구기관 및 대학들을 참관하도록 했다. 이러한 교류는 1956년 7월 30일 조선노동당 제3차 대회에서 〈과학연구 10개년 전망계획〉을 수립하면서 한층 더 활발해졌다. 이런 교류는 쌍방향적이어서 소련과학원 상무 위원회는 2

차에 걸쳐 전문가를 북한에 파견하였다. 1차로는 화학 전문가와 역사 전문가 등으로 구성되어 2개월 동안 과학원에 파견되었고, 2차로는 물리학자를 중심으로 1개월 동안 과학원에서 생활했다. 이와 같은 북한의 조선 과학원과 소련과의 긴밀한 교류는 소련에서의 수정주의 노선의 대두와 북한의 반종파투쟁을 기점으로 1957년 이후 축소되기 시작하지만, 완전히 단절된 것은 아니었다. 1957년 10월 11일 체결된 협정에 따라 1958년 소련 아카데미와 북한의 과학원 간의 학술연구를 계속하기로 하였다(박종효 편역, 2010b: 121). 1958년 7월 16일 조·소 우호협회도 신설되었다.[14]

III. 소련형 모델의 희석화

1. 소련파 숙청과 그 영향

스탈린이 사망한 이후 열린 1956년 2월 제20차 소련공산당 대회에서 스탈린의 일인 집권을 비판한 흐루시초프가 집단지도체제를 주장하자, 북한은 이를 심각하게 받아들였으며, 이에 대한 대응책을 모색했다(김응서, 2012). 이에 따라 북한 정부와 당은 소련의 영향을 최소화하기 위하여 노력하기 시작했는데, 그 일환으로 러시아어 외국어대학을 폐쇄하고, 학생들을 김일성종합대학으로 옮겼으며, 모든 대학의 러시아어 수업시간을 줄였다. 대학 4~5학년의 러

---

14   이 협회는 창립 직후 별다른 활동을 하지 못하다가 1971년 제3차 대회를 열었다.

시아어 수업은 금지시켰다(션즈화, 2017: 447). 김일성을 비롯한 북한 당국은 소련의 신노선을 따르지 않을 것을 공포하고, 8월 전원회의를 계기로 김일성의 개인숭배, 독재정치에 비판적이던 연안파·소련파를 중심한 비판세력을 반당반혁명종파분자로 몰아 대거 숙청하였다. 이 '8월 종파사건'에서 숙청당한 이들은 '혁명투쟁에서 수령의 지위와 역할을 거부'했다는 죄목이었다. 평양에서 소련대사로 일했던 이상조를 소환하자 그는 1957년 소련에 망명했고, 소련에 유학하던 유학생들이 1958년 상당수 이탈했다.[15] 이 과정에서 대학의 사상검열운동이 시작되어 김일성종합대학 당위원회 위원장 홍낙웅(홍광)이 중국으로 도피했고, 상당수의 대학교수들이 비밀리에 연행되었다(션즈화, 2017: 485).

북한 당국은 1956년 10월에 발생한 헝가리반정부사건을 '반혁명음모사건'으로 비난하면서 이를 정치적 반대파들을 탄압할 명분으로 이용했으며, 헝가리사건에 대한 정치적 중립 선언으로 소련이 북한에 개입할 구실을 미리 봉쇄했다(고봉기 외, 1989). 당시 김일성종합대학은 최창익의 '대본영'으로 간주되어 심한 탄압을 받았는데, 교장 유성훈, 역사학과 주임 김정도와 일부 교원들이 숙청되었다(Lankov, 2005: 148-149; 션즈화, 2017: 513). 김일성은 중·소 간 이데올로기 대립을 이용하여 소련파와 연안파를 비롯한 당내 파벌을 숙청하고 1958년에 이르러 빨치산 세력을 중심으로 하는 권력

---

15 1957년 11월, 국립영화대학에 유학하고 있던 허웅배가 김일성 개인숭배를 비판하고 망명한 뒤, 이 대학에 유학하고 있던 7명이 추가로 망명하였고, 이들의 뒤를 이어 음악대학과 극장대학 유학생도 망명하였다. 필자는 1995년 알마티에서 양원식을 만나 이에 관한 이야기를 들었다.

구조 재편성에 성공했다. 이 과정은 소련의 사상적 구속에서 벗어나 자체의 지도체계를 세우는 과정이기도 했다. 이에 따라 『볼셰비키 당사』의 번역본을 그대로 암기하는 등의 소련중심적 교육과 학습 방식이 사라지고(신인철, 1987), 맑스-레닌주의 철학에 대한 강조를 철회했으며, 1960년대 들어서는 대대적인 사상교육 작업에 돌입하게 된다.

1960년대 초에 이루어진 흐루시초프의 "정치적 완화(political thaw)" 이후로 모스크바 대학은 해외 대학과의 국제적 협력과 교류가 더욱 증진되었고, 이에 따라 전반적으로 모스크바대학 등에서 공부하는 외국 유학생은 증가했다(Kuraev, 2014). 이런 소련의 사정과 반대로, 북한 내부에서는 1953년 전쟁 이후의 불안감과 스탈린 사후 소련의 스탈린 격하운동의 반감에 따른 김일성 정권의 안정적 구축과 강화를 위해, 해외세력을 강력히 숙청하게 된다. 1956년 종파사건 이후 소련파를 숙청하게 되며, 북한에서는 유학생의 소련 파견을 중단하고 독자적인 노선을 보다 강화한다.

> 북한에서 총 두 번에 걸쳐 대대적으로 유학생들을 보냈습니다. 1950년대 초반에 보냈다가 58년도에 소환(했어요). 유학생들이 도망가는 사건이 나고, 그래서. 근본적으로 유학생 정책을 바꾸었는데, 그러나 유학생들을 간부로 등용은 많이 하고 학자로 배치도 했어요. 1956년 종파사건 때 (소련에서 유학한) 우리 아버지는 자신의 경험 때문에 내가 유학생으로 선정되자 나중에 내가 피해를 입을까봐 나를 유학생으로 보내지 않았어요.[16]

16　인민경제대학 외 졸업, 2016.6.22. 인터뷰.

소련의 각종 교과서나 인쇄물이 없어지기 시작한 것은 1958년도

라고 생각되는데 이때 당 사상사업에서 교조주의와 형식주의를

없애고 주체를 철저히 세울 데 대하여라는 말이 나왔어요.[17]

일찍이 김일성은 기술인재 양성을 전적으로 다른 나라에 의존하는 경우 교원들의 책임성과 독자성, 창발성이 저하되는 것은 물론 다른 나라의 대학이 되어버릴 수 있다는 우려와 판단하에 북한 자체의 기술인재 양성에 관한 방안을 제시했다(김일성, 1953). 이는 가장 먼저 해외 유학생 파견 감축으로 나타났는데 1957년부터 유학생 파견 숫자를 대폭 감축, 1958년부터는 대학졸업자에 한하여 필요한 분야만 소수를 파견하기로 결정하고, 1960년부터는 유학생 파견을 전면 중단했다(신효숙, 2005).

1958년 9월 전원회의 이후 주체사업에 대한 방침이 나타나기 시작한다. 1960년 교수 교양 사업과 과학연구 사업에 대한 다음의 글에서, 교조주의와 형식주의를 근본적으로 퇴치하고 주체를 확립·강화할 것에 대한 내용이 상세히 나타나 있다.

이에 있어서는 매개 과목에서 조선 현실에 대한 리론적 일반화가 어떻게 표시되고 있는가, 소련 기타의 외국교과서와 문헌들의 리용에 있어서 교조주의적 이식이 없는가, 학생들의 수준에 알맞게 택찌야 단위 강의안으로 작성되었는가 하는 점들을 중심으로 하여 집체적 심의가 진행되었다. 이 결과에 조선 관계전문 과목들

---

17   김일성종합대학 졸업, 2016.7.11. 인터뷰

에 있어서까지도 종전에는 소련에서의 제 현상과 그에 기초한 이
론적 명제들을 주로 서술하고 조선의 현실문제는 간략히 언급하
던 실계가 적지 않았다면 지금에 와서는 강의의 전 체계가 안전
히 조선 현실로부터 출발하여 우리 자체의 생활이 제기하는 문제
들을 주체적으로 취급하게 되었다.(김일성종합대학, 1956a: 131)

사상문화 분야에서도 "혁명전통교양 강화, 당적 사상체계 확립,
도식주의, 기록주의, 사회학적 비속화, 자연주의, 형식주의 잔재와의
투쟁을 강화하고 사회주의적 사실주의의 전반적 창조적 앙양에 고
상한 사상성과 예술성을 보장"하도록 했다(연장렬, 1960). 과학기술
계를 중심으로 "과학에서 주체를 확립하자"라는 주장이 본격화되며
문학, 언어, 경제 등 다른 영역으로 빠르게 확산되었다.

1959년부터 전 사회적으로 '천리마운동'을 전개하고 생산성이
증가함에 따라, 북한이 산업현장에 필요한 고급인력을 양성하기 위
해 대학을 증설했다. 이 해에 청진광산대학을 비롯하여 15개의 대학
이 신설되었는데, 이 과정에서 김일성대학은 대학 교원의 양성과 재
교육기관으로 활용되었다. 김일성대학은 대학 교원들에게 단기 훈
련 프로그램을 통하여 교수법을 가르치고 학사과정과 학사운영에
대한 모범을 제공했다. 이러한 공적을 인정받아 1970년에는 '천리
마대학'이라는 칭호를 받기도 했다. 김일성종합대학은 "공산주의 개
조가 끝나고 공산주의 건설이 전면적으로 진행된 이후 시기"에 자기
발전의 새로운 단계에 들어서게 되었다고 주장한다. 1960년대 중반
기에 "유일한 사상, 주체사상으로 튼튼히 무장하자"는 구호 아래 "주
체적 공산주의 교육학의 새로운 장을 펼쳤으며, 인텔리 혁명하의 앞
장에 섰다"고 주장한다. 그때부터 김일성종합대학에서는 주체적 이

데올로기 교육을 더욱 더 강조했다.

2. 1960년대 주체 · 유일지도체제 확립과 강화

1960년대에 들어서면서 북한은 사회주의 기초 건설과 전면적인 공업화를 추진하며 주민의 지식·의식 수준을 제고하고 국가를 이끌어가기 위한 독자적 정치노선을 본격적으로 추진했다. 이는 남북간 대치 상황에서 국가적 정체성을 확고하게 세우고 북한의 독특한 역사경험과 사회현실을 충실히 반영하는 방향으로 사회체제를 구축할 필요성이 제기되었기 때문이기도 했다. 다시 말해, 소련의 지속적인 대국주의적 내정간섭과 남한의 위협과 같은 위협요소에 대비하여 북한은 정치에서의 자주, 경제에서의 자립, 국방에서의 자위라는 주체노선과 통일을 명분으로 하는 '민족해방,' 즉 민족주의를 강조하면서 빨치산 역사, 김일성의 역사를 혁명전통으로 규정하고 정권의 정통기반으로 다져나갔다.

한편 중국에서 문화혁명을 계기로 극에 달하던 마오쩌둥에 대한 개인숭배의 풍조는 김일성의 개인숭배 실현에 바람을 달아준 격이 되었다. 1967년 5월 25일 김일성교시는 북한사회를 특이한 형태의 권력구조를 가진 곳으로 몰아가는 하나의 전환점이 되었다. 북한에서 전 인민이 김일성 배지를 달도록 강요당한 것도 이때부터였다(황장엽, 2006: 179-180). 스탈린에 대한 개인숭배가 제거된 공간을 김일성에 대한 개인숭배가 더욱 증폭된 형태로 차지하게 되었으며, 스탈린주의 대신에 주체사상이 이념공간을 메우면서 정치사상적 독재가 강화되었다(황장엽, 1999: 133-134).

1) 소련의 영향력의 점진적 제거

1948년부터 1950년대 중반까지 『김일성종합대학 10년사』, 『(김일성 종합대학 창립10주년기념)론문집』 등 북한의 학술문헌을 살펴보면, 소련을 해방자로 칭송하고 그들의 역할에 대해 국제주의 관점에서 상세히 기록되어 있다. 연장렬의 논문을 보면 김일성의 교시와 레닌의 교시가 거의 비슷한 횟수로 언급되어 있다.

> 예술은 근로대중의 감성과 사상과 의지를 통일시켜야 하며 그들을 궐기시켜야 합니다. 예술은 근로대중 속에 있는 예술가들을 각성시켜야 하며 그들을 발전시켜야 합니다.(레닌 〈문학에 관하여〉 410쪽) 바로 이 레닌의 심오한 사상으로부터 출발하면서 김일성동지는 다음과 같이 교시했다.(연장렬, 1956: 73-74)

그러나 1956년 '종파사건' 이후, 특히 1960년대 들어서면서 김일성의 교시나 문헌들에서는 소련을 찬양하는 문구가 사라지고 '소련'에 대한 직접적 언급은 피하고, 모호하게 표현된 '대국주의'에 대한 이론적 반격이 나타나기 시작했다.

> 이것은 얼마나 오만하고 깔보는 태도인가! 이것은 위에서 내려다보는 듯한, 거만하고 부끄러움을 모르는 비상식적인 태도이다. 이러한 말들은 대국패권주의자들만이 사용할 수 있다. 패권주의자들은 그들만이 모든 것을 결정하고 명령할 자격이 있으며, 다른 나라들은 무식하고 그들만이 다 알고 있다는 식의 사고방식에 길들어 있다.(노동신문, 1964)

북한은 소련을 중심으로 하는 사회주의 경제분업체제를 비판하면서 '경제적 예속은 정치적 예속'이라는 슬로건을 내걸고 자립적 민족경제노선을 강조했다.

우리들은 결코 국가 간의 경제적 협력에 반대하는 것도 아니고 사회주의는 고립적으로 건설되어야 한다고 주장하는 것도 아니다. 우리가 거부하는 것은 다른 나라의 경제가 독립적이고 포괄적인 발전을 추구하는 것을 방해하는 경향, 그리고 나아가서는 '경제협력'과 '국제적 분업'이라는 미명 아래 다른 나라의 경제를 지배하려는 경향, 바로 이와 같은 대국 패권주의적 경향이다. 우리는 자립적인 국민경제의 기초 위에서만이 진정한 국제협조가 가능하다고 생각한다.(김일성, 1965)

북한은 소련으로부터의 정치, 경제, 문화, 이념적 독립의 필요성을 재삼 강조하면서 주체성에 기초한 내부적 역량이 견고할 때 국제적 연대성을 강화해야 외세에 종속될 염려가 없을 것이라고 판단하고 있다.

각 나라의 혁명 지도력은 그 나라의 당과 국민에게서 나와야 한다. 혁명은 수출될 수도, 수입될 수도 없다. 각 나라의 혁명은 세계혁명과의 관련 속에서만 완전하게 수행될 수 있고, 또 국제적 요인에 의해서 영향을 받지만 혁명의 성공에 가장 중요한 것은 바로 내부적 요인이다. 외부의 지원이 중요하지만 그것은 오직 부차적인 역할만 할 뿐이다...혁명과 건설을 완수함에 있어서 국가는 첫 번째 중점을 그 자신의 재부역량 강화에 두어야 하고, 그 다음에 외부로부터 원조를 받아야 한다. 비록 외부의 원조가 어떤 국가에 주어지더라도 그 국가의 지도력이 확립 되었을 때에만 효과가 있다. 공산주의자와 로동당의 상호관계는 완전한 평등과 주권의 원리, 상호존중, 내부문제에 대한 불간섭 및 동지적인 협조에 기초해야 한다.(『노동신문』, 1966)

소련의 강력한 후원 하에 수립된 북한정권으로서는 사회 곳곳에 뿌리내린 소련문화의 영향력을 단절하기 위한 새로운 이념이 필요했다. '주체'는 이런 필요성에 부합하는 핵심 개념이었다. 1960년대 등장한 북한의 주체사상에 근거한 자주노선은 '사상에서 주체, 정치에서 자주, 경제에서 자립, 국방에서 자위'의 원칙을 시종일관 견지하는 것이었다. 북한은 소련의 종속관계에서 벗어나고자 대외적으로 소련의 대국주의를 견제하는 자주노선을 견지하는 반면, 사회 분야에서 소련적인 것을 전면적으로 삭제하고자 했다. 소련군이 지원하고, 또는 자신들이 사들였던 도서, 영화를 비롯한 소련의 문물을 모조리 소각하는 '주체의 바람'을 일으켰다.

흐루시초프가 올라앉고 나서 스탈린 동상을 없애고 레닌 묘에서 레닌 시신 꺼내버리고, 1962년도에 평양 온다고 하다가 결국 안 왔다고. 소련이 수정주의 할 때부터 김일성과 흐루시초프가 사이 틀어져서. 김일성은 스탈린이라면 하느님처럼 여기지만, 흐루시초프 정책에 대해서는 강연회 때마다 수정주의를 비판하고, 1962~65년도까지 소련의 문화예술 서적은 모조리 없애라 하고, 기술 서적까지 다 검토보고 소련 정책적인 거 있으면 없애라 했어요. 내가 해군대학 다닐 때 기술 서적은 웬만하면 안 없앴지만,

다른 책은 다 없앴어요.[18]

1960년대에 일어난 학계의 중요한 변하는 과학원에서 사회과학 원이 분리된 것이다(염인덕 편, 1980). 사회과학원은 북한 최대의 인문·사회과학 종합 연구기관 중 가장 권위 있는 기관으로, 1964년 과학원에서 분리되어 "사회과학부문 연구기관들에 대한 통일적인 지도기관"으로 출발했다. 사회과학원은 국립 과학원 산하 국립 연구 기관으로서, 주체사상연구소, 역사학연구소, 철학연구소, 경제연구 소, 법학연구소, 언어학연구소, 문학연구소, 고고학연구소, 고전연구 소 등을 산하에 두었다(염인덕 편, 1980). 사회과학원 산하의 각 연 구소는 『역사과학』, 『경제연구』, 『문학연구』, 『고전민속』 등 다양한 기관지를 출판했다.

2) 5·25 교시와 사회 전반에서의 소련식 풍조 제거

1950년대 말부터 북한의 노동당 서기실에서는 김일성의 모든 연설 에 들어 있던 스탈린 우상화와 스탈린주의적 요소를 전면 삭제하고 문장을 고치는 등의 직업을 진행했다. 1961년 노동당 제4차 대회 이 후부터 문건에서 주체 문제가 비교적 체계적으로 나타나기 시작한 다(황장엽, 1999: 131). 특히 교육과 관련하여, 국경과 사상이 없다 는 교육사상에서의 '초이념성'이 오히려 부르주아 사상, 생활양식에 대한 자유로운 침투를 가능하게 한다는 이유로 경계했다(사회과학 원, 1975: 31). 1963년 북한주재 소련대사는 북한에 약 350~400명 의 소련인들이 체류하고 있었는데, 이들이 "온갖 수모를 당하고 있

---

18 인민경제대학 외 졸업, 2016.6.22. 인터뷰.

다"고 기록하고 있다(박종효 편역, 2010b: 258). 1956년 9월 5일 체결된 조·소 문화협력조약, 1957년 10월 11일 체결된 조·소 학술원 협력조약에 따라 1960년대 중반기에는 협력이 유지되기는 했지만, 상대적으로 규모가 축소되었다(박종효 편역, 2010b: 266-268). 1966년에는 한국국교정상화에 따른 북한의 국방비 지출증가가 해외교류에 필요한 재정의 축소의 명분으로 활용되었다(박종효 편역, 2010b: 300). 북한의 대학이 소련식 모델을 탈피하는 결정적 계기는 1967년 조선로동당 4기 15차 전원회의에서 발표된 5·25교시이다(안성호, 2015; 오경숙, 2004). 5·25교시는 북한의 대학사를 넘어서서 사회문화사의 가장 중요한 전환점 중 하나라고 할 수 있는데, 이는 1956년 8월 종파 사건으로 촉발된 김일성 유일지배체제가 10여 년 만에 완성됐기 때문이다. 김일성은 당시 조선노동당이 자본주의, 수정주의, 교조주의 등 잡다한 사상이 당에 유입되어 있어서 혁명에 장애가 되므로, 이를 일소하고 당의 유일사상체계를 확립할 것을 지시했다. 이는 소련의 우경 수정주의와 중국의 좌경 모험주의를 모두 반대하는 것이었다.

북한은 1960년대에 들어서면서 김일성의 빨치산투쟁 역사를 유일한 혁명전통으로 규정하고 김일성독재체제를 제도적으로 뒷받침하는 당의 유일사상체계를 확립하는 과정을 통해 사상, 교육, 문화, 사회 전반에 걸쳐 스며들었던 소련적인 것을 제거하는 동시에 민족해방운동사, 유교적 전통, 향토사 같은 민속역사적인 것까지 말살하기 시작했다. 1956년 8월 종파사건이 김일성에 의해 주도된 것이라면 1960년대 들어서 노동당 4기 15차 전원회의를 계기로 또 다시 진행된 갑산파 및 일부 항일빨치산 출신들 숙청은 김정일이 주도한 것이었다. 1956년 종파숙청의 구실이 '반정부음모'였다면, 5·25

교시를 통한 숙청은 개인의 역사와 업적을 내세우거나, 사상과 관련 없는 외국사조, 『목민심서』를 비롯한 실학파 책 독서 금지, 향토계, '비석계'를 비롯한 전통적 모임과 가문의 족보를 비롯한 봉건적 잔재 청산이라는 맥락에서 진행되었다(김정일, 1967). 그러나 북한 문헌들은 1967년의 5·25교시에 관해서 거의 언급을 하지 않으며, 북한의 인텔리정책을 체계적으로 정리한 차용현·서광웅(2005)도 이에 관하여 언급하지 않고 있다.

> 5·25교시 같은 중요한 내용은 다 빼고 껍데기만 있는 게 지금 김일성 선집이다. 내 고향, 내 마을 가꾸기가 남한의 새마을운동 같은 건데 1967년 5·25교시 이후 6개월간 소련의 여독을 뿌리 뽑는다고 온 학교가 사상투쟁하고 그랬다. 1958년도부터 소련물이 빠지기 시작하고 60년대 초반까지 중국물이 빠진 것으로 봐야 한다. 북한에서 소련 노래와 러시아 음악이 매우 보편적이었는데, 5·25교시 후 토요일마다 소련 영화 보던 게 없어지고 빨치산 회상기나 김일성선집을 공부하고, 국제관계대학에서 소련식 무용교습도 사라지고, 러시아학과는 유지되었지만, 러시아식 날라리풍이 사라졌다고 봐야 한다. 1990년대에 중국어과가 커지고 러시아학과가 작아지고, 그때는 제1외국어가 로어였는데, 50~70대 되는 사람들은 로어를 배웠고, 나도 학원에서 로어를 배웠는데, 지금은 그 자리를 영어와 중국어가 차지한다. 평양외국어대학도 5·25교시에 따라 외국 물을 뺀다면서 소련 책들을 불사르기 하는데, 그 이후 항일빨치산 회상기를 공부하고, 영어나 불어로 된 거로 공부했다.[19]

---

19   평양외국어내학 졸업, 2016.9.23. 인터뷰

그러나 1968년 판『조선중앙년감』에 김일성동지께서 당사상사업부문 일군 앞에서 "당면한 당선전사업방향에 대하여"라는 연설을 했다는 사실이 밝혀져 있고, 이에 관한 자세한 내용은 성혜랑의 회고록『등나무집』(2000)에도 나타나 있다. 이에 따르면, 1967년 조선노동당 15차 전원회의에서 결정된 5·25교시 전까지 북한은 "사회주의 인민의 나라"였다(성혜랑, 2000: 312). 그러나 5·25교시를 계기로 정치사회적 질서와 문화가 철저하게 변화하고, 수령 우상화와 인텔리의 혁명화라는 이름으로 사회 전반에 극좌적인 바람이 불었다고 증언한다. 5·25교시는 정치적으로, 김일성의 중공업우선정책에 반발하여 경공업우선정책을 주장한 갑산파들을 숙청하는 명분으로 활용되었다. 1967년 상반기부터 1968년까지 진행된 갑산파 숙청사업은 1968년 중순경에 중견 지방간부직의 약 3분의 2를 공석으로 만들 정도로 대규모였다. 당시 20대였던 김정일은 이 과정에 적극 개입하면서 숙청을 대규모하여 자신의 영향력을 확장했다. 장해성의 증언에 따르면, 이때 숙청된 갑산파의 주역이었던 박금철은 함경북도 하성 수용소로 끌려간 뒤 자살을 했다.

도서정리사업은 이런 5·25교시를 실천하는 사상 정화 캠페인이었다. 성혜랑의 회고(2000)에 따르면, 5·25교시는 북한의 정치사회적 질서뿐 아니라 문화를 완전히 바꿔놓았다. 5·25교시에 따라 전국의 모든 가정과 직장에서 모든 책에 대한 검열이 이루어졌다. 소련에서 유입된 책이나 음반, 판소리를 포함한 전통문화도 사라졌다. 도서정리는 모든 책을 폐기대상과 제한이용으로 구분했는데, 구분의 기준은 수령 우상화, 항일무장투쟁의 절대화, 계급혁명, 즉 반수정주의, 반부르주아 문화였다. 이에 크게 어긋나는 책은 폐기처분되었고, 제한이용의 경우 저촉되는 내용과 어투, 인명을 먹으로 칠하거나 페이지를 뜯어내거나 종이딱지를 붙여 삭제했다. 대부분의 양서들은 제지공장으로 실려나가 폐기되었다.

5·25교시는 음악과 미술에도 적용되었다. 외국 음악은 소련 노래까지도 금지되었으며 고전악보는 모두 불살랐다. 석고 조각들은 모두 깨졌고, 서양화는 파기되었다. 이 무렵 민족예술극장도 해산되었다. 반 수정주의는 과학기술 분야에서도 적용되었다. 외국기술 도입은 수정주의로 몰려 중단되었고, 선진 과학기술에 대한 관심조차 비판을 받았다. 도서정리사업은 북한에 반수정주의의 열풍을 몰고 와 지식인들이 향유하고 있던 소련식 문화를 일소하는 데 기여했을 뿐 아니라 북한 현대사 왜곡의 기초를 만들었다. 이에 관해 황장엽(1999)은 김일성의 도서정리사업은 실질적으로 마오쩌둥의 문화대혁명을 모방했다고 주장한다.

1950년대~1960년대 숙청된 세력의 절대다수가 소련파 지식인들이었다는 점을 감안해볼 때, 1967년의 5·25교시는 북한의 대학이 소련의 영향력에서 벗어나는 중요한 전환점인 동시에 김일성의 독재체제에 대항하여 북한사회를 합리적으로 이끌어갈 수 있는 지식인들이 세력화될 수 있는 가능성을 차단하는 계기가 되었다. 이때부터 '수령주의'가 옳고 그름을 판단하는 절대적 기준이 되고 정치사상성만 강조하는 비합리적이고 경직된 사회로 경도되기 시작했다.

3. 1970년대의 변화

북한은 1970년 노동당 제5차 대회를 통해 맑스-레닌주의를 변형·적용한 김일성의 주체사상을 "모든 활동의 지도적 지침"으로 삼는다고 선포하고 "우리 식대로 살아나가자"는 구호를 제시했다(김정일, 1979). 북한은 1972년 9월 17일 일본 마이니치 신문사 대표단이 질문에 답변하는 형식으로 주체사상을 이론적으로 성문화했다. 김정일은 1974년 2월 19일 김일성의 사상을 '김일성주의'로 정식화하고 노동당의 최고 강령으로 선포했다. 주체사상이 맑스-레닌주의와 구별되는 새로운 사상이 아니라 북한의 현실에 맞게 적용한 노선과 정책의 독자성을 강조한 것이었다. 본질적으로는 수령 독재기반을 강화하고 대국들의 내정간섭을 반대하기 위해 필요한 것이었다.

대국주의에 맞서 사회 모든 분야에서 주체를 세우기 위해서는 경제적 자립이 우선이고 그러자면 과학기술 발전이 절실한 목표였다. 1971년 소련의 아카데미와 북한의 과학원간의 교류 및 고등교육성 간의 교류가 재개되었다. 이때부터 대학간 교류는 김일성대학과 모스크바 국립대학, 김책종합기술대학과 레닌그라드 종합기술대학, 건설건자재대학과 모스크바 건축대학, 평양의과대학과 모스크바 제1의과대학간 네트워크가 형성되었다(박종효 편역, 2010b: 404).

아울러 1970년대 들어 일본의 총련을 통해 일본의 발전된 기계공학, 전자공학기술을 도입하고자 재일본조선인과학자들의 역할을 강조했다(김일성, 1972b). 북한이 6개년 계획기간에 "100만의 인테리 대군을 양성할 데 대한 계획"을 세운 것은 과학기술 발전에만 목적이 있는 것이 아니라 사대주의를 종국적으로 뿌리 뽑자는 데 중요한 목적이 있었다(김일성, 1972a). 대학교육에서 『자본론』을 비롯한 맑스-레닌주의 고전들과 정치경제학, 변증법적 유물론, 역사적 유물론과 같은 맑스-레닌주의 일반원리들을 가르치는 데 있어 북한식 교육학의 원리에 어긋나는 것이 있으면 철저히 제거하도록 했다(김일성, 1971).

특히, 인문·사회과학 분야에서 주체철학을 강조하는 다양한 논문을 발표했다. 1975년 사회과학원의 각 연구소는 10월 10일 당 창건 기념일을 기하여 '주체사상'에 기초한 각종 연구저작을 출판했다(사회과학원, 1975). 그뿐만 아니라 1974년부터 1976년까지 2년에 걸쳐 "위대한 수령 김일성동지의 노작해설문고" 시리즈를 발간하며 주체철학에 근거한 김일성의 정책에 대한 정책해설집도 출판했다(염인덕 편, 1980). 이와 같이 사회과학원을 통한 활발한 사상 이론의 확립사업을 통해 북한의 전반적인 인문·사회과학의 모든 논거의 근거를 김일성으로부터 찾고, 이를 학문화·이론화했다. 이러한 이론사업은 학문 영역뿐만 아니라, 모든 교육 및 사회 전반적인 운영의 근거를 확보하고 마련하는 북한 특유의 국가운영의 근간이 되었다.

과학 분야에서 수정주의를 타파해야 한다던 기존의 입장을 바꾸어 자연과학기술에는 수정주의가 없으니 외국 기술서적을 많이 번역하여 대학교육에 받아들일 것을 장려했다. 번역기관을 따로 설립하지 않고 대학 교원들과 과학자들을 동원하여 다른 나라의 과학기술서적을 번역 출판하되 그 수가 10만여 권 이상이 되도록 할 뿐만 아니라, '산지식'을 강조하며, 대학교육이 실제 생활에 직접 적용되어 사용될 수 있어야 함을 강조했다(김일성, 1973).

이와 함께 북한은 1970년대에 아프리카 신생독립국가들과 외교관계를 맺고 그 나라들의 지도적 역할을 자처했다. 신생독립국가들이 민족경제를 건설하며 과학기술을 발전시키는 데서 해방 직후 민족간부가 없어서 애타던 경험을 생각해서라도 신생독립국가들에 기술자들을 보내주어야 한다고 주장했다(김일성, 1972: 118). 이때부터 북한의 대학졸업생들은, 광복 후 소련 고문들이 북한의 국가건설 분야와 대학들에 파견되어왔던 것처럼, 아프리카의 여러 국가에 농업대표단, 기술대표단을 고문자격으로 파견되었다.

5·25교시와 이에 따른 도서정리사업은 이후 1974년 4월 14일 '당

의 유일사상체계 확립의 10대 원칙'[20] 선포로 귀결되었다. 제4기 16차 전원회의에서 작성된 10대 원칙의 제10조에 "대를 이어"라는 표현과 "당중앙을 목숨으로 사수하여야 한다"는 문구가 포함되어 있는데, 이는 김정일의 권력투쟁의 승리를 표현하는 것이었다.

1970년대에 이루어진 김일성종합대학의 변화 중의 하나가 예비과이다. 설립 당시에 노동자 농민의 교육을 위하여 3년제로 운영되던 예비과는 사회주의적 평등화가 진행됨에 따라 1년제로 축소되었고, 1990년대에 폐지된다. 이와 아울러 기존의 맑스 레닌주의 교과목은 김일성 주체사상과 '혁명역사'로 대체되어갔다.

Ⅳ. 1980년대 유학생정책과 소련 해체의 충격

1. 1980년대 유학생정책

1) 과학기술 발전의 필요성

북한에서 1980년대 중반 이후 다시 서구 선진과학에 대한 관심이 높아지면서 이를 수용하기 위한 실질적 조치를 취하기 시작했다. '주체의 확립'을 통한 '주체사상'의 '전지전능성'이 강조되면서 과학기술의 원리나 합리적 근거를 확보하지 못한 북한의 과학교육은 폐쇄적 공간에 갇혀 있음을 북한도 인정하지 않을 수 없었던 것이다. 과학교육의 정치사상화로 인한 과학기술의 선진성 부족, 폐쇄적 과

---

20   이 원칙은 김정은이 집권한 이후 '당의 유일적 영도체계확립을 위한 10대원칙'으로 명칭이 바뀌었다.

학 연구, 생산성에만 집중한 과학 발전에 대한 편향적 요구, 국방과학기술에만 집중적으로 가한 불균형 투자의 폐해를 인식하고 있었다.

1980년대 들어 북한은 전문적인 응용과학보다 인민경제 발전에 이바지할 수 있는 실천적인 기초과학에 투자를 집중해왔지만 점차 그 한계를 인식하고 첨단과학기술 발전을 위한 대외 교류를 확대했다. 이를 통해 중국 및 소련의 발전된 기술을 주체적 방식으로 활용하려고 노력했다. 과학기술의 세계 추세 변화에 따라 영재교육, 대외 과학기술 교류, 과학기술자 우대 등을 중시하는 '과학기술시대'를 공포하고 이에 따라 정책을 추진하기 시작했다. 북한은 고등교육의 질을 높이기 위한 대책으로 평양 제1고등중학교를 일반학교와 차별화하여 우수한 학생들을 선별하여 분리 교육시키는 정책을 실시했다. 이들은 졸업 후 대부분 김일성종합대학, 김책공업대학, 평성리과대학 등에 진학했다. 김일성종합대학의 자연과학 계열 학부들은 북한의 과학기술 인재 양성의 중요한 통로였다(김정일, 1984).

2) 유학생정책의 변화와 유학생 선발 형식

1980년대 북한의 유학생정책에 변화가 일어나게 된 결정적 계기는 1984년 김일성의 동유럽 사회주의권 국가들의 방문이었다. 김일성은 소련과 동유럽 사회주의 국가 방문을 통해 동유럽 과학기술의 발전된 면모를 보았고, 해당 국가 및 당 지도자들과 과학기술 분야에서의 협력을 강화하며 과학자, 기술자들과의 교류를 활발히 하고자 힘썼다(김일성, 1986). 1960년대 5·25교시를 통한 도서정리사업을 통한 해외 서적에 대한 그동안의 단속 역시, 1984년 김일성의 유럽 순방과 함께 완화되어 북한 내에서 외국서적의 출판이 가능하게 되었다. 김일성은 당시 해당 국가들에 파견된 유학생들을 만나 격려하고 이를 북한의 언론매체에 공개함으로써, 유학생정책의 중요성을 국가 전반적으로 홍보했다. 소련과 동유럽으로의 과학자들의 해외연수 및 관련 외국어 공부를 장려하고, 유학생들을 소련과 동독을 비롯한 동유럽 사회주의 국가들에 활발히 파견했다.

> 우리가 2학년 때(1987년) 매 학급에서 실력이 좋은 사람들을 뽑아서 유학을 보냈다. 한 학급에서 서너 명씩 갔다. 석사까지는 유학을 많이 보냈는데, 다만 박사는 국내에서 하라는 정책을 취했다.[21]

> 나는 유학생 시험을 통하여 모스크바종합대학으로 유학을 갔는데, 수학부에서 남자 한 명, 여자 한 명, 물리학부에서 한 명, 그리고 김책공대에서 한 명이 같이 갔다. 자연과학 분야의 유학생 프로그램으로, 김일성대학서 후보준박사 시스템을 처음으로 만들었다.[22]

> 1989년에는 북한 유학생 58명 중 8명이 독일로 가고 나머지는 소련으로 갔다. 우크라이나에는 동기생들이 9명 갔다. 같이 간 사람들은 모스크바, 레닌그라드, 민스크 등 여러 도시에 흩어져서 공부했다.[23]

---

21 김일성종합대학 졸업, 2016.7.22. 인터뷰.

22 김일성종합대학 졸업, 2016.7.14.; 2016.9.3. 인터뷰.

23 김책공업대학 졸업, 2016.8.10. 인터뷰.

소련에서 공부한 유학생들과의 인터뷰에 따르면, 당시 이공계 유학생들의 경우, 북한 대학에서 교육받은 내용과 소련에서의 교육내용이 거의 동일했음을 뒤늦게 알았다. 북한은 유학생을 파견할 당시, 북한에서의 학년보다 1~2학년씩 낮추어 유학하는 대학에 입학하도록 했다. 이는 현지 언어를 익히고 적응하는 데 소요되는 시간과 유학생들이 교육과정을 충분히 소화하도록 장려하기 위해서라고 볼 수 있다.

나는 4년여 기간 동안 모스크바대학의 준박사 반에서 공부했다. 여기에는 준박사반과 박사반이 있는데 준박사반 졸업하려면 4년간 공부해야 한다. … 여기에서 북한에서 소련의 교육을 그대로 강의한다는 것을 깨달았다. 준박사반에 들어갔지만, 처음에는 무조건 대학 학사 6학년 전공반 강의에 들여보낸다. 유학생들은 어디에서 왔건 상관없이 6학년 졸업시험을 통과해야만 준박사 반에서 공부할 자격을 준다. 내가 여기에서 강의를 들어보니까 북한에서 배운 것과 장과 제목이 똑같은데, 왜 이것을 또 배워야 하나 하는 마음이 들었다. 교과서의 실례까지 똑같은데 결국 북한의 수학교과서가 소련 것을 그대로 번역한 것임을 알게 되었다. 나는 이미 다 아는 것이어서 지도교수를 졸라 겨우 이 과정을 생략하고, 6개월 앞당겨 준박사 과정에 들어갈 수 있었다.[24]
북한의 유학생은 세 부류인데. 첫 번째는 국가 돈으로 가는 사람으로, 이들은 철저히 실력제일주의로 선발해서 보내는 유학 형식이므로 국비 지원이고, 두 번째 유형은 외교관으로 나가는 부모

---

24 김일성종합대학 졸업, 2016 7 14 ; 2016.9.3. 인터뷰.

를 따라 가는 유형으로 자비유학이며, 세 번째는 실습유학이다. 앞의 두 유형은 대학생 연령대에 가는 것이고, 실습유학은 세계적인 현장 감각을 갖기 위해서 가는 것으로 나이 든 사람들이 주로 가는 거다. 이 사람들도 국가비용으로 간다.[25]

1980년대의 북한의 유학생정책은 대학생이나 대학원생을 대상으로 했지만, 1950년대에 유학을 했던 원로 학자들에 대한 재교육도 실시했다. 소련 및 사회주의 국가에서 재교육을 받음으로써 최신의 과학기술을 익히도록 하는 한편, 외국의 학자들을 북한 내에 초빙하여 강의를 개설하는 등의 교류사업을 전개하기도 했다.

1950년대에 유학을 다녀온 사람들의 일부를 1985~1989년 사이에 6개월간 재교육을 위해 보냈다. 소련이 망하기 전에 좀 열어 놨다가 망하니까 다시 닫아놓은 셈이다. 1950년대에 한 번 열고, 1980년대에 다시 한 번 열고, 2000년 남북정상회담 시기에 다시 열었다가 다시 닫았다고 할 수 있다. 1980년대에 열었던 성과가 지금까지 내려온다고 할 수 있다.[26]

1980년대에는 해외 과학서적들을 들여오도록 적극 장려했다. 1960년대 후반 유일사상체계를 무리하게 추진하면서 정권 수립 이후 축적했던 외국의 과학기술 원서들을 대부분 없앴기 때문에 과학기술을 발전시키기 위한 자료가 현저히 부족한 상태였다. 이에 따라,

---

25   김책공업대학 졸업, 2016.8.10. 인터뷰.

26   김책공업대학 졸업, 2016.8.10. 인터뷰.

외국에서의 서적 반입은 반드시 필요한 사업이었고, 이를 유학생들을 통해 적극적으로 추진했다.

> 유학생들의 임무가 공부는 못해도 과학책을 비밀리에 많이 들여와라 이런 건데, 중요한 책들은 과학원에도 있고, 김대에도 있도록 장려했다. 영어 잡지도 신청하여 볼 수 있도록 했다. 북한의 기초과학은 러시아 것을 받아들여 비교적 탄탄하다. 김대에 있으면 과학원 사람들이 와서 책 보기가 불편했다.
>
> 지금은 이전보다 소련물이 많이 빠지긴 하지만, 소련식 교육을 그대로 한다고 볼 수도 있다. 1999년경에 러시아와의 관계가 멀어지고, 러시아 잡지도 많이 들어오지 못한 반면, 중국과의 교류가 더 많아졌다. 소련에 유학 갔다온 사람들은 5년쯤 있다가 실습으로 다시 보내지기도 했는데, 러시아와의 관계가 소원해지면서 왕래가 끊기고, 잡지도 많이 못 들어왔다.[27]

이런 증언은 북한의 1980년대 유학생정책과 부분적인 개방정책의 상황을 잘 보여준다. 다음 표는 이 시기에 이루어진 유학생 정책의 일부를 보여주고 있다.

2. 소련 해체의 충격과 북한의 고립

1989년부터 동구권 사회주의 국가들이 연이어 붕괴하면서, 북한은 기존의 연결망을 상실하고 고립되기 시작했다. 특히 1990년 9월

---

27 김일성종합대학 졸업, 2016.7.14.; 2016.9.3. 인터뷰

표3 북한의 국가별 과학기술 연수생 파견 현황 (단위: 명)					
구분	1980년	1981년	1982년	1983년	1984년
소련	40	43	117	200	145
중국	50	50	50	57	80
동독	4	6	8	30	49
헝가리				17	11
불가리아				14	25
유고슬라비아		23	5	10	6
폴란드				6	35
루마니아					3
공산권 소계	94	122	180	334	354
일본	35	56	112	202	93
인도			15	18	3
파키스탄				4	
필리핀	8				
서독	4	21	10	15	37
프랑스			5	13	12
스웨덴				11	20
이탈리아			11	5	
스위스		4	13		7
네덜란드		2			5
오지리			1		19
노르웨이			3		
덴마크					20
서방권 합계	47	83	170	268	216
총합계	141	205	350	602	570

출처: 김형수, 2015: 159.

30일 한국과 소련의 수교, 10월 20일 한국과 중국의 무역사무소 개설 합의와 1992년 8월 24일 한중수교에 따라 북한의 정치적 위기감은 극에 달했다. 북한은 이런 어려운 상황을 정당화하기 위하여 "우리식 사회주의"를 내세우면서, "인민대중 중심의 우리식 사회주의는 필승불패다"와 같은 논설을 발표했다(김정일, 1992a). 북한은 1992년 4월 9일 헌법 개정을 통해 1972년에 개정된 헌법 제1장 4조 "맑스-레닌주의를 우리나라의 현실에 창조적으로 적용한 조선로동당의 주체사상을 자기 활동의 지도적 지침으로 삼는다"는 구절을 삭제하고, 대신 3조에 "사람 중심의 세계관이며 인민대중의 자주성을 실현하기 위한 혁명사상인 주체사상을 자기 활동의 지도적 지침으로 삼는다"는 구절을 추가했다(권성아, 2006). 그러나 국제적 질서와 대외환경의 변화와 더불어 김일성 사망이라는 중대 변수가 발생하면서 김정일을 중심으로 북한의 권력체제는 재편된다.

북한은 소련식 사회주의를 모방하면서 지식체제를 만들었으나, 1950년대 후반기의 제1차 희석화를 거쳐 소련과 동구권 사회주의 몰락을 계기로 제2차 희석화를 거치면서 북한의 독특한 모델을 만들었다. 북한은 사회주의권 해체의 근본원인을 정치·사상교육의 약화와, 사회주의 확립을 위한 '주체'의 위상과 역할을 강화하지 못했기 때문이라고 보았다(김정일, 1992b: 428). 또한, 북한은 소련과 동구권 사회주의 붕괴의 근본적 원인을 자본주의 풍조의 유입이라고 판단하여 자본주의가 유입될 수 있는 모든 통로를 전면 차단한다. 북한은 사회주의권 몰락의 구체적 상황이 국내에 알려질 경우 벌어질 주민들의 사상적 동요와 체제 이탈을 우려하여, 1989년 동유럽 유학생들을 대거 소환하는 한편, 1991년 소련이 해제하자 소련 유학생들 역시 전면 강제 소환했다.

끼예브에는 북한의 과학기술계 유학생은 적고, 인문사회계 유학생들은 많았어요. 독일 유학생들은 1989년 12월에 철수시켰고,

끼예브를 비롯한 소련 유학생들은 1990년 8월에 철수했어요. 소련 연방에 흩어져 있던 유학생들을 모두 모스크바로 집결시켜 총화하고 철수했죠.[28]

유학생들의 강제 소환 이후 이른바 군사대학 유학생들을 중심으로 한 '푸룬제 군사아카데미' 사건이 북한에서 발생했다. 소련의 군사대학에 유학하는 기간에 소련의 비밀첩보기관에 연루된 군사 유학생들이 강제 소환에 불만을 품고 북한의 권력에 저항하려는 움직임이 있음을 파악하고 이들을 제거한 대규모 숙청사건이었다. 이 사건을 계기로 군사유학생의 70%가 정치범 수용소로 끌려가거나 처형당했다고 전해진다.

푸룬제 군사아카데미 유학생들은 모조리 죽었다. 고위장성도 연루되어 있으니까. 이들은 결집력이 강하고 반란을 일으킬지도 모르니까 모조리 제거했다. 도망간 사람은 거의 없다. … 원자력 기구 탈퇴가 1993년 3월인데, 푸룬제아카데미아 사건은 1992년도부터 시작했고, 1993년 10월에 대대적으로 검거되어, 1995년도에는 거의 종료되었다. 사회유학생들도 모두 조사대상이 되었다. 농담이라도 불경한 요소가 있으면 죄가 된다.[29]

푸룬제(군사)아카데미 사건의 주모자는 작전부총참모장 홍계성으로 실제로 쿠데타를 준비했다. 김일성 죽기 전 1년 전에 일어

---

28 김책공업대학 졸업, 2016.8.10. 인터뷰.

29 김책공업대학 졸업, 2016.8.10. 인터뷰.

났는데, 무능한 군사원로들을 제거하고, 김부자를 천황처럼 만들고 우리가 정치한다는 것으로, 1992년 11월에 하게 되었는데 미루다가 소련 아이들이 알려줘서 숙청당한 거다. 홍계성은 1986년도에 소련에 유학했다. 이 아카데미엔 장령도 있었다. 학부는 위관급이었고, 푸룬제아카데미아 유학생은 주로 작전재직반인데 그중 홍계성이 대좌로 제일 낮았다. 홍계성이 최현의 사위다. 홍계성은 1986년도에 가서 1989년도에 졸업하고 귀국하여 소장으로 작전국 부국장으로 임명되었다....[30]

소련 해체 이후 북한의 교육정책은 김일성·김정일을 중심으로 하는 주체사상과 '소련물 빼기' 작업을 더욱 강화했는데, 이는 대학 내에서도 동일하게 일어났다.

북한 당국은 소련이 해체된 것을 북한사람들에게 다 알려주었어요. (소련 사람들이 이전의) 훈장, 경장, 군복을 내다 파는 모습을 다 알려주고. 강연회 때마다 이를 알려주어요. 청년동맹원들이 마대에다 넣고, 당중앙위원회에다 보내고, 이처럼 망해가고 있는데, 이는 소련이 사상교양을 못하고 청년 중시를 하지 않았기 때문이라고 선전했어요.[31]

1988년도부터 사회의 분위기가 확 달라졌다. 러시아는 완전히 몰락하고, 중국이 올라가는데 1987년부터 1989년 기간에 그런 교차가 생기지 않았을까 싶다. 그때 중국에서 평양베아링공장도

---

30 소련 유학생 출신, 2016.9.30. 인터뷰.

31 김일성종합대학 졸업, 2016.7.4. 인터뷰.

들어오고, 중국의 영향이 커지기 시작했다. 영어의 영향력이 커진 것은 1989년 제13차 청년학생축전이 기점이 되지 않았나 싶다. 평양 외국어학원에 가보니까 1960~1970년대는 영어반이 10명씩 두 개 반이었는데 1980년대 후반에는 영어가 한 개 반이 더 늘고, 로어반은 더 줄어 있었다.[32]

이처럼 소련의 해체는 러시아어 교육의 약화와 소련에 대한 이념적 비판을 가져오면서 소련 모델의 약화를 가져왔다. 이것은 북한의 과학기술 연구에도 반영되어, 과학기술 연구에서 지배적으로 차지하던 소련 논문의 인용이 1990년 이후 현저하게 줄어들고, 일본, 중국, 영어권의 논문이 다수를 차지하게 된다(이춘근, 2002). 이는 소련 붕괴 이후 사상적인 측면뿐 아니라 과학 및 기술의 측면에서 소련 모델의 영향력이 급속하게 축소됨을 보여주는 것이다.

1990년대 소련 해체 이후 러시아 및 동유럽과의 연계가 약해지면서 최근에는 중국에 유학을 많이 보내고 있다. 2000년대에는 유학을 보내는 방식이 어려워지면서, 평양과학기술대학 설립을 허용하여 외국의 교수들을 초빙하고, 이를 중요한 세계와의 소통창구로 삼고 있다. 평양과학기술대학은 북한에서의 글로벌 인재 유성과 첨단 기술 섭취의 대안으로 떠오르기 시작했다.

---

32 평양외국어대학 졸업, 2016.9.8. 인터뷰.

V. 맺음말: 소련의 유산을 다시 생각하기

지금까지 살펴보았듯이 광복 이후 약 10년간, 특히 1948년부터 1956년까지는 북한의 대학 및 과학원을 중심으로 하는 지식체제가 형성되는 시기로서 소련형 모델의 이식기였다. 이의 근저에는 제2차 세계대전을 계기로 세계적으로 고양된 소련적 근대성에 대한 선망이 깔려 있었다. 6·25전쟁과 전후 복구에서도 소련의 지원이 절대적이었으므로 소련형 모델은 강화되었지만, 1956년 '8월 종파사건' 등 내부 정치적 갈등과 지도부 장악에 따른 정치적 요인으로 인해, 1950년대 중·후반부터 서서히 소련의 영향력에서 탈피하려는 움직임이 형성되기 시작했다. 이러한 움직임은 북한 문헌에서 좀 더 명확하게 확인할 수 있는데, 『김일성종합대학 10년사』 등의 초기 문서에서는 소련 고문 및 교수진의 파견과 유학생 현황 등 소련과의 긴밀한 관계에 대해 자세히 기록했던 반면, 2005년 출판된 차용현과 서광웅의 『조선로동당 인테리정책의 빛나는 력사』에는 『김일성종합대학 10년사』와는 달리 소련 고문들에 대한 언급이 축소되어 나타난다. 또한 김일성이 "대학의 교육내용을 구성하는 데서 다른 나라의 것을 그대로 본따서는 안 되고, 우리나라의 실정에 맞는 교육을 할 수 있도록 대학의 교육내용을 구성해야" 한다고 말했다고 했으나 (차용현·서광웅, 2005: 123), 이것이 언제 말한 것인지 정확하게 기록하지 않고 모호하게 처리했음을 볼 수 있다.

흐루시초프 시기에 이루어진 북한의 소련에 대한 거리두기는 정치사상과 문화적 측면에서 두드러졌다. 대학 내 정치사상교육에서 소련에서 유입된 학자, 정치가, 사상사를 배제함으로써 소련식 교육의 내용이 희석화되기 시작했고, 이는 곧 음악, 미술, 언어 등 사회문화 전반으로 확장되어 대학뿐 아니라 사회 전반에 있어 소련의 영향력은 급격히 위축되는 양상을 보였다. 1967년 5·25교시와 이에 따른 도서정리사업은 소련형 대학 모델의 희석화를 말할 수 있는 역사적 계기였다. 그럼에도 종합대학과 단과대학의 분리, 대학과 과학원의 분리, 학부제와 강좌제 등과 같은 소련형 지식체제의 기본구조는 변화하지 않았으며, 1980년대 중반 이후 소련과 사회주의 국가들로부터 과학기술을 배우려는 열망이 다시 소생했다. 이는 해외 유학생 파견의 증가와 북한 내 해외서적의 출판 재개 등을 통해 확인할 수 있다.

1990년대 초반 소련이 붕괴됨에 따라 북한의 대학 역시 크게 변화하게 된다. 북한은 소련 붕괴 이후 미국을 중심으로 편성된 세계 자본주의 질서에 적응할 수 있는 '자생력'을 키워야 한다는 목표를 가지고 이를 위한 대내외적 정책을 펼쳤다. 소련 붕괴 후 북한은 소련과의 연결고리가 끊어지고, 또 1992년 한중수교에 대한 불만으로 중국과의 관계도 소원해지기 시작하였다. 전통적으로 '혈맹'관계를 맺고 있는 중국에 대한 관계가 조금씩 회복된 것은 1990년대 후반기였다. 소련 및 동유럽 사회주의 국가들을 중심으로 파견하던 유학생 정책이 단절된 후, 중국에 대한 의존도가 높아지기 시작한 것은 이 때부터였다. 이 시기에 중국의 대학은 대대적인 개혁을 겪고 있었는데, 북한은 이런 대학개혁을 받아들이지는 않았다.

1990년대 중반 고난의 행군은 대학문화, 특히 교원들의 생존을 위한 투쟁에 큰 영향을 미쳤다. 고지식한 원로 교원들은 급격한 변화에 적응하지 못하여 큰 피해를 입었다. 북한의 사회구성에서 출신성분이 매우 중요하기는 하지만, 제한된 범위에서 사회이동이 교육과 학력에 따라 결정되므로, 교육열이 강력하게 존재하는 상황을 활용하여, 젊은 교원들은 어려움을 모면하는 경향이 생겨났다. 또한 북한 당국이 제공하는 인센티브에 민감하게 반응하는 경향도 생겨 났다.

지난 70년간 북한에서의 소련형 대학 모델, 또는 소련형 고등교 육 모델이 크게 약화되었지만, 그렇다고 해서 그 기본적인 틀이 해 체되었다고 볼 수는 없다. 첫째, 대학과 과학원, 사회과학원이 병존 하는 구조가 그대로 유지되고 있다. 둘째, 일반대학과 간부를 양성 하는 특수대학, 근로자들을 위한 기능별 대학의 분리도 그대로 유지 되고 있다. 셋째, 대학 내부에 당 조직이 있고, 당이 대학 전체의 운 영을 통제하는 구조도 그대로 유지되고 있으며, 학교와 생산현장을 연계하여 운영하는 방식도 그대로 유지되고 있다. 강좌제도 그대로 유지되고 있다.

그러나 대학의 인적 구성에서 교직원과 학생의 '성분'에 따라 구 성비율을 통제·제한하는 원리는 상대적으로 약화되었다. 대신 영재 교육의 원리가 1990년대부터 강화되었다. 가장 큰 변화는 교육내용 에서 변증법적 유물론과, 맑스-레닌주의의 철학교육이 주체사상으 로 완전히 대체되었다는 것, 그리고 러시아어 교육이 영어교육 중심 으로 바뀌었다는 점이다.

2009년 이후 북한은 대학의 발전에서 세계적인 동향에 관심을 갖기 시작했다. 김정일은 김일성종합대학을 세계 일류대학으로 키 울 것을 주문했다. 이것은 1998년 중국의 장쩌민이 '세계 일류대학' 을 언급했던 것을 연상시킨다. 북한은 중국보다 10년 늦게 이를 언 급한 셈이다. 이런 주문에 따라 2010년 평양의학대학, 평양농업대 학, 사리원농업대학 등 북한 내 주요 단과대학을 김일성종합대학에 편입시킴으로써 학과구성을 종합화하며 김일성종합대학의 입지를 더욱 굳히는 조치가 이루어졌다(리영철, 2015).[33] 또한, 2010년 북한 최초의 국제대학인 '평양과학기술대학'의 설립 등을 통해 대학의 국제화와 국제사회와의 학문적 교류에 대한 희망을 나타내는 측면도 보인다. 북한의 교육당국자들은 세계 일류대학이라는 개념에 관심을 가지고 외국대학과의 교류나 지원을 희망하고 있지만, 주체사상에 따른 학술 부문에서의 오랜 관행은 이런 희망이 실현될 수 있는 가능성을 근본적으로 제한하는 요인으로 작용하고 있다. 독일 통일 이후의 동독 대학의 변화는 말할 것도 없고, 중국 역시 급속한 대학 개혁, 나아가 소련형 대학 모델의 원산지인 러시아조차 대학을 개혁하려고 노력하고 있는데, 이는 세계적으로 소통할 수 있는 학제와 교육내용을 받아들이는 방향으로 나아가는 것이다. 특히 '볼로냐 프로세스'를 통한 러시아 및 주변국들의 2000년대 대학개혁(김선, 2017), 그리고 북한의 2000년대 후반 대학의 세계화에 대한 의지의 표명 사이에 어떠한 상관관계 또는 연결고리가 있을지는 향후 연구할 필요가 있다. 북한의 대학은 이런 흐름에 가장 뒤처져 있지만, 그렇다고 해서 이런 흐름에서 북한이 완전히 벗어나 있다고는 할 수 없다.

---

33 이런 현상은 지방 도시에서도 확인된다. 2015년 혜산시에서도 여러 전문학교들을 대학에 편입시키는 조치가 있었다.

::참고문헌

강호제. 2001. "북한 과학원과 현지 연구사업: 북한식 과학기술의 형성." 서울대학교 석사학위논문.

고봉기 외. 1989. 『김일성의 비서실장 고봉기의 유서』. 천마.

과학원. 1957. 『조선민주주의인민공화국 과학원의 연혁(1953-1957)』. 과학원출판사.

권성아. 2006. 『북한의 교육과 과학기술』. 북한연구학회 편, 경인문화사.

김기석. 2001. 『一卵性 雙生兒의 탄생. 1946: 국립서울대학교와 김일성종합대학의 창설』. 교육과학사.

김동규. 1989. "소련 고등교육의 이념과 정책변화: 소련의 고등교육(1)." 『대학교육』 39, 46-54.

김동규. 1989. 『북한의 대학과 대학생』. 민족통일중앙협의회.

김동규. 1990. "북한 교육학의 성립 근거와 학교 교육의 전개 과정." 김형찬 편, 『북한의 교육』, 을유문화사, 91-114.

김동규·김형찬 편. 2000. 『북한 교육사』. 교육과학사.

김선. 2017. "구공산주의 국가들의 학제 통합 개혁이 정책 전이 논쟁에 주는 시사점." 『비교교육연구』 27(1), 145-169.

김선·임수진. 2017. "분단초기(1945-1967) 북한 고등교육에서의 소련 제도의 전이와 변용." 『교육사회학연구』 27(3), 1-28.

김선호. 1990. "고등 교육." 『북한의 교육』. 김형찬 편. 을유문화사.

김용섭. 2005. 『남북 학술원과 과학원의 발달』. 지식산업사.

김응서. 2012. "1960년대 중반 북한의 자주외교노선 채택에 관한 연구." 『세계정치』 16, 237-288.

김의석. 1997. "남북한 고등교육 제도의 비교에 관한 연구." 『교육학 논총』 17, 109-128.

김일성. 1953. "자체의 힘으로 우수한 과학기술인재를 많이 양성하자." 『김일성저작집 8』. 조선노동당 출판사.

김일성. 1955. "사상사업에서 교조주의와 형식주의를 퇴치하고 주체를 확립할데 대하여." 『김일성저작집 18』. 조선노동당출판사.

김일성. 1971. "교육 사업에서 사회주의 교육학의 원리를 철저히 구현할데 대하여." 『김일성선집 48』. 조선노동당출판사.

김일성. 1972. "우리나라의 과학기술을 발전시키기 위한 몇 가지 과업." 『김일성저작집 28』. 조선노동당출판사.

김일성. 1972. "재일본조선인과학자들은 우리나라의 과학기술발전에 적극 이바지하여야 한다." 『김일성저작집 50』. 조선노동당출판사.

김일성. 1973. "우리 나라의 과학기술을 빨리 발전시키기 위하여." 『김일성전집 53』. 조선노동당출판사.

김일성. 1986. "기술혁명을 다그치며 금속공업을 다그칠데 대하여." 『김일성저작집 39』. 조선노동당출판사.

김일성종합대학. 1956a. 『김일성종합대학 10년사』. 김일성종합대학출판사.

김일성종합대학. 1956b. 『(김일성 종합대학 창립10주년기념) 론문집』. 김일성종합대학출판사.

김일성종합대학. 1960. 『8.15 해방 15주년 기념 론문집』. 김일성종합대학출판사.

김정원. 1992. 『분단한국사』. 예진.

김정일. 1967. "반당반혁명분자들의 사상여독을 뿌리빼고 당의 유일

사상체계를 세울데 대하여.”『김정일선집 1』. 조선노동당
출판사.

김정일. 1979. “우리 식대로 살아 나갈데 대한 당의 전략적 방침을
철저히 관철하자.”『김정일선집 6』. 조선노동당출판사.

김정일. 1984. “평양제1고등중학교를 본보기 학교로 잘 꾸릴데 대하
여.”『김정인선집 12』. 조선노동당출판사.

김정일. 1992. “인민대중 중심의 우리 식 사회주의는 필승불패이다.”
『친애하는 지도자 김정일동지의 문헌집』. 조선로동당출판사.

김정일. 1992. “사회주의건설의 력사적교훈과 우리 당의 총로선.”『친
애하는 지도자 김정일동지의 문헌집』. 조선로동당출판사.

김형수. 2015. “북한의 유학생 정책.”『북한의 대학: 역사. 현실. 전
망』. 정근식 편. 서울대학교 아시아연구소.

리영철. 2015. “고등교육발전에서 김일성종합대학의 위치와 역할.”
蔡美化·李梅花 編.『고등교육의 발전과 전망』. 연변대학
출판사.

馬越徹. 한용진 옮김. 2001.『한국 근대대학의 성립과 전개: 대학 모
델의 전파연구』. 교육과학사.

박원용. 1999. “원칙과 현실의 긴장: 소비에트 권력 최초 10년간
(1918-28) 고등 교육기관의 계급주의적 전환에 나타난 제
문제.”『러시아연구』9(1), 215-248.

박원용. 2012. “‘계급성’에서 ‘전문가적 자질’로: 스탈린의 문화혁명
기(1928~1932)에 나타난 고등교육 정책의 굴곡.”『서양사
연구』46, 67-97.

박종효 편역. 2010a.『러시아 연방 외무성 대한정책 자료 I』. 선인.

박종효 편역. 2010b.『러시아 연방 외무성 대한정책 자료 II』. 선인.

북조선임시인민위원회. 1946. "결정 제 40호 〈북조선에 종합대학을 설치할 데 관한 결정〉." 7월 8일.

사회과학원. 1975. 『주체사상에 기초한 사회주의 교육리론』. 사회과학출판사.

서대숙. 2000. 『현대북한의 지도자: 김일성과 김정일』. 을유문화사.

서재진. 2003. 『북한의 개인숭배 및 정치사회화의 효과에 대한 평가연구』. 통일연구원.

서정목. 1992. "중앙아시아 해외 동포 한국어 교사 연수를 다녀와서." 『새국어생활』 2(3), 206-218.

성혜랑. 2000. 『등나무집』. 지식나라.

션즈화. 김동길 옮김. 2014. 『조선전쟁의 재탐구: 중국·소련·조선의 협력과 갈등』. 선인.

션즈화. 김동길 옮김. 2017. 『최후의 천조: 모택동·김일성시대의 중국과 북한』. 선인.

스칼라피노·이정식. 1986. 『한국공산주의 운동사』. 돌베개.

신인철. 1987. 『북한 '주체철학'의 비판적 분석』. 사회발전연구소.

신효숙. 1998. "해방 후 북한 고등교육체계의 형성과 특징: 김일성종합대학의 창립과 운영을 중심으로." 『북한연구학회보』 2(2), 195-224.

신효숙. 2005. "북한사회의 변화와 고등인력의 양성과 발전(1945~1960)." 『북한의 교육과 과학기술』 북한연구학회. 8(2), 39-83.

안성호. 2015. "1967년 '5·25 교시'를 통한 북한의 역사왜곡연구." 『사회과학연구』 32(2), 37-73.

연장렬. 1960. "우리 당 문예·정책의 정당성과 해방 후 사회주의적 사실주의 문학발전의 특성."『8.15 해방 15주년 기념 론문집』. 김일성종합대학출판사.

염인덕 편. 1980.『북한전서: 1945-1980』. 극동문제연구소.

오경숙. 2004. "5·25교시와 유일사상체계확립-구술자료를 중심으로."『한국동북아논총』32, 325-344.

윤여령. 2013. "북한 인테리 정책 연구: 해방 이후~1980년대." 서울대학교 박사학위논문.

이태준. 1947.『소련기행』. 조선문학동맹.

이춘근. 2002. "학술지 분석을 통해 본 북한의 1990년대 과학기술 연구 동향."『현대북한연구』5(2), 173-198.

전현수. 1995. "소련군의 북한진주와 대 북한정책."『한국독립운동사연구』9, 343-377.

전현수. 2004. "한국현대사와 소련의 역할(1945~1948).《쉬띄꼬프 일기》연구."『복현사림』27, 1-28.

정근식 편. 2017.『북한의 대학: 역사. 현실. 전망』. 진인진.

조선중앙통신사. 1968. "당면한 당선전사업방향에 대하여."『조선중앙년감』. 조선중앙통신사.

차용현·서광웅. 2005.『조선로동당 인테리정책의 빛나는 력사』. 사회과학출판사.

황장엽. 1999.『개인의 생명보다 소중한 민족의 생명』. 시대정신.

황장엽. 2006.『나는 역사의 진리를 보았다』. 시대정신.

蔡美化·李梅花 編. 2015.『高等教育的發展與前望』. 延边大学出版社

Etrama. Emma. Anu Kõu. and Samir KC. 2014. "Early Transition Trends and Differences of Higher Education Attainment in the Former Soviet Union. Central and Eastern European Countries." *Finish Yearbook of Population Research XLIX* 2014.

Kuraev. Alexey. 2014. "Internationalization of Higher Education in Russia: Collapse or Perpetuation of the Soviet System? A Historical and Conceptual Study." Ph.D. Dissertation of Boston College.

Lankov. A.N. 2005. *Crisis in North Korea: The failure of de-stalinization, 1956.* Honolulu: University of Hawaii Press.

McClelland. James C. 1980. "Diversification in Russian-Soviet Education." Konrad H. Jarausch. ed. *The Transformation of Higher Learning* 1860~1930. Chicago: The University of Chicago.

Okorokov. A.V. 2008. *Sekretnye voiny Sovetskogo Soyuza.* [Secret Wars of the Soviet Union]. Moscow: Yauza.

Timberlake. Charles E. 1980. "Higher Learning. the State. and the Professions in Russia." Konrad H. Jarausch. ed. *The Transformation of Higher Learning* 1860~1930. Chicago: The University of Chicago.

8장

결론

정근식

I. 소련형 대학의 비교의 맥락

지금까지 우리는 소련형 대학모델에 관한 역사적 이론적 논의를 시작으로 하여, 러시아, 구 동독, 동구, 베트남, 중국, 그리고 북한에서의 대학의 형성과 변화과정을 검토하였다. 제2차 세계대전을 계기로 하여 확산된 소련형 대학은, 흥미롭게도 아시아에서는 몽골을 제외한다면 북한에서 가장 먼저 자리를 잡았고, 중소분쟁을 겪으면서 비교적 빨리 균열되기 시작하였다. 또한 소련형 대학은 1990년대의 세계적 탈냉전과 함께 통일을 경험한 동독은 물론이고, 소련의 중심이었던 러시아, 탈냉전 이전에 사회주의적 통일을 경험한 베트남, 개혁개방의 중국 모두에서 크게 약화되거나 해체되어가고 있다. 북한에서도 이런 변화는 조용히 진행되고 있다.

　소련형 대학모델이라는 개념은 제1장에서 박원용이 설명한 바와 같이, 고등교육 기관을 구성하는 학생 충원의 문제와 그들에게 제공하는 교육과정의 문제를 핵심적 쟁점으로 하여 구성되는 이념형적 대학제도이다. 혁명 후의 소비에트 권력은 기층 민중을 고등교육 체제에 편입시켜 체제의 핵심간부로 양성하여 체제를 공고화하려고 하였지만, 이런 계급주의 고등교육 체제는 소비에트 체제의 산업화에 기여하는 우수한 자질의 전문가를 기대만큼 배출하지는 못했다. 교육환경의 열악함, 생산현장과 학업의 병행의 어려움은 학생들로 하여금 학업을 포기하도록 하였다. 따라서 소련의 고등교육 체제는 1930년대 중반에 이르면 단계적 교육과정과 교수의 권위를 인정하는 방향으로 회귀했다.

　고등교육 과정의 구체적 내용을 어떻게 설정할 것인가의 문제는 볼셰비키 권력 지도부 내에서도 뜨거운 논쟁거리였다. 교육 인민위원부의 수장 루나차르스키와 산업화의 절박성을 강조하는 경제 관리들이 서로 대립하였다. 이런 논쟁은 고등교육의 교과내용을 협소한 분야의 기술교육에만 한정하지 않으며 중앙차원의 교육기구를 관리의 주체로 결정한 1933년에 종료되었다. 고등교육 체제를 정비하면서 해결해야 될 마지막 문제는 제정시대의 고등교육 체제에서 최고의 권위를 자랑하던 러시아 학술원의 처리 문제였다. 러시아 학술원의 전통을 계승한 소련 학술원과 새롭게 형성된 공산주의 학술원은 서로 대립하였는데, 이들의 대립은 공산주의 학술원을 폐지한 1936년에 와서야 사라졌다. 이런 과정을 거쳐 소련형 고등교육체제가 형성되었다.

　소련형 대학에서 나타나는 중요한 특징은 노동자나 농민의 자녀들로 구성되는 예비과나 학부의 존재이다. 잉그리트 미테는 제

2장에서 구 사회주의 국가들에서 사회의 프롤레타리아화에 기여하고, 이를 통해 대학의 소련화에 기여하고 있는 예시로서 '노동자학부'에 대해 설명하였다. 소련에서 1919년 최초로 설립된 노동자학부 교육기관은 지난 수십 년간 사회주의 국가 뿐 아니라 '사회주의적 발전 과정'을 거친 국가들에서 설립되었다. 동독, 쿠바, 베트남, 모잠비크에서의 노동자학부에 대한 네 가지 사례연구는 '소련형 대학의 요소'가 이들 모두에 적용되었음을 보여준다. 그러나 노동자학부가 각 나라에 적용될 때, 획일적인 방식이 아니라 각 국가들의 지역적 조건과 정치적 상황에 따라 다양한 방식으로 변형되어 적용되었다. 또한 노동자학부라는 개념이 세계적으로 확산되는 과정은 소련이 다른 국가들에 미친 직접적인 영향들과는 독립적인 과정이었다. 소련의 강한 영향력이라는 의미를 내포하고 있는 '소련화(Sovietization)'의 개념은 이러한 복잡한 과정을 설명하기에는 불충분하다는 것이 미테의 생각이다.

임홍배는 동독의 사례를 분석하였다. 제2차 세계대전이 끝난 후, 동독 지역의 대학은 소련 군정청과 사회주의통일당(SED)의 주도하에 재건되었다. 동독 대학에서 소비에트형 모델의 전형적인 특징은 SED 중앙위원회 산하에 대학과 별도로 과학원과 사회과학원, 그리고 당원 교육기관인 당정치학교를 설립한 것이다. 동독정부는 초중등교육을 관장하는 인민교육부와는 별도로 대학교육을 전담하는 대학교육부를 설치하여 대학교육에 특별히 중점을 두었다. 또한 전 국민에게 교육기회를 균등하게 제공하기 위해 노동자학부를 설치하여 노동자와 농민 자녀들에게 대학교육 기회를 부여하였다. 냉전이 격화된 1960년대부터 취업활동과 대학교육을 병행할 수 있는 3년 교육과정을 신설하여 1970년대 초반에는 이들이 전체 대학생 중

25%를 차지하였다. 교과과정의 특징으로는 마르크스 레닌주의 사상교육, 러시아어, 체육 등을 필수과목으로 지정하였다. 대학생의 자치조직인 학생회는 법적으로 금지되었고, 그 대신 SED와 연계된 자유청년연맹(FDJ) 대학지부 등의 관변조직이 학생회를 대체했다.

1990년 독일 통일과 더불어 시작된 구동독 지역의 대학개혁은 당 정치대학, 국방대학 등 특수전문대학과 경쟁력을 상실한 공업전문대학을 폐지하고, 경쟁력 있는 전문대학을 대폭 신설하는 방향으로 이루어졌다. 이데올로기 성향이 강한 인문사회과학 분야의 교수들은 90% 이상 퇴출되었고, 전체적으로 교수의 60%, 대학 외 연구인력의 60%, 산업체 연구인력의 85%가 퇴출되었다. 대학 입학생 수는 통일 당시 동독 지역에서 학령인구의 16%, 서독 지역에서 35%를 차지했으나, 2010년대에 와서 동독 지역이 40~45% 수준으로 독일 전체의 평균치를 회복하였다.

원래 소련형 대학모델이 정립되었던 러시아의 사정은 어떠한가? 김선은 러시아와 동구, 그리고 중앙아시아의 대학들을 검토하면서, 소련형 대학모델이 소비에트 붕괴이후 체제 변환기를 거치면서 유럽형 대학모델을 차용하는 과정을 분석함으로써 그 특성을 드러내었다. 이를 위해 러시아, 헝가리, 우크라이나, 카자흐스탄과 같은 구소비에트 국가에서 서유럽과 같은 선진국에서 만들어진 볼로냐 프로세스에 따른 대학 학제 통합 개혁이 적용되고 수용되는 과정을 분석하였는데, 이를 통해 다음과 같은 사실을 발견하였다. 동구권 국가들에서 볼로냐 프로세스와 같은 초국가적인 정책이 전이되는 과정에서 의사 결정 주체는 대부분 정부이며, 따라서 볼로냐 프로세스가 본래 취지는 대학의 자율성 제고 및 증대 시키는 목적이었으나 이들 국가에서는 오히려 소련형 대학 모델의 특징인 교육 분야에서 중앙집권적인 관료체계를 강화하고 교수들 및 대학들의 자율을 저해하는 방향으로 진행되었다. 또한, 동구권 국가들에서 볼로냐 프로세스로 인해 전이된 정책을 실행하는 행위자인 일선 현장의 대학 교수들과 행정가들은 볼로냐 프로세스와 같이 정부에서 외부적으로 부여된 정책과 압박에 대해 보여주기 식 개혁으로 반응했고, 이는 교원들의 동기와 일상 행동의 변화로 이어지지 못했다는 것이다. 이는 과거 공산주의 정권하에서 공개 성명과 내부 기관 구조 및 행동에 불일치가 만연했던 사회문화적 영향 때문이라 할 수 있다. 따라서 서유럽과 같은 선진국에서 만들어진 볼로냐 프로세스는 구공산권 국가들에게는 결과적으로 고등교육의 학제 통합이라는 기술적인 개혁뿐만 아니라, '소련형 대학 모델'에 대한 근본적이고 구조적인 개혁을 진행해야 함을 암시했다.

뜨란 띠 푸옹 호아는 베트남 고등교육에서 소련 영향력의 등장과 성쇠과정을 고찰하였다. 그는 베트남에서의 대학의 변화를 베트남-소련관계, 그리고 역사적 관점에서 베트남 전쟁에서 탈냉전시대에 이르는 사회변동을 비추는 거울이라고 보았다. 베트남에서의 소련형 대학은 소련이 베트남에 제공한 막대한 원조, 특히 인적 자원 육성, 학교 건설을 위한 자금 지원, 대학 프로그램 수립을 직접 지원하기 위한 전문가 파견을 통해 형성되었다. 1950년에서 1991년 사이에 이루어진 소련의 원조는 대학의 변화를 이끌어낸 원동력이었다. 소련은 베트남의 대학 설립 과정과 교육 프로그램 개발과정에서 사회주의 이념을 구체화하도록 영향력을 행사하였다.

그러나 1986년부터 시작된 베트남의 개혁 개방과 세계화는 베트남의 고등교육에서의 소련의 영향력의 쇠퇴를 이끌었다. 그는 베트남의 공식 문서와 출판물을 활용하여 베트남의 고등교육과 연구기관 형성에 미친 소련의 영향을 보여주었다.

채미화는 중화인민공화국이 성립된 이후 소련형 대학모델의 이식과 그 탈피과정에 대한 분석을 통하여 중국 고등교육제도의 발전과정과 전망을 검토하였다. 중국에서 소련형 대학모델의 이식은 전국적인 학과조정(院系調整), 국가에서 대학을 관리하는 단일한 운영체제의 실시, 고도로 집중되고 계획적이며 통일적인 관리 시스템의 도입, 전공(專業)설치와 전공의 발전 목표에 근거한 커리큘럼 설치 등에서 드러났다. 1958년 이후부터 중국은 자체의 고등교육 발전방향과 체제에 대한 모색을 시도하였다. 먼저 체제개혁은 중국 고등교육개혁에서 핵심적인 것이 되었다. 다음으로 고등교육의 구조를 개혁하고 중점대학의 질적 수준을 제고하였다. 마지막으로 "세계 일류급대학과 일류급학과의 건설"전략을 실행하였다.

정근식 연구팀은 북한 대학의 사례를 다루었다. 북한에서 대학의 역사는 1946년 김일성종합대학의 설립으로 시작되었는데, 이 설립사를 포함한 북한의 고등교육사에 대한 소련의 영향력과 그 변화는 그동안 충분히 연구되지 못했다. 이 연구는 북한의 국가 형성 과정의 일환으로서 대학 설립과 그 이후에 좀 더 뚜렷하게 나타나는 소련형 모델의 강화, 1956년 이후 점진적 약화 과정을 살펴보았다.

광복 직후 북한에서는 대학 설립에 착수하여 김일성종합대학 설립에 이르렀는데, 1946년 10월 설립 당시 이 대학은 '민족대학'의 정체성을 띠고 있었으나, 1948년 10월, 공대와 의대가 분리 독립하면서 좀 더 뚜렷한 소련형 대학이 되었다. 소련형 고등학술체제는 대학들에 더하여 과학원을 설립함으로써 한층 더 뚜렷하게 되었다. 1956년 북한 내부의 정치적 갈등과 1960년대 중소분쟁 상황에서 확립된 주체노선에 따라 소련형 대학 모델은 그것을 구성하는 문화적 내용들이 희석되었으나 기본틀은 그대로 유지되었다. 1990년대 초소련 해체에 따라 탈소련화의 경향이 더 강화되었다.

소련형 고등교육과 지식체제를 논의할 때 빠질 수 없는 또 하나의 문제는 과학원이나 사회과학원의 존재이다. 미국형 대학체제를 취하는 나라들에서는 이들이 낯설기 때문에 이에 관한 특별한 연구가 필요하다. 현재로서는 북한의 과학원이나 사회과학원에 관한 연구가 미진하므로, 중국의 사례를 참조하여 우회적으로 접근할 수밖에 없다.

원래 중국에서 과학원은 신중국 성립 한 달 후인 1949년 11월, 국민당 정부와 일본 식민지의 유산을 접수하여 창립되었다. 중국의 과학원이 새롭게 개혁을 하면서 발전을 한 것은 1955년 6월이라고 할 수 있다. 중국과학원은 설립 초기부터 중국 과학기술 발전에서 핵심적인 역할을 수행하였는데, 곽말약(郭沫若)이 원장으로 일을 하였다. 당시 중국과학원은 자연과학 분야 이외에 중국근대사연구소, 고고학연구소, 언어연구소, 경제연구소, 중국역사연구소, 사회연구소(후에 경제연구소에 통합됨) 등 6개의 인문사회과학 분야의 연구소를 가지고 있었다. 이 때 중국과학원은 새롭게 철학사회과학부를 설립하였으며, 학부(學部)제도를 창설하여 연구 뿐 아니라 교육기능을 갖추었다. 당시 중국과학원에는 수학물리화학부(數學物理化學部), 생물학지학부(生物學地學部), 기술학부(技術學部)등 3개 학부가 신설되었으며, 이에 더하여 철학사회과학부가 신설되었는데, 이 4개 학부 가운데 철학사회과학부는 독립된 관리기구를 가지고 있었다. 중국에서는 '1956~1967년 과학기술발전장기계획'을 수립하고 여러 가지 핵심기술 기반을 구축하려고 노력하였는데 여기에서 과

학원의 역할이 강조되었다.[1]

2016년 10월 통일평화연구원이 주최한 학술회의에서 중국의 사회과학원의 역사에 관해 발표를 하였던 진균천(陈筠泉)에 따르면, 철학사회과학부가 설립된 후, 일련의 연구부서들이 지속적으로 설립되고, 조직과 기능이 조정되었다. 1966년의 문화대혁명(文化大革命) 전까지 철학사회과학부는 13개의 연구소와 연구소에 해당하는 2개의 연구실, 1개소의 잡지사 및 합계 약 2,200여 명에 달하는 사무요원과 관리요원을 보유하고 있었다. 1977년 5월, 중국 과학원은 개혁개방을 앞두고 철학사회과학부를 독립시켜 중국사회과학원을 설립하였고, 11월 호교목(胡喬木)을 그 원장으로 임명하였다. 그는 사회과학원의 과학연구 사업의 방침과 임무를 제정하고, 마르크스·레닌주의, 모택동 사상의 지도하에, 중외 역사와 현황을 연구하면서 사회과학 각 학과의 기초이론을 연구하였는데, 특히 중국사회주의 현대화 건설의 이론문제와 실제문제를 연구하는데 치중할 것, 과학적 연구를 통해 중국의 사회주의 현대화건설에 기여함으로써, 당과 국무원에 대하여 자문 역할을 훌륭히 수행함과 동시에 사회과학의 발전과 융성을 이룩할 것을 명확하게 제기하였다.

중국사회과학원은 당과 국무원에 대한 자문, 전국사회과학연구의 중심, 사회과학 인재 육성기지, 인문사회과학 국제학술 교류의 중심 역할을 하면서 지속적으로 성장하였는데, 특히 개혁개방과 현대화건설에 큰 영향을 미쳤다. 중국 공산당은 철학사회과학의 활발

---

1 중국의 과학원에 관해서는 다음을 참조. 중국과학원, 2005, 『개혁 창신 발전: 중국과학원 지식창신 공정순례』(이춘근·노수연 역, 2005, 『중국과학원의 개혁, 혁신, 발전』, 과학기술정책연구원.)

한 발전을 위하여 2004년부터 사회과학연구기관의 관리체제의 개혁을 시도하고, 아울러 새롭게 학부를 편성하였다. 학부는 개별 연구소가 담당하기 어려운 여러 학과와 분야를 가로지르는 종합적이고 융합적인 연구를 시도하였다. 또한 2006년 8월, 중국사회과학원은 개혁의 일환으로 문사철학부(文史哲學部), 경제학부, 사회정법학부(社會政法學部), 국제연구학부, 마르크스주의연구학부(원)로 개편되었다. 중국사회과학원은 설립 초기에 13개 연구소를 가지고 있었는데, 2016년 현재 35개의 연구소(센터)로 발전하였으며, 연구범위도 마르크스주의, 철학, 경제학, 법학, 사회학, 정치학, 신문학, 민족학, 인류학, 종교학, 역사학, 고고학, 문학, 언어학과 국제문제연구 등을 망라했다. 이들이 이른바 1급 학과로 지정되었고, 그밖에 공업경제, 재정, 금융, 농촌경제, 인구, 노동경제, 수량경제(식량경제), 기술경제, 환경경제, 도시경제, 변방의 역사와 지리(邊疆史地), 민족문학 등 260여 개의 학과들이 존재하는데, 이들은 2, 3급 학과로 규정되었다.

북한의 과학원이나 사회과학원이 중국의 사례와 얼마나 유사하게 변화하였는지 현재로서는 알기 어렵지만, 이들에 대한 연구는 북한의 고등교육과 연구를 파악하는데 있어서 매우 중요하다.

II. 북한 대학의 변화에 대한 전망

세계적인 맥락에서 소련형 대학의 형성과 해체에 관한 논의는 우리의 문제를 인식할 때 어떤 함의를 주고 있는가? 우선 세계 여러 나라에서 동일한 대학 모델을 채택했다는 것은 유사한 성격의 지배 엘리트가 형성되고 이들끼리의 국제적 연대가 형성될 수 있는 조건을 만들어갔다는 함의를 내포하고 있다. 또한 소련형 대학의 해체과정의 시간적 차이는 이들의 잠재적 연대 가능성을 잠식시키는 것이기도 하다.

소련형 대학이라는 이념형적 모델은 대학을 조직하는 제도적 원리와 교육의 내용, 또는 대학 문화의 유기적 결합이라고 할 수 있는데, 현재의 북한의 대학이 소련형 대학으로부터 탈피하였는가, 또는 소련형 대학모델은 해체되었는가라는 질문은 답하기 어려운 난제라고 할 수 있다. 앞에서 논의한 것처럼, 최근의 북한의 대학의 변화는 상당한 것이어서 교육 내용이나 대학문화는 초기의 모습으로부터 매우 달라졌지만, 제도적 측면에서는 초기의 조직원리들을 그대로 유지하는 경향이 있다. 따라서 소련형 대학모델의 해체여부에 대한 논의는 소련형 대학모델의 정의와 시각에 따라 다르게 해석될 수 있다.[2]

둘째, 우리는 남북 대학간 교류와 협력을 구상할 때 북한 대학의 조직원리나 대학문화의 차이를 감안해야 한다. 북한의 대학 교원의 지위는 남한에 비해 상대적으로 낮고, 당의 통제가 강력히 작동되고 있다. 이런 특징은 보다 적극적인 교류와 협력을 어렵게 한다. 그렇지만, 우리는 장기적인 교류와 협력모델을 구상할 필요가 있으며, 특히 북한의 연구 인력이 남한의 학문적 성과와 지적 자산을 공유할 수 있는 방안을 모색할 필요가 있다. 우리는 종종 한국의 통일을 논의하면서 독일식 흡수통일모델을 거론하는데, 오히려 이 모델

---

2 관련하여 김선·임수진, 2017, "분단초기(1945-1967) 북한 고등교육에서의 소련 제도의 전이와 변용,"『교육사회학연구』27권 3호, pp. 1-28 참조.

이 초래한 문제들을 인식할 필요가 있다. 통일 후 동독 지역에서 교수와 연구인력이 대거 퇴출되면서 발생한 문제들은 우리가 앞으로의 방향을 모색할 때 차보해야 할 반면교사일 수 있기 때문이다. 임홍배는 독일 통일 후 동독 지역의 대학개혁이 주는 시사점으로, 무엇보다 남북한 상호교류와 접근을 통해 점진적인 균형발전이 추구되어야 한다고 보았다. 그는 통일 후 동독 지역에서 대학생 수가 급감한 것에 유념하여 통일과정에서 북한 대학생들이 일정 수를 유지하고 안정적인 학업을 지속할 수 있는 방안도 모색해야 하며, 이러한 과제를 성공적으로 달성하기 위해서는 다양한 학문 분야에서 남북한 교류와 협력체계를 수립할 필요가 있다고 주장하였다.

그렇다면, 남북한간 대학교류는 얼마나 가능성이 있고, 또 북한의 대학은 충분히 변화할 수 있는가? 우리가 북한의 대학의 변화를 감지한 것은 최근의 일이다. 그것의 출발은 2015년 8월 15일, 연변대학에서 열린, '고등교육의 발전과 전망'이란 주제의 회의였다. 이해가 '광복 70주년'이었지만, 연변대학과 김일성종합대학의 입장을 고려하여 '항일전쟁 승리 70주년'이라는 이름을 사용하기로 합의한 바탕 위에서 성사된 이 회의에서, 한국측 참가자들은 북한의 김정일 국방위원장이 생전에 '세계적 추세에 맞으면서 새 세기 강성국가 건설에 요구되는 유능한 인재를 길러내도록 교육체계를 정비하라'고 주문했고, 김일성종합대학을 세계일류대학으로 발전시킬 것을 주문했다는 사실을 처음으로 알게 되었다.[3]

서울대학교와 김일성종합대학은 1946년 개교 이래, 교수들끼리

---

3 이 회의에 관한 자세한 보고는 "정철근의 직격 인터뷰: 김일성대와 학술행사 다녀온 박명규 서울대 교수", 중앙일보, 2015.8.21. 참조.

개인적으로 여러 학회나 연구모임에서 만난 적은 있지만, 공식적으로 대학간 교류를 가진 적이 없었다. 굳이 찾는다면, 2004년 당시 정운찬 서울대 총장이 러시아 극동대학 개교식에서 성자립 김일성대 총장을 만난 적이 있고, 이듬해 서울대 교수진이 방북하여 김일성대학에서 공동 학술 교류를 제안하기도 했지만, 이후 남북 관계가 경색되면서 두 대학의 만남은 이어지지 못했다. 따라서 연변대학을 통한 두 대학간 만남은 매우 의미있는 것이었고, 두 대학 뿐 아니라 연변대학의 참여 또한 뜻깊은 것이었다.

이 학술회의의 제안자였던 박명규교수는 이 회의에 참여한 후에 이루어진 인터뷰에서 이렇게 말했다. 북한에서 "2009년 이후 중요한 대학 체제의 전반적인 개혁, 종합화, 학과 학부체제의 개편, 교육 방법의 전환 등이 상당히 체계적으로 진행되고 있다. 김일성대도 세계 일류 대학을 지향하고 있다. 전 세계의 대학들이 어떻게 변하고 있는가를 나름대로 상당히 추적하고 있었다. 뛰어난 교수, 연구 중심 대학, 일류 실험실, 연구 성과, 국제 교류 등을 세계 일류 대학의 특징으로 보고 이를 지향하고 있다." 또한 다음의 내용에서 김일성종합대학이 구체적으로 시행하고 있는 교육개혁에 대해 알 수 있다.

> 법학부를 법률대학으로, 조선어문학부를 문학대학으로 승격하고 경제학부에서 재정대학이 분립했다. 대학 체계가 종합화되고 있다. 평양의대, 평양농대, 사리원농대를 편입해 의학·자연과학 분야도 강화하고 있다. 현실의 요구와 세계화 추세에 맞춰 실용화·종합화·현대화하는 사업을 일관되게 추진하고 있다. 국내외에서 이뤄지는 최신 과학 연구 성과들을 자신들의 실정에 맞게 교수 내용에 반영하고 있다고 한다. 교수와 과학연구를 결합한 '연

구형 교수제'도 실시하고 있다. 교육 방법도 주로 지식 주입식 교육에서 좀 더 창의적이고 새로운 교육의 형식을 추구하고 있다. 지식 전수 위주의 낡은 교육 방법은 아예 발을 붙이지 못하게 하고 있다는 표현을 하더라. 학점제·선택과목제·탄성학제 등 교육의 질 관리를 위한 다양한 제도를 도입하고 있었다. 그런 과정에서 해외 대학들이 어떻게 하고 있는지를 참조하고 있다. 특히 인터넷을 통한 정보 공유를 어떻게 대응하고 활용할 것인가를 고민하고 있다. 전자도서관, 자연박물관, 수영장, 체육관, 기숙사, 식당 등 학교 시설에도 많은 투자를 하고 있다고 들었다.[4]

이 회의를 주관한 연변대학교 조선반도연구창신중심의 채미화소장은 이 회의의 결과를 한국어와 중국어로 합본하여 출간하였다.[5]

이 회의 이후, 필자는 북한의 대학과 중국의 대학이 가진 공통점과 차이를 좀 더 객관적으로 파악하기 위한 연구가 필요하다고 생각하였고, 소련형 대학모델에 관한 학술회의를 2016년 10월 서울대학교에서 개최하였다. 이어 11월에는 앞에서 언급한 3개 대학의 고등교육 발전에 관한 회의가 연변대학에서 두 번째로 개최되었다. 여기에서 역사학, 언어학, 예술학, 교육학, 수학 등의 분야에서 각 대학들이 거둔 성과를 발표하였다. 두 차례의 성공적인 만남이후 3개 대학의 제3차 모임은 2017년 10월 초로 예정되었으나 유감스럽게도 북한의 핵실험의 여파로 취소되었다.

---

4   중앙일보 2016.8.21.

5   이에 관한 내용은 다음에서 확인할 수 있다. 蔡美化·李梅花 編, 2015, 『高等教育的發展與前望』, 延边大学出版社.

북한의 대학의 실제 조직과 운영원리에 관한 연구는 아직도 충분하지 않고, 여전히 많은 과제를 안고 있다. 그러나 북한의 대학들도 세계의 급속한 사회변동과 테크놀로지의 발전에 많은 관심을 가지고 있으며, 좀 더 나아가서 세계의 지식사회에 편입하려는 의지를 가지고 있다는 점은 분명하다. 우리는 이에 유의하여, 새로운 교류와 협력을 준비할 필요가 있다. 이른바 햇볕정책 시기의 다양한 남북한 학술교류나 2015년과 2016년의 두 차례의 3개 대학 학술회의의 경험에 비추어보면, 대학간 교류와 협력이 정부정책으로부터 자율성을 갖기가 쉽지 않지만, 그럼에도 불구하고 우리는 연구자 중심으로 유연하게 이를 추진할 필요가 있다. 정치·군사적 영역에서의 긴장을 경제와 사회문화적 영역에서의 교류로 완화시키는 지혜가 절실히 필요하다.

찾아보기